普通高等学校"十四五"规划新形态系列教材

大学生人际沟通实务

主　编　唐苏苏　曾庆东
副主编　唐　瑾　库国静　李红艳

华中科技大学出版社
http://press.hust.edu.cn
中国·武汉

内 容 简 介

《大学生人际沟通实务》针对当代大学生在日常生活中面对的各种人际交往问题,提出行之有效的沟通解决之法。本书以项目的形式进行内容编排,每个项目分为项目目标、案例导读、任务内容、项目小结、课堂实训等内容。本书共有八个项目,在内容安排上遵循由浅入深、循序渐进的原则。上篇基础篇包括项目一到项目三,讲了人际沟通的基本知识,如沟通的特点、类型、礼仪和基本沟通技巧等;下篇技能篇包括项目四到项目八,讲述了具体情境下需要掌握的沟通技巧,如书面沟通、语言沟通、职场沟通及典型服务行业沟通等,进一步对人际沟通知识进行拓展和深化,以帮助读者提高人际沟通能力。

本书案例丰富,内容翔实,理论与实践相结合,通俗易懂,深入浅出,既适合高职高专院校的学生使用,也可供对沟通技巧提升有兴趣的广大读者阅读。

图书在版编目(CIP)数据

大学生人际沟通实务/唐苏苏,曾庆东主编. —武汉:华中科技大学出版社,2023.2
ISBN 978-7-5680-8595-3

Ⅰ.①大… Ⅱ.①唐… ②曾… Ⅲ.①大学生-人际关系学-高等职业教育-教材 Ⅳ.①C912.11

中国版本图书馆 CIP 数据核字(2022)第 223407 号

大学生人际沟通实务 唐苏苏 曾庆东 主编
Daxuesheng Renji Goutong Shiwu

策划编辑:	胡天金
责任编辑:	胡天金
封面设计:	原色设计
责任监印:	朱 玢
出版发行:	华中科技大学出版社(中国·武汉)　　电话:(027)81321913
	武汉市东湖新技术开发区华工科技园　　邮编:430223
录　　排:	华中科技大学出版社美编室
印　　刷:	武汉市籍缘印刷厂
开　　本:	787mm×1092mm　1/16
印　　张:	17.5
字　　数:	437 千字
版　　次:	2023 年 2 月第 1 版第 1 次印刷
定　　价:	49.80 元

本书若有印装质量问题,请向出版社营销中心调换
全国免费服务热线:400-6679-118　竭诚为您服务
版权所有　侵权必究

前　言

大学生是一个数量庞大的、有知识、有文化、有理想的高素质群体。大学生思维敏捷、朝气蓬勃、可塑性强，但是情绪波动较大，遇到挫折和困难容易悲观，有一些大学生不善于沟通交流。因此，为了使大学生具备良好的人际交往沟通能力，在面对着各种压力时，仍然保持健康的个性品质和积极向上的人生观，我们组织多年从事学生教学、辅导和实践活动，经验丰富的教师，共同精心编撰了本书。

本书分为上篇基础篇和下篇技能篇，具体内容可以分为八个项目，即走进人际沟通、人际沟通礼仪与技巧、大学生人际沟通困惑与技巧、书面沟通、语言沟通、职场沟通、典型服务行业的沟通技巧、人际沟通能力的提升。根据职业教育的目标，本书从社会需求出发并与社会接轨，把培养学生的综合能力作为重点，每个项目按照项目目标、技能目标、思政目标、案例导读、案例聚焦、相关知识、项目小结、课堂实训的顺序编排，体例新颖，内容趣味性强，有利于激发学生学习的兴趣。

本书由唐苏苏（重庆公共运输职业学院）、曾庆东（重庆公共运输职业学院）担任主编，负责全书的策划、统稿和审定工作，唐瑾（重庆公共运输职业学院）、库国静（重庆公共运输职业学院）、李红艳［重庆市交通高级技工学校（重庆市公共交通客车驾驶学校）］担任副主编。

本书在编写过程中参阅了国内外大量的文献资料和研究成果，在这里对这些文献资料和研究成果的作者和研究者表示衷心的感谢！

虽然编写组已竭力进行编写，但毕竟水平有限，书中的疏漏和不足之处在所难免，恳请各位专家学者和广大读者提出宝贵的意见和建议，以便今后修订完善，不胜感激！

编　者

2022 年 10 月

目 录

上篇 基础篇

项目一 走进人际沟通 2
  任务一 沟通认知 3
    一、沟通的理念 3
    二、沟通的特点和原则 7
    三、沟通的目标和过程 9
  任务二 人际沟通的基本类型 11
    一、语言与非语言沟通 11
    二、正式与非正式沟通 13
    三、单向与双向沟通 15
    四、现实与虚拟沟通 16
  任务三 常见人际沟通障碍与跨越 18
    一、沟通与人际关系 18
    二、影响人际沟通的主要障碍 21
    三、克服人际沟通障碍的有效方法 23

项目二 人际沟通礼仪与技巧 27
  任务一 现代礼仪介绍 28
    一、现代礼仪的内涵 28
    二、人际沟通礼仪的准则 30
    三、人际沟通礼仪的常识 32
  任务二 不同场景下的人际礼仪与沟通技巧 36
    一、日常社交 36
    二、网络交流 39
    三、涉外礼仪 41

项目三 大学生人际交往沟通困惑与技巧 46
  任务一 大学生人际交往的特点 47
    一、大学生的生理和心理特点 47

二、大学生人际交往意义和影响因素 ·· 49
　　三、大学生人际交往基本原则 ·· 54
任务二　大学生人际交往沟通技巧 ·· 56
　　一、与父母长辈沟通 ·· 56
　　二、与师长沟通 ·· 57
　　三、与同学沟通 ·· 59
　　四、与朋友沟通 ·· 61
　　五、与恋人沟通 ·· 63
　　六、与陌生人沟通 ··· 68

下篇　技能篇

项目四　书面沟通 ··· 72
　任务一　书面沟通概述 ·· 73
　　一、书面沟通的特点和原则 ·· 73
　　二、书面沟通的写作步骤 ·· 74
　　三、常见的写作文体 ·· 76
　任务二　校内社交常用书面沟通形式 ·· 78
　　一、申请书 ·· 78
　　二、演讲稿 ·· 81
　　三、实习报告 ·· 83
　　四、毕业论文 ·· 87
　　五、求职信与简历 ··· 94
　任务三　职场社交常用书面沟通形式 ·· 99
　　一、请示 ·· 99
　　二、通知 ·· 101
　　三、述职报告 ·· 105
　　四、倡议书 ·· 108
　　五、慰问信 ·· 111

项目五　语言沟通 ··· 116
　任务一　语言沟通概述 ·· 117
　　一、语言表达的能力要求 ·· 117
　　二、语言表达的误区 ·· 121
　　三、语言表达能力的提高方法 ·· 125
　任务二　校内社交常用语言沟通情境 ·· 127
　　一、自我介绍 ·· 127
　　二、干部竞聘 ·· 130

三、演讲辩论 ……………………………………………………………… 135
　　四、毕业答辩 ……………………………………………………………… 143
　任务三　职场社交常用语言沟通情境 ………………………………………… 146
　　一、求职面试 ……………………………………………………………… 146
　　二、商务谈判 ……………………………………………………………… 151
　　三、会议主持 ……………………………………………………………… 156
　　四、述职汇报 ……………………………………………………………… 158

项目六　职场沟通 …………………………………………………………… 163
　任务一　与上级的人际沟通 …………………………………………………… 164
　　一、与上司相处的原则 …………………………………………………… 164
　　二、与不同性格的上司沟通的技巧 ……………………………………… 165
　　三、说服上司的技巧和相处禁忌 ………………………………………… 167
　任务二　与平级的人际沟通 …………………………………………………… 169
　　一、与平级同事的沟通要点 ……………………………………………… 169
　　二、平级沟通的注意事项 ………………………………………………… 171
　　三、平级有效沟通的方式和相处禁忌 …………………………………… 172
　任务三　与下级的人际沟通 …………………………………………………… 175
　　一、与下级沟通的原则 …………………………………………………… 175
　　二、下达指令的技巧 ……………………………………………………… 176
　　三、赞扬、批评下级的技巧与相处禁忌 ………………………………… 177
　任务四　与客户的人际沟通 …………………………………………………… 180
　　一、与客户沟通的原则和方法 …………………………………………… 180
　　二、有效接待、拜访、说服客户技巧 …………………………………… 182
　　三、处理客户异议的沟通技能 …………………………………………… 185

项目七　典型服务行业的沟通技巧 ………………………………………… 189
　任务一　餐饮服务行业沟通技巧 ……………………………………………… 190
　　一、餐饮服务行业的人际特点和服务问题 ……………………………… 190
　　二、餐饮服务行业的接待礼仪 …………………………………………… 192
　　三、餐饮服务行业的沟通技巧 …………………………………………… 195
　任务二　城市公交运输服务行业沟通技巧 …………………………………… 198
　　一、司乘人员服务标准规范 ……………………………………………… 199
　　二、司乘人员的服务艺术 ………………………………………………… 202
　　三、乘务矛盾处理沟通 …………………………………………………… 206
　任务三　旅游服务行业沟通技巧 ……………………………………………… 209
　　一、旅游服务礼仪的重要性及基本原则 ………………………………… 210
　　二、旅游服务人员形象塑造 ……………………………………………… 211
　　三、旅游服务沟通与危机公关 …………………………………………… 213

任务四　物业服务行业沟通技巧 ………………………………………… 218
　　　一、物业服务沟通的内容和形式 ………………………………………… 218
　　　二、物业服务管理中的公关礼仪 ………………………………………… 220
　　　三、物业服务沟通与投诉解决 …………………………………………… 225

项目八　人际沟通能力的提升 …………………………………………… 232
　　任务一　情商培养与情绪管理 …………………………………………… 233
　　　一、情商与情绪概述 ……………………………………………………… 233
　　　二、情绪的特点和作用 …………………………………………………… 235
　　　三、提高情商与自我情绪调节 …………………………………………… 237
　　任务二　沟通能力的提升 ………………………………………………… 241
　　　一、与难以沟通之人的沟通策略 ………………………………………… 241
　　　二、处理棘手问题的沟通技巧 …………………………………………… 251
　　任务三　跨文化人际沟通交流 …………………………………………… 256
　　　一、跨文化沟通的概念与特点 …………………………………………… 256
　　　二、跨文化沟通的障碍 …………………………………………………… 260
　　　三、与东南亚的跨文化沟通技巧 ………………………………………… 262
　　　四、与欧美的跨文化沟通技巧 …………………………………………… 264
　　　五、与其他国家的跨文化沟通技巧 ……………………………………… 266

参考文献 …………………………………………………………………… 270

上 篇
基 础 篇

项目一　走进人际沟通

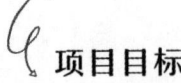

项目目标

【知识掌握】
1. 建立大学生良好的人际沟通及社交方式。
2. 从人际交往的角度为大学生建立社交圈提供有用帮助。
3. 掌握良好沟通的打开方式。

【技能要求】
1. 开展正确的沟通认知，提升沟通社交能力。
2. 让学生在学习与实践中实现在人际交往方面所产生的自我价值。

【素质提升】
1. 从沟通交流中提升融洽的社会交流属性。
2. 完成从家庭交流到社会交流的角色转换。

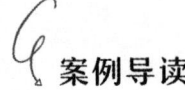

案例导读

公主的月亮

古时候有一个小公主病了，对国王说："如果我拥有月亮，我的病就会好了。"国王非常着急，立刻召集全国的智士，要他们想办法去拿到月亮。

大臣对国王说："月亮远在三万五千里外，比公主的房间还大，是由融化的铜所做成的。"魔法师说："它有十五万千里远，是用绿奶酪做的，而且是皇宫的整整两倍大。"数学家说："月亮远在三万里外，又圆又平像个钱币，有半个王国大，还被黏在天上，不可能有人能拿下它。"

国王又烦又气，只好叫宫廷小丑来弹琴给他解闷。小丑问明一切后，得到了一个结论：如果这些有学问的人说的都对，那么月亮的大小一定和每个人想的一样大一样远，所以当务之急便是要弄清楚小公主心中的月亮到底有多大多远。于是，小丑到公主房里探望公主，并顺口问公主："月亮有多大？"公主回答说："大概比我拇指的指甲小一点吧！因为我只要把拇指的指甲对着月亮就可以把它遮住了。""那么有多远呢？""不会比窗外的那棵树高，因为有时候它会卡在树梢。""用什么做的呢？""当然是金子！"公主斩钉截铁地回答。

比拇指指甲还要小，比树还要矮，用金子做的月亮当然容易拿到了。小丑立刻找到金匠打了个小月亮穿上金链子，给公主当项链，公主十分高兴，第二天病就好了。

启示：

当人们较少关注对方的真实需求，完全按照自己的意愿做事情时，不论多么努力，效果总是不尽如人意的。而沟通才是掌握对方的心理需求的最好方法。

任务一　沟通认知

一、沟通的理念

（一）沟通的概念

在中国古代，"沟通"一词本指开沟以使两水相通，后用以泛指使双方相通连，也指疏通彼此的意见。《大英百科全书》对"沟通"的解释是用任何方法，彼此交换信息，即指一个人与另一个人之间以视觉、符号、电话、电报、收音机、电视或其他工具为媒介，所从事的交换信息的方法。现代社会对"沟通"的定义是人与人之间、人与群体之间思想与感情的传递和反馈的过程，以求思想达成一致和感情的通畅。这就是信息传与收的行为，发送者凭借一定的渠道，将信息传递给接收者，并寻求反馈以达到相互理解的目的。

在人际交往过程中，沟通的作用十分重要。统计结果表明，在一个人成功的原因中，智商、专业知识和经验等仅占25%，而良好的沟通能力占75%，由此可见沟通的重要性。沟通，是一个人获得他人思想、感情、见解、价值观的一种途径，更是人与人之间交往的一座桥梁。通过这座桥梁，人们可以分享彼此的感情和知

识、消除彼此的误会、增进相互之间的了解。所以，沟通是为了一个设定的目标，把信息、思想和情感在个人或群体间传递，并且达成共同协议的过程。

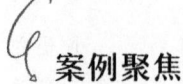案例聚焦

半途而废的通天塔

　　在很久以前，人们在底格里斯河和幼发拉底河发现了一块异常肥沃的土地，于是就在那里定居生活。随着聚集的人们越来越多，就开始修建城池，因为那时候人们的语言是相通的，工作效率很高，配合也很默契，于是建造出了繁华的巴比伦城。

　　随着人们勤恳劳动，日子过得越来越好，他们为自己的成绩感到骄傲。大伙商讨后决定在巴比伦城修一座通天的高塔，来传颂他们的赫赫威名，并且作为集结全天下人的标记。因为大家语言相通，齐心协力，阶梯式的通天塔修建得非常顺利，很快就耸入云霄了。浩大的工程惊动了上帝，他立即下来视察。上帝觉得凡人不该走上如此高的高度，他看到人们这样齐心协力，于是决定让人们的语言发生混乱，使他们互相之间语言不通。后来，人们各自讲起了不同的语言，他们发现彼此听不懂对方的意思了，就算大吼大叫不停地表达自己的意思，可还是于事无补。最后感情无法得到交流，思想也无法统一，严重时出现互相猜疑，各执己见，大吵大闹，斗殴闹事。

　　结果因语言不同，大家无法正确地表达出自己的想法，人类的合作力量消失了，通天塔的修建到此告终。

（二）沟通的内容

1. 沟通的目的是传递信息

　　沟通包含着意义的传递，无论什么形式的沟通都包含着具体要传递的信息，信息传递是目的，具体形式是手段。如果信息没有传递到既定对象处，那么沟通也就没有意义。例如，说话者没有听众或表演者没有观众都不能构成沟通。

2. 沟通的重点是意义的理解

　　沟通过程中，发送者首先要把传送的信息"编码"成符号，接收者则进行与之相反的"解码过程"。如果信息接收者对信息意义的理解与发送者不一致，则会导致沟通障碍和信息失真。信息传递后，接收者所感知和理解的信息意义与发送者的初衷完全一致时，才能达到有效沟通的目的。

3. 完美的沟通包含情感的交流

　　沟通不仅是意义的传递和理解，还通过语言、副语言及非语言信息传递出相应的情

感。有效的沟通，不仅能传递信息，更能创建良好的人际氛围，形成良好的人际关系。完美的沟通＝信息传递＋意义理解＋情感交流，所以要善于利用沟通来达到实现良好人际交往的目的。

4. 沟通是一个双向互动的反馈和理解过程

有反馈信息的人际沟通，常被称为双向沟通。如果两个人之间进行对话只有一方发出信息，而另一方没有反馈信息的人际沟通，就被称为单向沟通，例如电视台播音员和观众之间的沟通就是典型的单向沟通。在沟通的过程中，为了更好地理解和交流，就要尽可能地提供双向沟通和反馈过程，以增强信息理解的准确性。

5. 沟通是信息的积极交流和理解

在沟通中，沟通双方都有各自的动机、目的和立场，都会预先设想和判定自己发出的信息将得到什么样的回答。因此，沟通的双方都应处于积极主动的状态，在沟通过程中发生的不是简单的信息传递，而是信息的积极交流和理解。

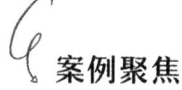
案例聚焦

"馋嘴"的颜回

孔子周游列国，因兵荒马乱，大家已经很久没有吃到米饭了。

一天，颜回好不容易要来一些大米，便将它们煮了。饭快煮熟时，孔子刚好路过，看到颜回掀起锅盖抓了些白饭吃，就装作没看见，也没去质问他。饭煮好后，颜回请孔子进食。孔子说："我梦见祖先来找我，所以我想把干净的米饭先拿来祭祖。"颜回说："不行，我在煮饭时看见有灰落在饭上了，染灰的白饭丢了太可惜，所以我抓起来吃掉了。"

孔子听后才知道自己误解了原本最信任的颜回。

我们在与他人相处的过程中，如果没有积极沟通，就容易按照自己的想法去揣测别人。

6. 沟通过程中的噪声障碍

由于沟通主客体和外部环境等因素，沟通过程中会出现各种各样的沟通障碍，如倾听障碍、情绪噪声、信息超载等。噪声是影响沟通的一切消极因素和负面因素，它存在于沟通过程中的各个环节，并有可能造成信息损耗或失真。典型的噪声主要包括七大噪声：发送噪声、传输噪声、接受噪声、系统噪声、环境噪声、背景噪声及数量噪声。

（1）发送噪声。发送噪声是指发生在沟通过程中的信息发送环节的噪声。信息发送主要是信息编码的过程，因此，发送噪声也可以叫作编码噪声。如编码错误或编码能力不足、逻辑混乱、词不达意，或编码太艰深晦涩等。一旦出现这类错误或不足，沟通的信息发送就会产生噪声，沟通就无法较好地达到目标。

（2）传输噪声。传输噪声是指发生在沟通过程的信息传递过程中的噪声。人们所要传送的信息经过编码，就要选择适当的沟通通道或渠道来将编码的信息传输给目标沟通主体。而在传递渠道中，就有可能出现噪声，如用电话沟通时，电话信号不好，一方无法听清另一方说的话；又如用电子邮件进行沟通时，电子邮件设置出现问题，对方无法按时收到电子邮件；又如一封重要会议纪要在送到总经理办公室的过程中丢失了，即信息全部遗失；又如请人传话时，传话者对信息进行了修改或存在表述不清等问题，都是在沟通的信息传递通道或渠道中存在着妨碍沟通的因素，都应该属于传输噪声，即沟通渠道噪声。

（3）接受噪声。接受噪声是指沟通过程中信息接收者在接受信息的过程中发生的噪音。接受信息的过程主要是对接收到的信息进行解码的过程，因此也可以把接受噪音理解成为解码噪音。人们经常用"对牛弹琴"来形容一个沟通对象无法理解自己所要传达的信息。在沟通的信息编码、传递及信息代码系统均完好的前提下，依然会有些接受者由于个人智力、经验、思想等方面的局限而无法对人们所传递的信息达成准确理解。例如一个班组里的理解能力较差的学生，可能对同一个老师讲的同一节课、同一个原理，在别人均能理解的同时，他却不能把握和理解，这就产生了接受噪声。

（4）系统噪声。系统噪声指的是沟通系统中沟通的信息代码系统差异或缺陷所引发的沟通噪声。沟通的双方在进行沟通时，必须借助于一种双方都能理解和熟悉的信息符号代码系统，发送者进行编码和接受者进行解码所用的信息符号代码系统必须一致，双方的沟通才能实现。系统噪声是一种系统平行噪声，即双方所用的沟通信息符号系统完全不同，双方对对方所传达的信息均无法解码，自然也就无法互相沟通理解。如聋哑人和完全不懂手语的陌生人沟通，就会无法沟通。

（5）环境噪声。环境噪声指的是在沟通过程中，影响沟通效果的一切客观外在环境干扰因素。如当人们用语言进行沟通时，周围车辆轰鸣，或人声嘈杂；又如当人们用道具如旗语进行沟通时，天气大雾或夜色太黑而导致无法看清，这些都会对沟通的预期效果产生不利影响，使沟通的过程产生噪声。

（6）背景噪声。背景噪声主要是指在沟通过程中，由于沟通背景因素产生的沟通噪声，而沟通背景主要是指沟通过程的心理背景、社会背景和文化背景。显然，沟通双方的情绪状态、沟通态度有偏差时，就会导致信息传递受损或不顺，也就产生了沟通噪声。在西方国家，文化强调和重视个人价值，而在东亚国家，文化强调和推崇的是集体价值。东西方文化背景不同，也会给双方的沟通造成一定干扰，跨国企业和多元文化企业中的文化背景沟通噪声因而大量产生。

（7）数量噪声。数量噪声是指在沟通过程中所传递的信息量过大或者严重不足，因此而引起的使对方无法及时全部接受，或分不清信息主次，或因信息量太大而无法及时达成充分理解，或因信息量太小而使沟通变得小题大做、浪费时间和物资，或沟通的信息缺乏必要的有意义的内容。在企业中，有的领导喜欢小题大做，有的员工有事就喜欢找领导汇报两三个小时，借此推脱自己本应担当的工作和责任等都是信息数量噪声。

为了达到沟通的目的，必须首先认识到沟通过程中可能存在的障碍，然后采取适当的措施避免障碍，从而实现建设性的沟通。

7. 沟通是一种动态系统

沟通的双方都处于不断的相互作用中,刺激与反应互为因果,如乙的言语是对甲的言语的反应,同时也是对甲的刺激。假设甲和乙是进行人际沟通的双方,当甲发出一个信息给乙时,甲就是沟通的主体,乙则是沟通的客体;乙收到甲发来的信息后也会发出一个信息(反馈信息)给甲,此时乙就变成了沟通的主体,甲就变成了沟通的客体。由此可见,在人际沟通过程中沟通的双方互为沟通的主体和客体。

二、沟通的特点和原则

(一)沟通的特点

沟通既不同于机器间的信息传递,又不同于大众传播,有其自身独到的特点。

1. 过程性

沟通具有较强的过程性,如果人为阻断或有其他条件干扰过程,正常进行沟通就无法实现。我们沟通时不仅要保持过程的完整性,还要注意过程各阶段的顺序,有时仅仅打乱了顺序,就会歪曲信息的内容。而接收了歪曲的信息,不仅达不到沟通的预期目的,甚至可能会起反作用。

2. 相制性

沟通的双方都是具有主观能动性的人,这就意味着不仅在沟通之前,人们要分析对方的心理,而且在沟通过程中双方也都企图通过符号系统的表达影响对方,希望引发相应的反应。

3. 情境性

沟通不是在真空中进行的,因而必须受到时间、地点和情境条件的制约。这里所说的情境主要包括时间地点是否恰当、双方各自的心理状态如何、当时氛围如何、彼此是否尊重、物质环境如何等,这也体现了沟通的复杂性。

4. 后果性

在沟通过程中,信息一旦发出并被对方破译就会引发对方的反应,即出现后果。虽然在发出不当信息之后可以努力去弥补,并加以解释和修正,但话一说出口,想让对方没有印象是不可能的。因此,说话双方一定都要慎重,对自己说出的话要负责任,否则就会影响沟通。

5. 一致性

如果要实现沟通,必须借助双方共同掌握的统一编码、译码体系才能完成。双方应使用同一种语言和双方相互了解的暗示符号,特别是在沟通过程中双方经常需换位思考,更体现出了这一点的重要性。

6. 无意识性

人们在沟通过程中常常会发生口误，或者下意识地做出某种动作，显现某种神情，这些都体现了沟通中的无意识性。这种无意识的流露在沟通中很重要，为我们更准确地观察了解对方的真实用意提供了可能和机会。例如，我们可能发现下意识地摸鼻子体现尴尬，咬指甲显示无聊，乱抖动腿反映心绪不宁等。

（二）沟通的原则

运用和掌握好沟通的原则，是处理好人际关系的基本条件。

1. 相互原则

人际关系的基础是彼此间的相互重视与支持。任何个体都不会无缘无故地接纳他人，喜欢是有前提的，相互性就是前提，我们喜欢那些也喜欢我们的人。人际交往中的接近与疏远、喜欢与不喜欢是相互的。

2. 交换原则

人际交往是一个社会交换过程。交换的原则是个体期待人际交往对自己是有价值的，即在交往过程中的得大于失，至少等于失。人际交往是双方根据自己的价值观进行选择的结果。

3. 自我肯定原则

自我价值是个体对自身价值的意识与评价，是一种自我支持倾向的心理活动，其目的是防止自我价值受到否定和贬低。自我价值是通过他人评价而确立的，因此个体对他人评价极其敏感。对肯定自我价值的他人，个体对其认同和接纳，并投以肯定与支持；而对否定自我价值的他人则予以疏离，并在此时可能激活个体的自我价值保护机制。

4. 平等原则

在人际交往中总要有一定的付出或投入，交往的两个方面的需要和这种需要的满足程度必须是平等的，平等是建立人际关系的前提。人际交往作为人们之间的心理沟通，是主动的、相互的、有来有往的。人都有友爱和受人尊敬的需要，都希望得到别人的平等对待，人的这种需要就是平等的需要。

5. 相容原则

相容是指人际交往中的心理相容，即指人与人之间的融洽关系，与人相处时的容纳、包涵、宽容及忍让。要做到心理相容，应注意增加交往频率，寻找共同点并保持谦虚和宽容。为人处世要心胸开阔、宽以待人、遇事多为别人着想，即使别人犯了错误或冒犯了自己，也不要过于斤斤计较，以免因小失大导致伤害相互之间的感情。

6. 信用原则

信用即指一个人诚实、不欺骗、遵守诺言,从而取得他人的信任。人离不开交往,交往离不开信用。人际交往中要做到说话算数,不轻许诺言。与人交往时要热情友好、以诚相待、不卑不亢,端庄而不过于矜持、谦逊而不矫饰做作,要充分显示自己的自信心。一个有自信心的人,才可能取得别人的信赖。处事果断、富有主见、精神饱满、充满自信的人就容易激发别人的交往动机,博取别人的信任,产生使人乐于与之交往的魅力。

三、沟通的目标和过程

(一)沟通的目标

人们在生活工作中进行不同的沟通活动,而沟通的目标也因人而异,可分为传达、阐明、教育、娱乐、解释、宣传、呼吁等目标。沟通目标从低级递增到高级,可以划分为四个阶段。

1. 传递(知晓)

传递(知晓)是沟通的初级目标,也是容易达到的目标。只要信息的发出者能够将信息发送到特定的个人或组织,就可以认为完成了传递的目标,例如发布通知、公告、信息等。

2. 理解(认同)

理解(认同)是较深层次的沟通目标。要求信息接收者能够广泛、深入地明了信息的性质、含义、用途、影响等,从而形成一致性的看法或意见。如团队成员的共同活动协商,交流时必须考虑听众接受信息的偏好或习惯、理解范围和能力。

3. 接受(改变)

接受(改变)是建立在理解的基础上的沟通目标。要求听众能够理解、认同、相信信息所传达的内容,并且比理解与认同更难,因为往往有一个态度转变的过程。如谈恋爱,既是求得对方信任的过程,也是接受自己的过程。

4. 行动(互动)

行动(互动)是沟通高层次的目标。要求听众理解、认同、接受并坚信所传递的观点,还要积极地采取相应的行动。这是最难也最常见的劝服性沟通,如参与促销活动、人际关系中参与对方所邀请的活动、签订合同等。

(二)沟通的过程

沟通的过程是一个将主体的想法和观念等信息传递给客体或整个组织的过程,如图1-1所示。

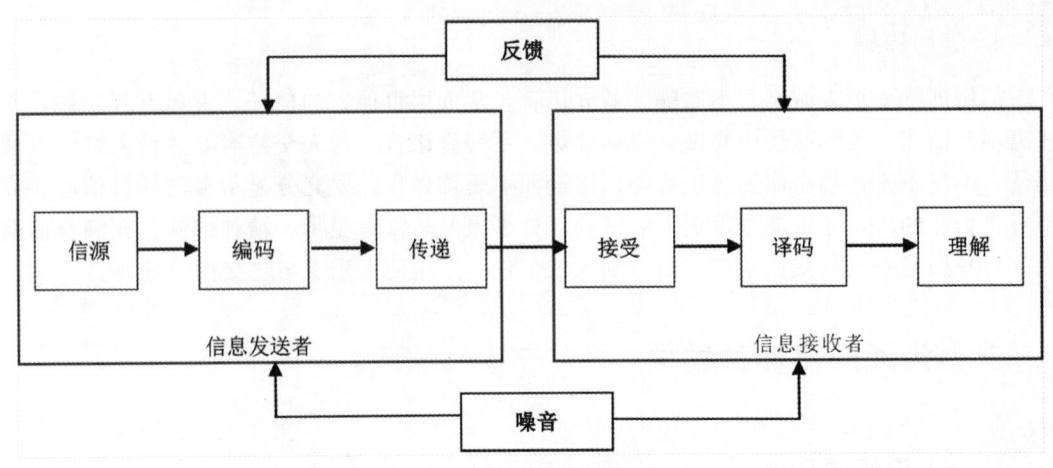

图 1-1　信息沟通的一般模式

1. 沟通信源

信息发送者是一个沟通过程的源点，为了某种需要，发送者准备向接受者传递某些信息。这里所说的信息包括想法、观点、建议、计划以及各种资料等。

2. 沟通编码

信息是一种抽象的意识，需要借助技术手段才能表达出来，这就是信息的编码过程，即将信息内容表达为某种或某些特定的符号，如语言、文字、手势等，这样才能得以传递。

3. 沟通传递

对信息进行编码之后，还需要通过一定的渠道或媒介传递出去。组织中的沟通渠道有文件传递、电话传递、会议传递和面对面交谈。采用哪种渠道，应根据信息性质、重要程度、保密情况、空间距离等来确定。信息沟通渠道要求畅通无阻，避免干扰，以使接收者正确无误地收到信息。

4. 沟通接受

信息接收者根据不同的传递渠道或媒介，选择相对应的接受方式。

5. 沟通译码

信息接收者接收的不是信息的本身，而是信号。这些信号还需要经过接收者的"翻译"，才能变为具有特定含义的信息。这个译码过程关系到接受者是否能正确理解发送者所传递的信息，译码错误信息就会被误解。

6. 沟通理解

接收者对信息的理解和接受程度，取决于其知识水平、专业水平、智力情况和工作经验。对于同一信息，不同的人会有不同的看法。

7. 沟通反馈

信息传递的目的是发送者要看到接收者采取发送者所希望的正确行动，否则，说明信息沟通发生了问题。为了查核和纠正可能产生的某些偏差，就要实施反馈。接收者把自己理解后的信息编码再返回给发送者，发送者要据此判断自己发送的信息是否被接收者正确理解。

任务二　人际沟通的基本类型

一、语言与非语言沟通

沟通包括语言沟通和非语言沟通。语言沟通包括口头和书面语言沟通，非语言沟通包括声音语气（比如音乐）、肢体动作（比如手势、舞蹈、武术、体育运动等），而有效的沟通是语言沟通和非语言沟通的结合。

（一）语言沟通

1. 口头沟通

口头沟通是运用广泛的沟通方式。它是以口头语言为媒介进行信息传递的沟通方式，主要包括各种会谈、讨论、会议、演讲、走访、电话联系等。

口头沟通的优点是比较灵活、传递和反馈速度快。沟通中不仅可以传递信息，还可以传递感情、态度，特别是可以借助体态、手势、语调及表情等作为辅助沟通手段，以强化信息对对方的影响，帮助信息接收者理解和接受信息。同时，在沟通过程中还可以通过提问、讨论的形式或从对方的表情、体态中得到反馈信息，了解其理解的程度及感兴趣的程度，以便及时
调整沟通的内容、时间或方式等。口头沟通也有局限性：第一个局限性是语义，不同的词对不同的人有不同的意义；第二个局限性是口头语言语音和语调使意思变得复杂，不利于意思的正确传递，意思会因人的态度、意愿和感知而被转换，人们推测得到的意思可能是正确的，也可能是不正确的；第三个局限性是失真，当信息经过多人传递后，信息失真的可能性就越大。

2. 书面沟通

书面沟通是以文字为媒介进行信息传递的沟通，主要包括各种文件、信件、通知、布告、便条、备忘录、书面报告、会议记录等。

书面沟通的优点是比较规范，不受时空限制，资料可以长期保存，需要时可以随时翻阅，必要时可反复推敲和研究。另外，信息传递准确性较高，传递范围比较广泛。其缺点一是沟通效果受信息接收者文化水平的限制；二是传递方式较为呆板，缺乏感情、态度、动机等方面的信息；三是缺少内在的反馈机制，无法确保所发出的信息能否被接受和理解。

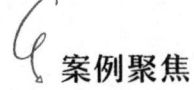
案例聚焦

母亲的 99 封信

卢笛本来是一个高二的学生，学习成绩一直很好，但是母亲突然得到女儿要被学校开除的消息。原来女儿沉迷网络，经常几天几夜泡在网吧里，学习成绩一落千丈。母亲好言相劝，根本无济于事，为了挽救孩子，母亲不惜对其大打出手，母女关系破裂。女儿拒绝和母亲说话，甚至把母亲当作仇人，一度闹到以离家出走来反抗母亲。在意识到问题的严重性之后，母亲改变了自己的教育方式，开始给女儿写信进行书面沟通，向女儿道歉。开始的时候也没什么明显效果，母亲表现出极大的耐心，给女儿的信写到第99封的时候，千年的铁树终于开花，日记如同阳光和雨露把女儿心头的坚冰一点点消融。最终女儿卢笛重新回到课堂并考入了一所重点本科院校，就读音乐专业。

（二）非语言沟通

非语言沟通是以非口头和书面语言的方式所进行的信息传递，主要包括语调、身体语言、颜色、沉默和信号等。语调是指对词汇或短语的强调。身体语言是指身体手势、面部表情和其他身体动作。颜色是指脸部的颜色，如发红、发白、发青等。沉默就是不说话，不发表什么意见，没有情绪的表达。信号是指红绿灯、警铃、旗语等。

美国口语传播学者雷蒙德认为，在人际传播活动中，人们所得到的信息总量中只有35%是经由语言符号传递的，而其余65%的信息则是经由非语言符号传递的，其中仅仅面部表情就能传递65%中55%的信息。美国社会心理学家梅拉宾也认为，面部表情极具信息冲击力，并远远超过其他非语言符号。他为此专门设计了一个信息冲击力的计算公式：信息冲击力 $1=0.07×言辞+0.38×声音+0.55×面部表情$。可见，非语言符号在一次成功的沟通中起着十分重要的作用，而且有时比语言传递的信息更丰富、更有效。

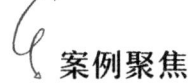 案例聚焦

空城计

三国时期,司马懿引15万大军向诸葛亮所在的西城蜂拥而来。当时,诸葛亮身边没有大将,只剩2000余名士兵在城里。众人听到司马懿带兵前来的消息都大惊失色。诸葛亮登城楼观望后,对众人说:"大家不要惊慌,我略用计策,便可让司马懿退兵。"

于是,诸葛亮传令,把所有的旌旗都藏起来,士兵原地不动,如果有私自外出以及大声喧哗的,立即斩首。又吩咐士兵把四个城门打开,每个城门上派20名士兵扮成百姓模样,洒水扫街。诸葛亮自己披上鹤氅,戴上高高的纶巾,领着两个小书童,带上一把琴,到城上望敌楼前凭栏坐下,燃起香,然后慢慢弹起琴来。

司马懿的先头部队到达城下,见了这种气势,都不敢轻易入城,便急忙返回报告司马懿。司马懿看见诸葛亮端坐在城楼上,气定神闲,正在焚香弹琴。左面一个书童,手捧宝剑;右面也有一个书童,手里拿着拂尘。城门里外,20多个百姓在低头洒扫,旁若无人。司马懿说:"诸葛亮一生谨慎,不曾冒险。现在城门大开,里面必有埋伏,我军如果进去,正好中了他们的计,还是快快撤退吧!"于是各路兵马都退了回去。

诸葛亮用非语言沟通技巧传递给司马懿平静下暗藏危机的信息,吓退了司马懿15万大军,因而转危为安。由此可见,在非语言信息的传播领域里,可谓是"眉来眼去传情意,举手投足皆语言"。

二、正式与非正式沟通

按照信息沟通渠道是否是组织正式规定的,沟通可分为正式沟通和非正式沟通。人们的一些思想、动机、态度、情绪、需要和目的在正式沟通中往往不便表达,而在非正式沟通中易于陈述出来。在现实生活中,这两种沟通渠道是相辅相成的,不是对立的。

(一)正式沟通

正式沟通是通过组织明文规定的渠道所进行的信息传递与交流的沟通方式。正式沟通畅通无阻,组织的各项管理活动才会秩序井然;反之,整个组织可能会陷入紊乱甚至瘫痪状态。因此,正式沟通渠道必须灵敏而高效。正式沟通分为下向沟通、上向沟通、横向沟通、斜向沟通。

1. 下向沟通

下向沟通是在传统组织内主要的沟通流向。一般以命令方式传达上级组织或其上级所决定的政策、计划、规定之类的信息，有时颁发某些资料供下属使用等。如果组织的结构包含多个层次，则通过层层转达，其结果往往使下向信息发生歪曲，甚至遗失，而且过程迟缓，这些都是在下向沟通中经常发现的问题。

2. 上向沟通

上向沟通主要是下属依照规定向上级所提出的正式书面或口头报告。除此以外，许多机构还采取某些措施以鼓励向上沟通，例如意见箱、建议制度，以及由组织举办的征求意见座谈会或态度调查等。有时某些上层主管采取"门户开放"政策，使下属人员可以不经组织层次向上报告。但是相关研究表明，这种沟通也不是很有效，而且由于当事人的利害关系，往往使沟通信息发生与事实不符或压缩的情形。

3. 横向沟通

横向沟通主要是同层次、不同业务部门之间的沟通。在正式沟通系统内，一般机会并不多，若采用委员会和举行会议方式，往往所费时间、人力甚多，而且沟通的效果并不好。因此组织为顺利推进其工作，必须依赖非正式沟通以弥补正式沟通的不足。正式沟通的优点是沟通效果好，比较严肃，约束力强，易于保密，可以使信息沟通保持权威性。重要的消息、文件的传达及组织的决策等，一般都采取这种方式。其缺点在于，因为其依靠组织系统层层传递，所以内容形式刻板，沟通速度慢，此外也存在着信息失真或扭曲的可能。

4. 斜向沟通

斜向沟通是指处于不同层次的没有直接隶属关系的成员之间信息交流的沟通方式。这种沟通方式有利于加速信息的流动，促进理解，并为实现组织的目标而协调各方面的努力。

密切联系的四种不同沟通，构成了人际沟通的一个有机整体，缺一不可。纵向的上行、下行沟通应尽量缩短沟通的渠道，以保证信息传递的快速与准确；横向的平行沟通应尽量做到广泛和及时，以保证协调一致和人际和谐；为加速信息流动可灵活运用斜向沟通。

（二）非正式沟通

非正式沟通是指正式沟通渠道以外的信息自由传递与交流的沟通方式。这类沟通主要是通过个人之间的接触来进行的，普遍存在于组织内部各个环节。非正式沟通不必受规定程序或形式的种种限制，是由组织成员自行选择途径进行的，因此比较灵活方便，但也伴随着随意性强、信息扭曲和失真可能性大等问题。在组织管理中，非正式沟通对于促进组织信息更快、更好、更全面的沟通有积极的意义。管理者应在努力建立完善、畅通的正式沟通网络时，辅之以灵活的非正式沟通，从而有效地发挥沟通的作用。

美国通用公司执行总裁杰克·韦尔奇被誉为"20世纪最伟大的经理人"之一。在他上任之初,通用公司内部等级制度森严、结构臃肿,韦尔奇通过大刀阔斧的改革,在公司内部引入"非正式沟通"的管理理念。韦尔奇经常给员工留便条和亲自打电话通知员工有关事宜。在他看来,沟通是随心所欲的,他努力使公司的所有员工都保持着一种近乎家庭式的亲友关系,使每个员工都有参与和发展的机会,从而增强管理者和员工之间的理解、相互尊重和感情交流。

正式沟通与非正式沟通的比较见表1-1。

表1-1 正式沟通与非正式沟通的比较

沟通方式	优点	缺点
正式沟通	1. 沟通效果好,比较严肃且约束力强; 2. 易于保密,可以使信息沟通保持权威性; 3. 适用于重要的信息和文件的传达、组织的决策等	1. 较刻板,缺乏灵活性; 2. 沟通速度慢
非正式沟通	1. 更加灵活(适应事态的变化,可省略许多烦琐的程序;常能提供大量的通过正式沟通渠道难以获得的信息,真实的反映员工的思想、态度和动机); 2. 更加及时(沟通形式不限,直接明了,速度很快,容易及时了解到正式沟通难以提供的"内幕新闻")	1. 容易失真(沟通过程难以控制,传递信息不确切,容易失真、曲解); 2. 容易破坏组织团结(它可能导致小集团、小圈子,影响人心稳定和团体的凝聚力)

三、单向与双向沟通

以信息传递过程中信息发出者和信息接收者是否交换位置为准,可将人际沟通分为单向沟通和双向沟通。单向沟通是指发送信息与接收信息无须第三者传递,如面对面谈话、电话直接对话等。

(一)单向沟通

单向沟通是指信息的流通是单向的,即信息发出者和信息接收者是固定的,如作报告、播报通知、演讲等。其优点是信息交流速度快,信息接收者秩序好;其缺点是往往难以了解和把握沟通的实际效果,无法当即作出正确的判断以调整沟通的内容。如学校里的大班教学往往不如小班教学的上课效果好,原因在于小班上课有更多的师生交流机会,即有更多的双向沟通。

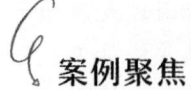 **案例聚焦**

小高到底怎么了?

某公司早晨上班,发现小高请假没来。一打听,A 说:"小高病了,好像还挺严重的。"再问,B 回答说:"小高病重,好像住医院了。"之后又有人问:"小高怎么没来?"C 说:"小高住进医院,好像病危了。"再往下问,D 说:"小高病危,好像快死了。"而事实上,小高只是打了个喷嚏而已。

问题:小高为什么请假没上班?

回答:小高病了—小高病重—小高病危—小高快死了。

启示:

这样一个过程,在我们生活中经常碰到。这就是单向沟通,信息在传递过程中被扭曲,产生了偏差。因此,有效的沟通,不但要有向前的渠道,而且要有回来的渠道,形成沟通的回路,才能够抵抗干扰。

(二)双向沟通

双向沟通是指沟通双方既发送信息,又接受信息,如小组讨论、协商会谈、闲暇聊天等都属于双向沟通。其优点在于双方可对信息进行校正,故而准确可靠,双方可保持和谐的气氛和良好的人际关系。但双向沟通的信息传递速度较慢,沟通一方可以随时打断另一方,给另一方造成心理上的压力,由于时常受到干扰而使沟通缺乏条理。

经常出现这种现象:一个集体一旦进入自由讨论阶段,开始时气氛可能还较为冷清,到讨论的后阶段气氛会变得越来越热烈,与会者的声音可能也会越来越大,最后场面往往是闹哄哄的,非得主持人来把握局面。总的来说,双向沟通的效果优于单向沟通,通过双向沟通的形式,能够更好地进行思想、情感沟通,从而达到良好的交流效果。

四、现实与虚拟沟通

(一)现实沟通

现实沟通与虚拟沟通相对,指通过现实世界的各种符号系统、语言系统进行信息传递的方式,如口头沟通、书面沟通、肢体语言、面部表情等。现实沟通是原始的沟通方式,随着互联网的迅速发展,虚拟沟通在信息传递过程中扮演着越来越重要的作用,虚拟沟通方式包括语音、视频、远程网络会议等。

现实沟通中，除了书面形式的沟通，面对面的沟通方式往往更为常见。在这种沟通方式中，信息传递者的个人形象、语言表达、逻辑思路、情感态度等都可以清楚地展现，从而更加有利于信息发送者和信息接收者进一步了解。现实沟通中信息发送者和接收者之间的媒介较少，有利于双方直接沟通，减少误解。

（二）虚拟沟通

虚拟沟通是随着互联网的普及发展起来的一种沟通方式，沟通的双方在网络上可以匿名，每个人都可以扮演各种角色，每个人都在和他自己想象的个体沟通。虚拟沟通中，双方对对方的身份和角色往往是不清楚的，沟通的进程主要受自己的主观感受和想象引导。

在现实生活中，交流双方往往存在地位、权力上的差异。社会中每个个体都处在一定的社会地位上，由于地位各异，通常具有不同的意识、价值观念和道德标准，从而造成沟通的困难。不同阶级的成员，对同一信息会有不同的甚至截然相反的认识，职业差别也有可能造成沟通的鸿沟，相较而言，虚拟沟通中的匿名信息则避免了这种沟通障碍。

现实沟通与虚拟沟通各有利弊，因此，信息发送者要注意把握各种因素，选择适合的方式传递信息。有些组织庞大，层次重叠，信息传递的中间环节太多，从而造成信息的损耗和失真。也有一些组织结构不健全，沟通渠道堵塞，缺乏信息反馈，也会导致信息无法传递。在此方面，虚拟沟通则具有更大的优势。在信息化时代，人们的生活离不开虚拟沟通方式，但是现实沟通也具有其不可替代的作用，比如家人间的情感交流，恋人之间的性格磨合，同事间的彼此了解等。

案例聚焦

可怕的网友

"可怕！太可怕了！无论我在哪里，他都能立即找到我！"说这话的小云是本市某高校大三的一位女生，最近她突然发现自己被一位男性网友实时监控了，甚至还被偷拍到自己在寝室、教室、网吧里的情况。

原来，小云一直习惯用自己的笔记本电脑在寝室上网。前段时间，她在网上结识了一位男性网友，两人开始视频聊天。几次简单的聊天之后，小云发现与这位网友聊不到一块，便拒绝再与他来往。

几天以后，她突然收到那位网友给她发过来的一句话："你以为不理我，我就拿你没办法了吗？告诉你，你的一举一动我都看得见！"小云不信，便质问他如何知道自己的举动。没想到那位网友立即发过来一张视频截图，画面正是小云现在的样子：左手托腮，右手敲键盘。还没等小云回过神来，那位网友又发过来几张显示小云电脑硬盘文件的截图，并明确地告诉她，自己可以随意查看、复制、删改小云电脑里的任何文件。这下可把小云吓坏了，她立即拔下了网线，关闭了电脑，并把这件事告诉了自己的室友。室友分析说，一定是那位网友在小云的电脑里植入了木马病毒，控制了电脑。小云当即决定不在寝室上网，不再开机，而是到网吧里上网。没想到，小云在网吧里刚刚登录自己的QQ，那位网友就又来找她说话了："你以为你逃到网吧我就找不到你了吗？告诉你，你就是逃到天涯海角，只要上网，我就能找到你！"

小云几乎崩溃了，吃不下饭，睡不好觉，整天疑神疑鬼。室友劝她报警，小云在警察和室友的帮助下，重装了电脑系统，安装了正版的杀毒软件和防火墙，申请了新的邮箱、QQ号，设置了新的密码，总算躲开了那个可怕的网友。

任务三　常见人际沟通障碍与跨越

一、沟通与人际关系

（一）人际关系概述

人际关系是指人个体之间的相互关系，是人与人在社会生活中建立起来的一定的联系。从心理学角度来看，人际关系是指个体所形成的对他人的一种心理倾向及其相应的心理行为，也就是特指人与人之间的心理联系；从社会学角度来看，人际关系是指个体与他人由于血缘、地域、情感、工作以及政治、经济、文化等原因形成的社会联系。

每一个人都希望自己能够与他人和睦相处，因此了解和掌握一些人际交往的技巧是很有必要的。这是因为一个人的成功，不仅来自他的知识与专业技能、良好的公众形象，而且与利益相关者建立良好的关系也非常重要。如果想在事业和生活中有所成就，就需要有一个良好的人际关系环境，否则纵然有天大的本事而没有良好的人际关系也难成大事。

按照人际关系的实用性标准，人际关系可以分为以下几种组成状态。

1. 血缘关系

血缘关系因天生存在而具有超强的稳定性，使得亲情成为人一生中最重要的情感，是我们每个人都应该珍惜的关系。

2. 亲戚关系

亲戚是以本人为中心确定的亲族成员和本人关系，是建立在血亲姻亲基础之上的。因此，亲戚关系一半是先天的，一半是后天的，如清朝皇族通过联姻的方式来调节汉、满、蒙古族的关系，进而稳固他们的政权。

3. 同学关系

同学关系成为现代人际关系中的重要方面，尤其是对于高学历人才来说，与同学关系的好坏对于其未来的发展具有重大的影响。很多公司就是由同学合伙开办的，大家熟知的微软公司就是极好的例子。

4. 志趣相投的朋友

志趣相投是彼此有着相同的理想和兴趣，这种关系较为稳固，值得我们花心思去维护、培养，以诚相待和关爱则是处好关系的关键。

5. 知己

知己是两人在思想、学识、做人等方面相互赏识对方，亦师亦友。通常他们在一起无所不谈，谈人生、文学、理想以及工作等。这种朋友最为难得，无论怎么强调其重要性都不为过，而宽容、坦诚、友爱是其中的要素。

6. 伴侣

伴侣是一生中对我们每个人都有重大影响的人，我们需要严格谨慎地挑选我们的伴侣，一个好的伴侣能够相互成就对方、彼此温暖对方，可以使我们都变得更优秀。

7. 性格不同的朋友

性格不同的朋友在交往过程中有一定的难度，但是对个人的发展却非常重要。我们需要从那些与我们不同的朋友身上不断地学习新的东西。正所谓"三人行，必有我师焉。择其善者而从之，其不善者而改之"。

（二）人际沟通的影响因素

1. 环境因素

人际沟通时的情境会影响到参与者对信息的接收与其后续行为。

（1）物理环境。一般情况下，光线不足、有噪声或环境杂乱、缺乏隐私条件等物理因素都会影响沟通的情绪与效果。例如，在昏暗的灯光下，人们能够说一些亲密的话语，相反在强烈的灯光下，人们说话的内容就会有一定距离感。

（2）社会环境。在家庭、工作场所、宴会、朋友聚会、两人活动等不同的场合，人们沟通的内容与方式都是不同的。

（3）历史背景。由于参与者之间有无过去相同的经历、是否认识以及已经达成共识等因素的影响，我们在沟通时，常常不需要完整地表达出信息，对方就可了解我们所说的话，过去的沟通信息已成为现在沟通的历史背景。

（4）心理环境。人们的心情常常会影响到沟通，心情好时与郁闷时，沟通的方式都有所不同。一般情况下，在心情好时易于沟通，心情不好时难于沟通。

（5）文化环境。不同文化，其沟通方式也有不同。例如，点头在我国表示同意，但是在个别国家却表示反对；拥抱在欧美国家表示欢迎，在我国却不常见。

2. 个人因素

（1）发送者因素。信息发出者对信息表述不清、传递信息不完整，或者信息传递的时间、形式有误，均会产生歧义。

（2）接收者因素。信息接收者忽视信息、错误理解信息、有意地歪曲或拒绝接受信息都会影响沟通，所以在沟通时要注意对方的沟通方式与理解方式，以免造成误会。

3. 信息因素

（1）意义与符号。想要表达的是什么、用什么符号表达及用什么方式表达。例如，是用狂笑还是手舞足蹈来表达自己愉悦的心情。

（2）编码与译码。接收信息后对其所做的解释或理解，例如，看见对方大笑不止，将对方的行为信息解释为：他精神异常或者他很高兴。

（3）分类与组织。当信息很多时，在表达时需要分段，主次顺序应该分明。而在接受时则要加以组织和分类，明确对方的真实意图。

4. 渠道因素

信息形成后需要传递信息的渠道。一般的渠道有"口语""书面语""非语言"等能够被对方感知的途径。例如，语言（听觉）、味道（嗅觉）、动作（视觉）、拥抱（触觉）等，都是信息传递的渠道。能够影响这些因素的条件都会影响人际沟通。

5. 干扰因素

在沟通时，常会遇到一些干扰以至于沟通或信息传递受到影响。

（1）外在干扰。存在于环境中的景物、声音以及其他刺激物。例如，在沟通时突然出现其他人或者出现异常的声音等都会造成沟通中断。

（2）内在干扰。内在干扰是那些影响沟通过程进行的思想与情绪，指在与人沟通时，心里想的是与沟通无关的其他事情。例如，沟通的一方想要讨论假期去杭州旅行的事情，但另一方想的却是怎么复习及参加考试，一点儿也没有听进去。

（3）语意上的干扰。不同年代会有不同的用语，特别是部分用语没有得到社会的普遍认可而出现理解的差异。例如，现在的"超炫""给力"等网络用语会让一些中老年人听起来不解其意。

6. 理解因素

为了了解自己是否理解了对方的意思，或者对方是否理解你说的话，有必要相互澄清,避免由于理解的差异造成误会。由于个人的社会经历、文化程度、价值观念、生活背景、抽象推理能力等因素的影响,同样意思的语句,因不同的人,表达方式会不一样;同样,对接收的信息,因不同的人而有不同的解释。例如,对于"警察"一词,对善良的老百姓意味着帮助、平等和公正,对违法乱纪者意味着干预和制止。

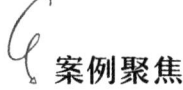

案例聚焦

名医劝治的失败

春秋战国时期,有一位著名的医生叫扁鹊。有一次,扁鹊谒见蔡桓公,他看了看蔡桓公的脸色说:"国君,你的皮肤有病,不治怕是要加重了。"蔡桓公笑着说:"我没有病。"扁鹊告辞后,蔡桓公对他的臣下说:"医生就喜欢给没病的人治病,以便夸耀自己有本事。"过了十几天,扁鹊又前去拜见蔡桓公,他仔细地看了看蔡桓公的脸色说:"国君,你的病已到了皮肉之间,不治会加重的。"蔡桓公见他尽说些不着边际的话,气得没有理他,扁鹊走后,蔡桓公闷闷不乐。又过了十多天,扁鹊再一次谒见了蔡桓公,神色凝重地说:"国君,你的病已入肠胃,再不治就危险了。"蔡桓公气得叫人把他轰走了。又过了十几天,扁鹊远远地望见他,转身就走。蔡桓公特意派人去问扁鹊何故,扁鹊说:"皮肤上的病,用药物敷贴可以治好;皮肉之间的病,用针灸可以治好;肠胃之间的病,服用汤药可以治好;如果病入骨髓,那生命就掌握在司命之神的手里了。如今国君的病已深入骨髓,所以我不能再去谒见了。"蔡桓公还是不相信。五天之后,蔡桓公遍身疼痛,连忙派人去找扁鹊,可是扁鹊已经逃往秦国躲起来了。不久,蔡桓公便病死了。

二、影响人际沟通的主要障碍

沟通障碍,是指信息在传递和交换过程中,由于信息意图受到干扰或误解,而导致沟通失真的现象。在人们沟通信息的过程中,常常会受到各种因素的影响和干扰,使沟通受到阻碍。

(一)人际沟通障碍的类型

1. 语言障碍

语言是交流思想的工具,但不是思想本身,加之人们用语言表达思想的能力千差万别,故用语言表达思想、交流信息时,难免出现误差。

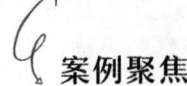
案例聚焦

听不清话的服务员

　　一家饭店刚招来一位服务员，该服务员上班的第一天，饭店来了一批食客。服务员招呼他们落座后，为首的客人道："服务员，倒茶！"服务员开始数："1，2，3，4，5，6，7，8，9，10。"然后回答："10个。"说完侍立一旁。等了一会儿，客人见茶还没上来，又喊："服务员，倒茶！"服务员倒着数了一遍人数："10，9，8，7，6，5，4，3，2，1。"答道："还是10个！"客人感觉很纳闷儿，问："我让你倒茶，你数啥？"服务员以为客人问她的属相，便脱口而出："我属（数）猪。"

　　这个笑话非常生动地说明：如果没有充分传达信息，就非常容易引起误解，因此，沟通时，一定要确保发出的信息准确而完整。

2．观念障碍

人们的社会经历不同，信念不同，对事物的态度和观点也必然不同，不能避免意见沟通中的观念冲突。

（1）封闭观念排斥沟通。
（2）僵化观念窒息沟通。
（3）极端观念破坏沟通。

3．习俗障碍

（1）不同的礼节习俗带来的误解。
（2）不同的审美习俗带来的冲突。
（3）不同的时空习惯带来的麻烦。

4．情感失控导致沟通障碍

每个人总是带着某种情感状态参加沟通活动的。在某些情感状态下，人们容易吸收外界的信息，而在另一些情感状态下，信息则很难输送进去，如果不能有效地驾驭情感，就会有碍正常的沟通。

5．态度欠妥导致沟通障碍

态度是人对某种对象的相对稳定的心理倾向。除认知成分、情感成分外，态度还包括行为成分。凡以恰当的认知、健康的情感支配行为的心理倾向，就是科学的态度；反之，则是非科学的、不端正的态度。态度不正确，则难以取得理想的沟通效果。例如，迷信权威会带来沟通判断失误。

（二）沟通障碍产生的主要原因

美国学者乔姆斯基最先提出语言能力的概念。他认为语言能力是一种天赋的能力，是人类与生俱来的，具有遗传性，无须后天学习，是人类所共有的，且使用同一种语言的人之间无高低之分。语言能力主要表现为语法知识，利用这种知识，人们可以再造出无数合乎语法规则的新句子，而且能够辨别一个句子是否合乎语法。在沟通过程中，沟通主体的语言能力就是他们规范地使用自己的母语的能力，这种能力表现为关于母语的一系列知识及对这些知识的灵活运用。语法与修辞选择不当，在语言事实的沟通方面，受语言能力制约，沟通双方在语法使用、修辞方法选择和理解环节出现差异，从而形成了沟通障碍。

沟通能力层次不一。沟通能力包含着表达能力、争辩能力、倾听能力和设计能力（形象设计、动作设计、环境设计）。沟通能力看起来是外在的东西，实际上是个人素质的重要体现，它决定于一个人的知识、能力和品德。一般来说，沟通能力是指沟通者所具备的能胜任沟通工作的优良主观条件。简言之，人际间的沟通能力是指一个人与他人有效地沟通信息的能力，包括外在技巧和内在动因。其中，恰如其分和沟通效益是人们判断沟通能力的基本尺度。恰如其分是指沟通行为符合沟通情境和彼此相互关系的标准或期望；沟通效益是指沟通活动在功能上达到了预期的目标或者满足了沟通者的需要。

从表面上看，沟通能力似乎是一种能说会道的能力。实际上，它包括了从穿衣打扮到言谈举止等诸多行为的能力。一个具有良好沟通能力的人可以将自己拥有的专业知识及专业能力进行充分发挥，并能给对方留下"我最棒""我能行"的深刻印象。

三、克服人际沟通障碍的有效方法

针对常见的各种沟通障碍，可采用以下几种方法加以克服。

（一）要认真准备并有明确的目的性

沟通者首先要对沟通的内容有正确、清晰的理解。进行重要的沟通前要先征求他人的意见。每次沟通要解决什么问题，达到什么目的，不仅沟通者自己要清楚，而且要尽量使被沟通者也清楚。此外，沟通不只是为了下达命令、宣布政策和规定，更是为了统一思想、协调行动。所以沟通之前沟通者应对问题的背景、解决问题的方案及其依据、决策的理由和对组织成员的要求等做到心中有数。

（二）沟通语言要精练、清晰、有条理

沟通者在说话前要做好语言准备，把想要表达的内容浓缩成几个要点，用简洁、精练的语言表达出来。少说些模棱两可的话，多说些语义明确的话。要言之有物、条理清楚、

逻辑严谨，可以采用综述、分述等叙述方式，尽量措辞得当，不滥用辞藻，不讲空话、套话。在进行非专业沟通时，少用专业术语。

（三）沟通的双方要做到以诚待人

沟通的基础是诚实守信，尔虞我诈、钩心斗角是人际沟通的毒瘤。正常的沟通是为了达到意见的一致和感情的融洽，是为了解决人们的矛盾，而不是为了加深矛盾。沟通的双方在沟通的过程中都应该以诚相见，抛弃有意的防范和戒备的心理，应该站在对方的角度看问题，而不是持怀疑态度。沟通的双方不能用对方的不足来证实自己的正确，要了解对方、体谅对方、理解对方。沟通双方只有互相交心才会取得理想的效果，最终才会达到预期的目标。

（四）选择合适的沟通渠道

要达到信息的充分传播，能当面沟通的，尽量不要用电话沟通；能用电话沟通的，就不要用短信、邮件等方式进行沟通。另外，如果用短信、邮件、QQ等方式沟通，还需辅以电话沟通，给予必要的补充和强调。为了保证有必要的书面凭证，除了面对面或电话沟通，还要辅以书面文件或邮件，以作为重要的沟通证明。表扬一般通过正式的沟通渠道进行，而批评则一般通过非正式的沟通渠道进行，如私下单独沟通等。这些不同的渠道所产生的沟通效果不尽相同，各有长短，不可偏废。在正式沟通渠道中，有一些属于自上而下的沟通渠道，如各种会议、报告、通告、公司手册、公司刊物等。这些沟通渠道的作用是对有关工作作指示；给下属反馈工作绩效；对员工介绍企业发展的最新动态，阐明组织目标，增强其任务感和责任心。此外，这些沟通渠道还可以协调组织各层次之间的活动，进而增强各层次之间的联系。但是，这些沟通渠道也存在一些缺点，如易于形成命令支配型的文化氛围，容易使接收方产生抵触，导致沟通效果减弱。逐级传递信息有曲解、误解和信息失真的现象，这种信息失真的现象会随着所涉及人数的增加而增加。消除这类沟通障碍的方法是要尽量减少传达的层次，避免信息失真；畅通由下而上的沟通渠道，让下级或员工有向管理层发表意见和建议的机会，并能及时得到管理层对这些意见和建议的反馈；要重视对非正式渠道的引导。有些人由于种种原因，不愿意直接与上级进行面对面的交谈，故可以设置一些保密的双向沟通渠道，如24小时免费录音电话、电子邮箱等。

楚庄王绝缨

（五）控制情绪

情绪对沟通的效果至关重要。人的情绪不仅会左右接收和传送信息的方式，还会直接影响信息的接收和理解方式。古人云："克己复礼为仁。"克己就是遇事从容，能理智地控制自己的情绪；与人为善，给身边疲倦的心灵以慰藉与鼓励。

（六）加强关键对话能力修炼　提升文化修养

美国学者帕特森指出：所谓关键对话，就是两人或多人之间的一种讨论。这种讨论具有：高风险、不同观点和激烈情绪三个特点。关键对话能力是指沟通主体应具备灵活应对在情绪上和观点上充满风险的严重问题的能力。一般情况下,在关键对话的过程中,沟通主体的反应会出现以下几种对话的反应状况:逃避关键对话;敢于面对,却处理失当;敢于面对,处理恰当。前两种都是傻瓜式反应,只有第三种反应才是成熟的关键对话能力的显著特征。所谓傻瓜式反应,就是面对特殊情境下的沟通对象,面对非此即彼的选择。

在日常对话的模式下,不经意间的对话细节以及接收信息人与发出信号人的信息关系不对等,会造成对话沟通的南辕北辙。美国学者马歇尔博士提出,在关键对话中需要留意沟通对方可能面临的困境与困窘局面;清晰表达出内心感受,不做主观臆断或事态评估;有节制地说出哪些行为会导致怎样的效果;告知对方并执行具体标准的操作流程。我们也会发现很多谈判高手或者成功商业人士虽然可以在社交场合游刃有余,却在日常生活中成了"社交困难症",这也不得不让我们提高对日常沟通的重视程度。

(七)提升沟通能力,营造观点共享

沟通实际上是人际间观点的自由交流。沟通成功的关键在于主体间相关信息的自由交流,即沟通双方愿意公开坦诚地表达看法、分享感受、说出猜测。哪怕是极具争议性的观点或者被人否定的想法,沟通主体也愿意并积极与沟通对象分享,这就需要努力提升沟通能力。

共享观点库实际上是沟通主体间关于沟通意图及其他观点的"篮筐"。在和谐安全的沟通氛围中,沟通主体双方均可不断地向共享观点库投放有关思想、情感等的相关信息,无论是怎样富有争议性、离谱的观点,只要双方开诚布公地表达自己意见,就可以实现有效沟通。这样,既可避免出现沟通过程中的"漏斗效应",又可以实现整体思维观点大于个体观点之和的最优沟通效果。在营造成功的共享观点库中,相关度更高的信息会让沟通双方的选择更明智、更多元化,更容易获得较快的决策过程及更投入的决策执行,公关危机就不容易出现了。

"漏斗效应"就是在人与人沟通时,一个人通常预想了100%,但只能说出预想的80%,对方听到的最多只能是60%,听懂的却只有40%,执行时,就只有20%了。这就是沟通中的"80/20法则"。

项目小结

本项目讲述了沟通的基本概念与类型,并举例说明了人际沟通常见的障碍及克服的有效方法。良好的人际沟通在人们日常生活中占有越来越重要的地位,随着"社交恐惧症""社交困难症"等问题的产生,让我们不得不将人际沟通这一行为从人类自发行为向课堂学习进行延伸。当然我们也不难看到,良好的人际交流沟通技巧为我们带来的不仅仅是社交圈的扩大,也利于大学生在日常的学习、生活中实现自我价值,助力成长。

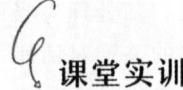
课堂实训

一、思考讨论题
1. 怎样理解沟通的含义?
2. 举例说明你在生活中遇到过哪些沟通障碍,又是怎样进行障碍克服的。

二、技能训练
1. 下面是一组"父与子的对话",请两人一组讨论此次沟通失败的原因及改进措施。

父与子的对话

子:"上学真是无聊透了!"
父:"怎么回事?"
子:"学的都是些不实用的东西。"
父:"现在的确看不出好处来,我当年也有同样的想法,可是如今觉得那些知识还是蛮有用的,你就忍耐一下吧。"
子:"我已经耗了 10 年了,难道那些 $X+Y$ 能让我学会修车吗?"
父:"修车?别开玩笑了。"
子:"我不是开玩笑,我的同学杨欢辍学学修车,现在月收入不少,这才有用啊!"
父:"现在或许如此,以后他后悔都来不及了。你不会喜欢修车的。你好好念书,将来不怕找不到更好的工作。"
子:"我不知道,可是杨欢现在很成功。"
父:"你已尽了全力了吗?这所高中是名校,应该差不到哪儿去。"
子:"可是同学们都有同感。"
父:"你知道不知道,把你养到这么大,妈妈和我牺牲了多少?你已经读到高二了,不许你半途而废。"
子:"我知道你们牺牲很大,可是不值得。"
父:"你应该多读书,少看电视!"
子:"爸,唉,算了,多说也没用。"

2. 阅读案例,试想小静为什么会有这样的困扰,我们该怎样做工作来帮助小静。
　　小静,大一女生,性格内向多疑,不太爱讲话。家中父母关系不好,家中有一个弟弟,小静认为其弟很受父母喜欢,而自己却得不到父母的关爱。在中学时对他人的笑声和咳嗽声特别敏感,认为是针对自己,嘲笑自己的。进入大学后,小静因难以适应大学生活,坚持要退学。

项目二　人际沟通礼仪与技巧

项目目标

【知识掌握】
1. 建立大学生良好的人际沟通礼仪,规范建立良好的礼仪文化素养。
2. 提升个人礼仪文化方式的学习。
3. 掌握良好的交际礼仪。

【技能要求】
1. 开展良好的沟通认知,从礼仪规范着手。
2. 能够从礼仪文化学习中提升个人沟通学习的能力。

【素质提升】
1. 能在日常生活中把伦理道德融入人际关系之中。
2. 帮助学生实现从校园走向社会的跨越性发展。

案例导读

法国公爵奥古斯丁的遭遇

　　1786年,法国国王路易十六的王后玛丽·安托瓦内特到巴黎戏剧院看戏,全场起立鼓掌。放荡不羁的法国公爵奥古斯丁为了引起王后的注意,面向王后吹了两声很响的口哨。在当时,吹口哨被视为严重的调戏行为,国王大怒,把奥古斯丁投入监狱。而奥古斯丁入狱后似乎就被遗忘了,既不被审讯,也不被判刑,就这样日复一日地被关押着。后因时局变化,他也曾有过出狱的机会,但阴差阳错,终究还是无人问津。直到1836年,老态龙钟的奥古斯丁才被释放,当时他已经72岁了。两声口哨换来50年的牢狱之灾,实在是天大的代价。

　　启示:
　　在生活的小事上,随随便便的人往往不受欢迎,而在某些特殊的场合甚至会造成致命的后果。

任务一 现代礼仪介绍

一、现代礼仪的内涵

古代儒家把"礼"作为修身的最高境界,同时也把它作为做人的基本要求。我国是一个拥有五千多年文明历史的多民族国家,优秀的民族文化血脉相承,兼收并蓄,滋长发展,从未中断。我国自古尚礼,且代代沿袭承传,形成了一整套人际交往的礼节规范和处理人际关系的有效法则。现代礼仪也泛指人们在社会交往活动过程中形成的应共同遵守的行为规范和准则,具体表现为礼节、礼貌、仪式、仪表等。古人云:"礼者,敬人也。"礼仪是一种待人接物的行为规范,也是交往的艺术。它是人们在社会交往中由于受历史传统、风俗习惯、宗教信仰、时代潮流等因素而形成,既为人们所认同,又为人们所遵守,是以建立和谐关系为目的的各种符合交往要求的行为准则和规范的总和。

(一)现代礼仪的基本特征

现代礼仪通常具有以下五个基本特征。

1. 普遍性

在任何国家,任何场合,任何人际交往中,人们都必须自觉地遵守礼仪。

2. 规范性

讲究礼仪,必须采用标准化的表现形式才会获得广泛的认可。

3. 对象性

在面对各自不同的交往对象,或在不同领域内与不同类型的人际交往时,往往需要讲究不同类型的礼仪。

4. 自律性

礼仪是社会生活中约定俗成的习惯和规则,对人们的各种行为规范都有着广泛的约束力,但这种约束力不是强制性的。礼仪不像法律那样威严,也不像道德那样肃然,礼仪的实施无须别人的督促和监督,有人不遵守礼仪规范,也不会受到法律的制裁。因此,礼仪的实施主要是依靠人们自觉地利用礼仪规范来约束自己的行为,这就是礼仪的自律性。

5. 可操作性

在具体运用礼仪时,"有所为"与"有所不为"都有各自具体的、明确的、可操作的方式与方法。在社交场合中，如何运用社交礼仪，怎样才能发挥礼仪应有的效应，怎样创造最佳人际关系状态，都同遵守礼仪原则密切相关。

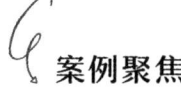
案例聚焦

无"礼"的服务员

一天，黄先生与两位好友来到某知名餐厅小聚，接待他们的是一位五官清秀的服务员，她的接待服务工作做得很好，可是她面无血色，显得无精打采。黄先生一看到她就觉得心情欠佳，仔细观察才发现，这位服务员没有化工作淡妆，在餐厅昏暗的灯光下显得病态十足。上菜时，黄先生突然看到传菜员的指甲油缺了一块，他的第一反应就是：是不是掉到我的菜里了？但为了不惊扰其他客人用餐，黄先生没有将他的怀疑说出来。用餐结束后，黄先生招呼柜台服务员结账，而服务员却一直对着反光玻璃墙面修饰自己的妆容，丝毫没有注意到客人的需要。自此以后，黄先生再也没有去过这家餐厅。

（二）礼仪的基本特点

礼仪作为指导人们言谈行为的规范，有以下六个特点。

1. 可实践性

礼仪的规范是人们长期以来总结的言行得体的和被认为正确的标准，其最大的特点就是可以实践。任何不具备实践性、可操作性的礼仪原则和方案都得不到落实，也就不会被实践采纳；而只要是被实践证明了的礼仪原则就一定具有可实践性和可操作性。学习礼仪的目的应是实践，空学理论而不实践就失去了礼仪的根本特点，这一点对于礼仪学习者来说至关重要。

2. 可检验性

礼仪具有正确和得体与否的标准，任何不正确和不得体的礼仪都可以被检验出来，其检验结果和影响程度根据不同的情况可大可小。因此，礼仪学习者要更加重视礼仪的实践活动，在重要场合更要重视礼仪的细节。

3. 不可逆性

礼仪是实践性的活动，其原则和道理完全蕴藏在人们的实际行为中。一个行为一旦做出就很难收回，更不可能重演，因此，礼仪活动的安排和礼仪活动中的行为要尽可能地考虑周全。同时，礼仪学习者要记住"工欲善其事，必先利其器"，认真学习礼仪知识，并且经常练习，尽量避免出现礼仪错误。

4. 可传承性

礼仪知识是靠无数代人的不断积累、总结而形成的一套社会观念和做法。礼仪的传承并非盲目地、不折不扣地照搬继承,而是有所取舍的,其主流或核心内容及形式一般是不会轻易改变的,而这些正是礼仪的特色和精华所在。

5. 民俗性

俗话说:"百里不同风,千里不同俗。"礼仪作为约定俗成的行为规范,在拥有共性的同时,又表现出一种较为明显的民族和国别的差异性。不同国家、不同民族各自的历史文化传统、语言、文字和活动区域的不同,以及各自的人民在长期历史过程中形成的心理素质特征的不同,使得各个国家、民族的礼仪都带有本国家、本民族的特点。

6. 审美性

礼仪规范的表现形式都具有非常高的审美品位,而且这种审美品位是立体的、全方位的,包括物质和精神两方面,有视觉、嗅觉、听觉等多角度的审美要求。礼仪的这一特点要求礼仪的学习者要全方位提高自己的礼仪素质,不仅要注意自身的仪容仪表、行为举止和体味气息,还要注意自身的精神风貌和人格素质。

二、人际沟通礼仪的准则

(一)人际沟通礼仪的基本原则

1. 真诚原则

庄子说:"真者,精诚之至也。不精不诚,不能动人。"与人交往,一是必须以诚相待,才能更好地被对方理解和接受,不要胡乱承诺,但是一旦承诺就要兑现;二是慎行,为人办事一定要真实,能够办理的事情要抓紧时间办理,办理不了的事情一定要及时给对方解释原因,不要因为耽搁造成不必要的误会;三是情真,与人交往,要牢记真心待人的大原则,做到施恩不图报。

2. 宽容原则

论语记载:"君子之道,忠恕而已矣。己所不欲,勿施于人。我不欲人之加诸我也,吾亦欲无加诸人。"礼仪交往一定要有一颗宽容的心,只有学会宽容才能交往到更多的好朋友,人生道路才能越走越宽广。毛泽东主席曾经说过:"牢骚太盛防肠断,风物长宜放眼量。"告诉我们第一条就是要学会不嫉妒,不发牢骚。而德国的歌德提出的"如果两个人争吵起来,错在那个比较聪明的人。"告诉我们第二条就是要学会自我审核。纪伯伦则告诉我们第三条就是宽容是要付出代价的,因为"一个伟大的人有两颗心:一颗心流血,一颗心宽容"。当我们学会宽容的时候,恰恰是我们看透了社会人生以后所获得的那份从容、自信和超然。

3. 从俗原则

从俗指的是遵从当地、交往对象的风俗习惯。我们国家是一个多民族国家,每个民族有其固定的礼仪文化、风俗乃至于宗教禁忌等,在与他们交往的过程中,一定要先对他们的风俗习惯有大概的了解和把握,这样才能在交往过程中得心应手,避免出错。

4. 适度原则

在人际交往过程中,应把握好礼仪的尺度,既要热情大方,又不能过于热情,甚至出现越俎代庖的情况;既要宠辱不惊,更要临危不乱。在尺度把握上,我们必须清醒地认识到凡事过犹不及,如果做得过了头或者做得不到位,都有可能给对方留下糟糕的印象,甚至产生不利的后果。适度就是做到问心无愧,适可而止,当然这个尺度不是很好把握,需要我们在实践操作的过程中多多历练,多多总结积累经验。把握好人际沟通的基本原则,并且将沟通付诸实践,就可以指引我们在人际交往中建立更加融洽的人际社会关系,建立自己的交际圈。

(二)人际沟通礼仪的作用

人不能离开社会而生存,而社会中的任何一员也离不开人际关系。

1. 沟通作用

礼仪是沟通和发展人际关系的必要条件,人们在人际交往中应以礼相待,彼此都应自觉地遵守礼仪规范。正是由于礼仪在人际关系中的这种桥梁作用,交往双方的感情才能得以传递,人们之间的交往才能成功进行,人们从事的各种事业才能得到发展。

2. 协调作用

人际关系是依靠沟通和平衡得到协调的。人与人之间的交往是主动的、多层次的交往。礼仪是交往过程中不可缺少的媒介,协调人们的生活。例如某人不小心踩了别人的脚,说一声"对不起",就会得到别人的谅解,紧接着别人会回一句"没关系"。这样,本来别人可能会不高兴或怒目而视甚至恶言相对,因为一句敬语换来一句礼貌语言,对立的情绪便已消失无踪了。可见礼仪在协调人际关系中发挥了重要的调节作用。

3. 维护作用

社会文明的发展程度决定着礼仪的发展水平;同时,礼仪反作用于社会,对社会的风尚产生广泛、持久和深刻的影响。用礼仪来约束人的交往行为,可使社会秩序保持稳定;用礼仪作为维持人际关系的准则,就是在用"和"来调节人际关系。如果人们都能按照礼仪交往处世,人与人之间就能达到"人和","人和"则办事顺利畅通,从而"事兴"。因此,社会上讲礼仪的人越多,社会便会越和谐安定。从这种意义上讲,礼仪起着特殊的维护作用。

4. 教育作用

礼仪通过评价、劝阻、示范、熏陶和感染等方式使人们不断增强道德意识，不断矫正不正确的行为习惯，倡导人们按礼仪规范的要求去协调人际关系，检查自己的行为，维护社会的安定。遵守礼仪原则的人，客观上也起着榜样的作用，直接影响着周围的人。以礼待人、以礼言事将造就一个良好的社会环境和舆论氛围。人们互相影响、互相促进，在全社会形成追求崇高思想境界和高尚道德情操的风尚，进而形成团结、和谐、平等和互助的良好风气，大力推动社会主义精神文明建设。

中国具有五千多年文明史，素有"礼仪之邦"之称，中国人也以其彬彬有礼的风貌而著称于世。礼仪文明作为中国传统文化的一个重要组成部分，对中国社会历史发展起了广泛而深远的影响，其内容十分丰富。礼仪所涉及的范围十分广泛，几乎渗透于古代社会的各个方面。

中国古代的"礼"和"仪"，实际是两种不同的概念。"礼"是制度、规则和一种社会意识观念；"仪"是"礼"的具体表现形式，它是依据"礼"的规定和内容，形成的一套系统而完整的程序。在中国古代，礼仪是为了适应当时社会需要，从宗族制度、贵贱等级关系中衍生出来的，因而带有产生它的那个时代的特点及局限性。时至今日，现代的礼仪与古代的礼仪已有很大差别，我们必须着重选取对今天仍有积极、普遍意义的传统文明礼仪，如尊老敬贤、仪尚适宜、礼貌待人、容仪有整等，并加以改进与传承。这对于修养良好个人素质，协调和谐人际关系，塑造文明社会风气，进行社会主义精神文明建设，具有现代价值。

三、人际沟通礼仪的常识

人际沟通与礼仪，对现在的社会交往非常重要。社会中的人和人之间存在着一定的关系，必然要相互接触、相互联系，即进行各种各样的沟通和交往。那么为建立良好的沟通，沟通礼仪就是必不可少的。

（一）学会倾听

倾听实质上是说话者与倾听者的一种互动过程，它不仅包括说话者的语言表达，还包括倾听者的主动参与。在倾听过程中，倾听者要调动自己的知识和经验，对听到的内容进行理解、筛选和加工，并采取不同类型的倾听方式对听到的内容进行处理。

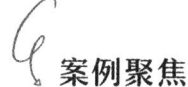

案例聚焦

有价值的金人

曾经有个小国的使者到中国来，进贡了三个一模一样的金光闪闪的金人，把皇帝高兴坏了。可是这个小国的使者出了一道题目：这三个金人哪个最有价值？皇帝想了许多办法都没能得出答案，请来珠宝匠检查，称重量、看做工，发现这三个金人都是一模一样的。

怎么办？使者还等着回去汇报呢。泱泱大国，不会连这个小问题都解决不了吧？最后，有一位老臣说他有办法。于是，皇帝将使者请到大殿，老臣胸有成竹地拿着三根稻草分别插入了三个金人的一只耳朵中。很快，第一个金人的稻草从它的另一只耳朵里出来了；第二个金人的稻草从它的嘴巴里直接掉了出来；而第三个金人，稻草进去后就掉进了它的肚子里，什么响动也没有。老臣说："第三个金人最有价值！"使者沉默无语，因为老臣答对了。

这个故事告诉我们，最有价值的人不一定是最能说的人。老天给了我们两只耳朵和一个嘴巴，就是让我们多听少说。善于倾听才是成熟的人的基本素质。做人要谦虚，谦虚的人往往能得到他人的信赖和认可。因为谦虚，人与人之间彼此尊重，可以建立良好的关系。

1. 倾听的特征

（1）接收的不仅是语言信息，还包括非语言信息。在倾听的过程中，绝不能闭上眼睛仅仅听别人发声，还要注意别人的眼神、手势及面部表情等传递的非语言信息。非语言信息在沟通中有着重要作用，因为在与他人沟通时，很多信息都是以某种行为方式体现出来的。例如，看到对方皱眉头，就知道对方可能不开心或者遇到麻烦了。

（2）对接收的信息做出反应。虽然倾听以听到声音为前提，但更重要的是倾听者对声音必须有所反应。倾听者必须主动参与全过程，在这个过程中，倾听者必须思考、接收、理解，并做出必要的反馈。

2. 倾听的分类

（1）获取信息式倾听。获取信息式倾听是指倾听者为了了解某种知识、技能或就某一问题征求别人意见的学习过程。企业在进行市场调查时，经常采用的就是获取信息式倾听。获取信息式倾听的着眼点首先是识别中心思想，这是贯穿整个过程的基础，然后是倾听中心思想的主要观点，最后是倾听支持主要观点的材料。

（2）质疑式倾听。质疑式倾听是指倾听者对获取的信息进行分辨、明晰、筛选、加工和整理的过程。质疑式倾听除了要识别中心思想、抓住主要观点，还应该对所听到的内容进行评估和质疑。质疑的目的在于验证观点是否合理、合法，信息来源是否准确、可靠。在质疑时需要注意：事实是可以被验证的东西，它永远是真实的，而观点是人们的信念。作为倾听者，听到的更多的应该是观点而不是事实，所以倾听者应具备区分事实与观点的能力，以及辨别正确、权威或可信度高的观点的能力。

（3）情感移入式倾听。情感移入式倾听是指倾听者设法通过他人的观点理解他人的感受并做出反应的过程。人们的倾听能力总会不同程度地受到情感因素的影响，在情感移入式倾听过程中，倾听者在倾听说话人说的内容时要把自己的感情放在一边，然后投入到对方的情感中去。有时仅仅倾听他人的情感并让他们做出一些解释就可以在很大程度上解决问题。

（4）享乐式倾听。享乐式倾听是指倾听在一种轻松、愉快的条件下进行，使得严肃的倾听变成了愉悦的沟通方式。通常情况下，人们认为享乐式倾听是很随意、放松的，但事实上，享乐式倾听也有简单和复杂之分。如果人们倾听仅仅是为了放松一下高度紧张的神经，或者是为了营造一种氛围，就不愿意也没有必要去领会和理解所听到的内容和所营造的意境，那么这种倾听将是简单而随意的，日常生活中大量的倾听均属于这种情况。如果人们倾听是为了一种专业享受，那么这种倾听就成了一种更加复杂的过程。例如，在音乐会上，人们必须在听的过程中试图理解音乐的主题、识别曲子的节奏、听出曲子表达的情绪等。

（二）学会交谈

交谈是社交场合，两个人或几个人之间的以谈话为基本形式，进行面对面的沟通信息、交流思想感情、谈心聊天的言语活动。随着人类社会的发展，交谈已成为政治、外交、科学、教育、商贸、公关等各个领域中重要的、不可缺少的交流手段。

1. 交谈的作用

在现实生活中，一个人善于交谈就能广交朋友，与别人建立良好的人际关系。相反，交谈中言辞不当可能会伤害他人，甚至有些人因言语失误，结怨结仇，操刀动斧，酿成生活悲剧。交谈不仅是人们交流思想的重要手段，而且是学习知识、增长才干的重要途径。善于同有思想、有修养的人交谈，就能学到很多有用的知识，"听君一席话，胜读十年书"就是对交谈意义深刻的总结。掌握交谈的技巧，学会交谈，对于我们的工作、学习和生活具有极其重要的作用。

2. 交谈的技巧

与人之间交流的基础是交谈，但交谈中，有人一句话可以赢得满堂喝彩，有人一句话却可以失尽人心，还有这样的说法"一句话说得人笑，一句话说得人跳"，可见交谈是讲究技巧的。

（1）了解交谈的对象。

说话要看对象，同样一句话，与不同的谈话对象说会有不同的效果。《孙子兵法》上说，"知己知彼，百战不殆"，沟通交流也是一样：了解谈话的对象，掌握对方的基本情况，然后投其所好，避其所忌，才能有的放矢的沟通。

（2）说话要分场合。

"到什么山头唱什么歌"，不同的场合说不同的话。不看场合，随心所欲，信口开河，想到什么说什么，这是"不会说话"的人的一种拙劣表现。人总是在一定的时间、一定的地点、一定的条件下生活，在不同的场合，面对着不同的人、不同的事，从不同的目的出发，就应该说不同的话，用不同的方式说话，这样才能达到理想的言谈效果。

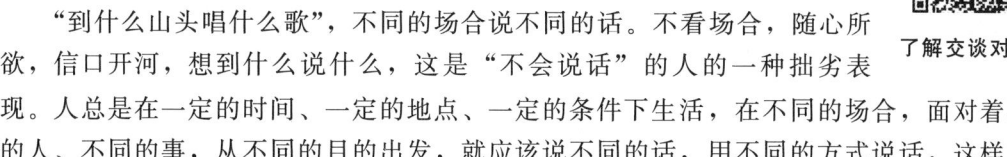

了解交谈对象

场合有正式和非正式、严肃和随意之分。正式的场合一般指经过精心准备的、有明确目的和功能的场合，一般来说较严肃庄重，比如国际外交或贸易的正式会谈、学术交流会、上级与下级的正式会谈等。这样的场合不能随意开玩笑，说话要深思熟虑，言简意赅。非正式的场合，如朋友聚会、节日联欢、茶话会等，则可以轻松自在地聊聊天，说说家长里短，讲讲笑话等。

场合有适宜多说话和少说话之分。对方忙碌、疲惫、心境不佳时须少说话；对方轻松空闲、心绪颇佳时可多说话，但聪明的人在人多的场合会少说话。我们常说的"言多必失"的意思是：如果一个人总是没完没了地讲话，说得多了，言语里总是会不自觉地暴露出许多问题。言多必失、祸从口出是应该特别谨记的话语，特别是人多的场合，说到忘乎所以的时候很容易失言，一旦失言，你的话就可能伤害到某个人，这就自然会给你招惹祸端。

3. 说话要注意语言技巧

（1）注意声音素质。说话时要注意自己的音色、音质，达到最佳谈话效果。吐字要清晰，速度要适中，不要过快，也不要过慢，尽量做到平稳中速，在特定的场合下，可以通过改变语速和停顿来引起双方的注意，加强表达的效果；语调适宜，不可过于尖锐，一般问题的阐述应使用正常的语调，保持能让对方清晰听见而不引起反感的高低适中的音量。

（2）表述要清楚明白。说话要尽量避免语意含糊和使用有歧义的词语；要表达出足够的信息量；要有逻辑顺序，切忌语无伦次。

> 有个人请客，看时间过了，还有一大半的客人没有来。主人心里很焦急，便说："怎么搞的，该来的客人还不来？"一些客人听了，心想："该来的没来，那我们是不该来的了？"于是他们悄悄地走了。主人一看又走掉好几位客人，越发着急了，便说："怎么这些不该走的客人，反倒走了呢？"剩下的客人一听，又想："走了的是不该走的，那我们这些没走的倒是该走的了！"于是又有一些客人走了。最后只剩下了一个跟主人较亲近的朋友，看到这种尴尬的场面，就劝他说："你说话前应该先考虑一下，否则说错了，就不容易收回来了。"主人大叫冤枉，急忙解释说："我并不是叫他们走啊！"朋友听了生气地说："不是叫他们走，那就是叫我走了。"说完，他头也不回地离开了。

（3）言辞要讲究。说话要尽可能地简明扼要，戒掉口头禅，避免使用粗俗的言辞。

(4) 适度表现幽默。

甲、乙二人是冤家对头，这一天，他们俩狭路相逢。甲摆出一副威风样子说："我从来不给傻子让路。"乙却笑容满面，侧身让到一边，说："我正好相反，请！"据说这个故事中的乙就是德国大作家歌德。

(5) 有效赞美他人。俗话说："良言一句三冬暖，恶语伤人六月寒。"适度的赞美能使人获得自我需求的满足感，促进交谈的顺利进行。交谈时诚挚的心态、认真的态度本身就是对对方的赞美；了解他人的爱好、虚心请教则是高超的赞美；交谈时观察对方渴望的部分，赞美一个人引以为荣的事，效果更佳。但赞美时切记，适可而止，实事求是，适度夸张，择言而道，不巧言谀人。

任务二　不同场景下的人际礼仪与沟通技巧

人际礼仪是人们在社会活动中共同遵守的礼节仪式，是必须严格遵守的一种礼貌行为规范和法则。它反映了一定的思想观念和道德标准，是人们沟通思想、联络感情、调节人际关系和开展商务活动的重要交际方式和手段。掌握会面礼仪、拜会待客礼仪等，以达到彼此愉悦、文明有礼地交往的目的。做好人际沟通的礼仪规范，举止文明，言语得体，才能得到平等交流和友善沟通，从而实现沟通的延续性。

一、日常社交

(一) 问候礼仪的基本原则

在人际交往中，人们互相见面或被他人介绍时，应起身站立，热情、认真地向对方问候。问候时应注意遵循以下基本原则。

1. 不用莽撞的问候方式

如果在公共场所遇见了久违的好朋友，请不要太激动。在大街上突然冲向对方，甚至冲撞了行人；在会场里猛然从座位上跳起来并穿过整个大厅；在人群里冷不丁地高呼朋友的名字，让旁人吓一跳，这都是很失礼的。

2. 不苛求"熟视无睹"的相识者

有时，人们会碰见相识者对自己"熟视无睹"的情况，因而感到很不高兴，其实这大可不必。请不要把不经心的视而不见与故意的轻蔑混为一谈。这很可能是因为对方正在沉思，或者眼睛近视，也可能是因为你的外貌有了改变。例如，有位女士对自己所从事的工作很有研究和造诣，是行业中公认的专家，但她的同事对她一直很有意见，认为她骄傲、不理人、爱摆架子，其实她的"视而不见"是因为她习惯于在行走和空闲时独自沉思。

3. 适时、适地地打招呼

如果要参加一个国际性的或是跨省市、跨行业的会议,在一天内几次遇见同一熟人,每次都说"您好"似乎就太单调了。因此,可以根据时间、场合用不同的方式打招呼。

4. 与相遇的人打招呼

有时因出差、开会、旅游在旅馆居住或在商店购物时,都应该同遇见的服务员或销售员打招呼。只要经常同自己打交道的人,不论其地位高低、贫富,都要注意见面打招呼。在交往中,见面时行一个标准的问候礼,会给对方留下深刻而又美好的印象,能直接体现出施礼者良好的修养。

先生,祝您圣诞快乐

(二)为他人做介绍的礼仪

在人际交往活动中,经常需要在他人之间架起人际关系的桥梁。他人介绍又称为第三者介绍,是经第三者为彼此不相识的双方引见、介绍的一种交际方式。他人介绍通常是双向的介绍,是对双方都做一番介绍;有时也进行单向的他人介绍,即只将被介绍者中的一方介绍给另一方。介绍者为他人介绍需要把握下列要点。

1. 了解介绍的顺序

为他人做介绍时,先介绍谁后介绍谁是一个比较敏感的问题。根据商务礼仪规范,在处理为他人做介绍的问题上,必须遵守"尊者优先了解情况"的规则。根据规则,为他人做介绍时的礼仪顺序大致有以下几种情况。

(1)介绍上级与下级认识时,应先介绍下级,后介绍上级。

(2)介绍长辈与晚辈认识时,应先介绍晚辈,后介绍长辈。

(3)介绍年长者与年幼者认识时,应先介绍年幼者,后介绍年长者。

(4)介绍女士与男士认识时,应先介绍男士,后介绍女士。

(5)介绍已婚者与未婚者认识时,应先介绍未婚者,后介绍已婚者。

(6)介绍同事、朋友与家人认识时,应先介绍家人,后介绍同事和朋友。

(7)介绍来宾与主人认识时,应先介绍主人,后介绍来宾。

(8)介绍与会先到者与后来者认识时,应先介绍后来者,后介绍先到者。

2. 掌握介绍的方式

由于实际需要的不同,为他人做介绍时的方式也不尽相同,一般有以下几种。

(1)一般式。一般式也称为标准式,以介绍双方的姓名、单位、职务等为主,适用于正式场合,如"请允许我来为两位引荐一下,这位是××公司营销部主任李丽小姐,这位是××集团副总杨杨小姐"。

(2)简单式。简单式只介绍双方姓名一项,甚至只提到双方姓氏而已,适用于一般的社交场合,如"我来为大家介绍一下,这位是高总,这位是田总,希望大家合作愉快"。

(3)附加式。附加式也可以称为强调式,用于强调其中一位被介绍者与介绍者之间的关系,以便引起另一位被介绍者的重视。如"大家好!这位是××集团的业务主管王先生，这是小女宋霖，请各位多多关照"。

（4）引见式。在引见式介绍中，介绍者所要做的是将被介绍者双方引到一起，适用于普通场合，如"来，两位认识一下吧，大家其实都曾经在一个公司共事，只是不在一个部门而已，接下来请两位自己说吧"。

（5）推荐式。介绍者经过精心准备将一人举荐给另一人，介绍时介绍者会对前者的优点加以重点介绍，通常适用于比较正规的场合，如"这位是高远先生，这位是××公司的赵海董事长，高远先生是经济学博士、管理学专家，赵董事长，我想您一定有兴趣和他聊聊吧"。

（6）礼仪式。礼仪式是一种正规为他人做介绍的方式，适用于正式场合，其语气、表达、称呼上都更为规范和谦恭，如"唐先生，您好！请允许我把××公司的策划经理方华女士介绍给您。方女士，这位是××集团的策划总监唐超先生"。

经介绍与他人相识时，不要有意拿腔捏调或心不在焉，也不要低三下四、阿谀奉承地去讨好对方。

（三）常用的问候礼

1. 东方的问候礼

（1）作揖礼。作揖礼即拱手礼，是华人中流行的见面礼。行礼方式是起身站立，上身挺立，两臂前伸，双手在胸前高举抱拳，自上而下或自内而外，有节奏地晃动两三下。作揖礼主要适用于过年时举行的团拜活动，向长辈祝寿或向友人恭喜结婚、生子、晋升和乔迁，向亲朋好友表示无比感谢，以及与海外华人初次见面时表示久仰之意等。

（2）鞠躬礼。行鞠躬礼时，应脱帽立正，双目凝视受礼者，然后上身弯腰前倾，男士双手应贴放于身体两侧裤缝处，女士的双手则应下垂搭放在腹前，弯腰的幅度越大，所表示的敬意程度就越大。目前，鞠躬礼在国内主要适用于向长者表示敬重、向他人表示感谢、领奖或演讲之后谢幕、举行婚礼或参加追悼会等活动。

2. 西方的问候礼

（1）拥抱礼。拥抱礼的动作要点：两人面对面站立，各自举起右臂，将右手搭在对方左臂后面，左臂下垂，左手扶住对方右腰后侧。首先各向对方左侧拥抱，然后各向对方右侧拥抱，最后再一次各向对方左侧拥抱，一共拥抱三次。在普通场合行此礼，不必如此讲究，次数也不必如此严格。

(2)亲吻礼。亲吻礼是一种西方国家常用的会面礼。有时,它会与拥抱礼同时采用,即双方会面时既拥抱又亲吻。在行礼时,因双方关系的不同,亲吻的部位也会有所不同。长辈吻晚辈,应当吻额头;晚辈吻长辈,应当吻下颌或面颊;同辈之间,同性应该贴面颊,异性应当吻面颊。需要注意的是,行亲吻礼时,非常忌讳发出亲吻的声音。如果将唾液弄到对方脸上是非常尴尬的事情。

(3)吻手礼。正确的吻手礼是,男士行至已婚女士面前,首先垂直立正致意,然后以右手或双手捧起女士的右手,俯首用自己微闭的嘴唇去象征性地轻吻一下其指背。这种礼节主要流行于欧美国家,其特点决定了它宜在室内进行。吻手礼的受礼者只能是女士,而且应是已婚女士。手腕及其上下的部位是行礼的禁区。

3. 东西方通用的问候礼

(1)点头礼。点头礼也就是颔首礼。点头礼的做法是,头部向下轻轻一点,同时面带笑容。注意不要反复点头,点头的幅度也不宜过大。点头礼适用的范围很广,如路遇熟人或与熟人、朋友在会场、剧院、歌厅、舞厅等不宜交谈之处见面,以及遇上多人而又无法一一问候之时,都可以点头致意。行点头礼时最好摘下帽子,以示对对方的尊重。

(2)举手礼。行举手礼的场合与行点头礼的场合大致相似,最适合向距离较远的熟人打招呼。行举手礼的正确做法是,右臂向前方伸直,右手掌心向着对方,其他四指并齐,拇指叉开,轻轻向左右摆动,不要将手上下摆动,也不要在手部摆动时用手背朝向对方。

(3)脱帽礼。戴着帽子的人在进入他人居所、路遇熟人、与人交谈握手、进入娱乐场所或在升国旗、奏国歌的场合时,都应自觉摘下帽子,并置于适当之处。

二、网络交流

互联网作为开放的网络平台,人人都可以依托互联网开展网络上的沟通与交流。而随着互联网+技术以及移动互联网技术的发展,互联网和移动网成为不可缺少的沟通工具之一,在网络上的沟通和交流逐渐发展成为主要的交流方式。人与人最终通过交流才能逐渐彼此之间从心理上和行为上都有一定的了解,彼此之间关系才能进一步的发展,而且会更好地运用到交际场合,处理问题会有分寸和掌握尺度,避免引起一方的不满或误解。

(一)网络沟通的主要工具形式

1. 电子邮件

电子邮件(electronic mail,简称 E-mail)又称电子信箱,它是一种用电子手段提供信息交换的通信方式,是互联网应用广泛的服务:通过网络的电子邮件系统,用户可以以非常快速的方式与世界上任何一个角落的网络用户联系,这些电子邮件可以是文字、图像、声音等各种形式。最重要的是,电子邮件是整个网到网以至所有其他网络系统中直接面向人与人之间信息交流的系统,它的数据发送方和接收方都是人,所以极大地满足了大量存在的人与人通信的需求。

2. 网络传真

网络传真（network fax）也称电子传真,是基于公共交换电话网络（public switched telephone network，PSTN）和互联网络的传真存储转发。它整合了电话网、智能网和互联网技术。其原理是通过互联网将文件传送到传真服务器上,由服务器转换成传真机可接收的通用图形格式后,再通过 PSTN 发送到全球各地的普通传真机或任何的电子传真号码上。

3. 网络新闻发布

网络新闻突破传统的新闻传播概念,在视、听、感方面给受众全新的体验。它将无序化的新闻进行有序的整合,并且大大压缩了信息的厚度,让人们在最短的时间内获得最有效的新闻信息。网络新闻的发布可省去平面媒体的印刷、出版,电子媒体的信号传输、采集声音图像等工作。

4. 即时通信

即时通信（instant messaging，IM）是指能够即时发送和接收互联网消息等的业务。即时通信不再是一个单纯的聊天工具,它已经发展成集交流、资讯、娱乐、搜索、电子商务、办公协作和企业客户服务等为一体的综合化信息平台,集成了电子邮件、音乐、电视、游戏和搜索等多种功能。

（二）网络礼仪的建立

网络礼仪的核心原则是适度。把握分寸正是人心和人性所能接受和需要的,能够有效地塑造个人形象和表现自己的修养和气质。网络是虚拟的,你看不见对方也摸不着对方,既然你参与了网络,就应该以在乎自己一样的态度来在乎对方,尊重对方等于尊重自己。网络交流需要遵循以下原则。

1. 填写、保管资料要谨慎

个人信息资料的填写要小心谨慎,切勿在网上泄露敏感的个人资料,不要随意公开自己的 E-mail、真实姓名、地址、电话号码等个人信息。就算觉得彼此已成为好朋友,还是应该保持谨慎。对于他人的个人信息,应该更加注意,以免给他人带来伤害。

2. 实际生活中遵循的道德标准在网络上同样要遵守

在现实生活中大多数人都是遵纪守法的,在网上也是如此。网络中的道德和法律与现实生活是相同的,不要以为在网上通过电脑与人交流就可以降低道德标准。不要发送广告和淫秽暴力的信息。

3. 做自己，不动摇

不为其他人所动。讨论是一种建设性的交流，遇到不同观点者，应心平气和地探讨问题。自己观点受到反驳时，切勿暴跳如雷，反驳观点不能掺杂人身攻击，要以理服人。

网络礼仪的终极目标是和谐网络，和谐社会。达到和谐，需要多方面的力量。中华民族是人类文明的发祥地之一，文化教育传统源远流长，几千年来悠久的历史创造了灿烂的文化，形成了高尚的道德准则、完整的礼仪规范，被世人称为"文明古国""礼仪之邦"。用深远的礼仪渊源宣扬网络礼仪，用"礼仪""和为贵""知礼以立"等特有文化传统影响网络用户，用传统的和谐文化和思想引导网络文化，真正营造出一个和谐的网络世界。

网络世界的发展还不够完善和成熟，网络礼仪更多的是靠个人道德去约束，网络世界的整体和谐尚需要网络用户持久的自律，任重而道远。作为中华民族文化的基础，礼仪的基本核心是善良、真诚、和谐，对应的内在要求是尊重、适时、适度、适人。网络用户应该遵守网络礼仪，用良好的网络行为塑造个人良好的网络形象。同时有素质和修养的网络用户应该反对诽谤、偷拍、谩骂等不良行为，最终实现我国互联网的持续、快速、健康发展，建设和谐优质的网络世界。

三、涉外礼仪

涉外礼仪指的是中国人在与外国人交际应酬时所须遵守的人际交往的行为规范。作为涉外交往的标准的、规范的做法，它好比"国际交通规则"，是每一位涉外人员均须自觉恪守的。遵守涉外礼仪，首先，有利于个人形象、单位形象和国家形象的维护；其次，有助于自身良好素质与教养的展示；再次，有助于增加中外双方的相互信任与了解；最后，有助于交往双方发展友谊。涉外礼仪主要适用于比较正式的场合，并且可操作性很强。在学习涉外礼仪的时候，既要了解其主要的讲究，又要回避很多禁忌。简言之，就是在同外国人交往的时候，应当有所为、有所不为。

（一）涉外礼仪的概念

涉外礼仪就是在对外经济交往工作中，对外宾表示尊重、友好的各种礼节、仪式及惯用形式。作为一个商务工作者，不论职位高低，在涉外交往和与外商的接触过程中，代表的都不仅仅是自己，还代表着所在单位的形象，甚至代表着整个国家的形象。因此，商务工作者与外商交往时的一言一行、一举一动都应符合涉外礼仪规范，以便更好地维护国家尊严，发挥沟通国内、国外两个市场的桥梁和纽带作用。

在涉外活动中，商务人员既要向交往对象表达出尊重友好之意，又要维护国家和个人的形象，故而要把握好涉外礼仪中的几个核心要素，以便塑造良好的国际交往形象。

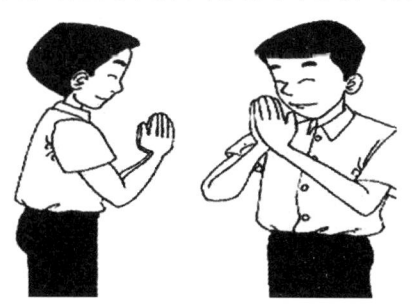

（二）涉外的仪容仪表

在涉外交往中，每个人的穿着打扮均被视为其自身教养最为形象的说明，并且被视为与自己对交往对象尊重的程度有关，故不可自行其是。

1. 三色原则

在正式场合，涉外人员尤其是男士，应当有意识地分清自己全身衣着的色彩，在总量上应限制在三种之内。涉外人员全身衣着的色彩若多于三种，未免会令人眼花缭乱，因而难以给人庄重之感。

2. 三一律

男士在涉外场合着正装时，应当尽可能地使自己的皮鞋、腰带以及手包为同一色彩，并且以三者同为黑色最佳。越是有身份者，在涉外活动中越要注意这一点。

3. 三大场合

参加涉外活动时，切不可使自己的穿着打扮以不变应万变，而是应当根据本人所处的具体场合的不同而有所区分。按照常规，涉外人员的穿着打扮主要有下述三大场合之分。其一，公务场合，即上班办公的时间。公务场合的穿着打扮应以庄重、保守为总体风格，此刻涉外人员的着装宜为套装、制服或者套裙。具体而言，男装宜为蓝色或灰色的西装套装、制服，女装宜为单色的套裙、连衣裙或者制服。其二，社交场合，在此是指公务活动之余的交往应酬的时间。社交场合的穿着打扮应以时尚、个性为总体风格。在宴会、舞会、相互拜访以及聚会等常见的社交场合，涉外人员宜着时装与礼服。目前，深色中山装套装与单色旗袍可分别作为中方男女人员的"准礼服"在隆重的社交场合使用。其三，休闲场合，泛指公务活动之余的个人自由活动的时间，如居家、健身、游览、逛街、购物，等等。休闲场合的穿着打扮以舒适、自然为总体风格，往往可以由人们自行其是。在休闲场合，运动装、牛仔装、夹克衫、T恤衫等都是适当的选择。在此场合若身着套装、套裙，便会显得煞有介事。

4. 首饰佩戴

参与涉外活动时，涉外人员所佩戴的首饰必须符合身份，以少为佳。在公务场合，女士通常不宜佩戴大型珠宝。应当注意的是，在佩戴首饰时，通常不宜多于三种，每种应以两件为限。佩戴多种、多件首饰时，应当尽量使之质地、色彩相同。

（三）涉外交际时的称呼

在涉外交往中，一般对男子称"先生"，对已婚女子称"夫人"，对未婚女子称"小姐"，对婚姻状况不明的女子称"小姐"或"女士"。在西方国家，凡是举行了宗教结婚仪式的人，都习惯在左手无名指上戴一枚戒指，所以，对外宾的称呼可以由此而定。这些是根据性别和婚姻状况来称呼对方的，使用起来具有普遍性。

在交际中还可以根据对方的不同身份来称呼对方,示例如下。

1. 称"阁下"

"阁下"是对地位高的官方人士,一般为部长级以上的高级官员的称呼,如"部长阁下""总统阁下""总理先生阁下""大使先生阁下"等。对主教以上的神职人员,对有公、侯、伯、子等爵位的人士,也可称"侯爵先生"或"阁下"。在君主制国家,按习惯可称国王、王后为"陛下",对王子、公主和亲王等可称"殿下"。

2. 以职业称呼

对医生、教授、法官、律师等从事令人尊敬的职业的人士,可单独称其为"医生""法官"等;对有博士学位的人可称呼其"博士";对教会的神职人员,可称其教会的任职,如"亨利神父""传教士先生"。

3. 以军衔称呼

对军人一般称军衔或军衔加先生,知道姓名的可冠以姓与名,如"罗伯特少校""上校先生""比利上尉先生"等。有的国家对将军、元帅等高级军官也称"阁下"。

4. 称"同志"

凡与我国以同志相称的国家(如朝鲜等),对各种人员都可称"同志",有职衔的也可另加职衔。例如,"主席同志""书记同志""委员长同志""省长同志""大使同志""服务员同志"等。

(四)涉外参观游览礼仪

涉外参观游览是指外国客人在访问或旅游期间对一些风景名胜、单位设施等进行实地游览、观看和欣赏。来访的外国人和我国出访人员为了了解出访国家的情况,达到出访的目的,都应组织一些参观游览活动。

1. 选定项目

参观游览项目的选择应根据客人的访问目的、性质和客人的意愿、兴趣、特点及我方当地实际条件来确定。对于外国政府官员、人财团、大企业家,一般应安排参观反映我国经济发展情况的经济开发区、单位、部门,以及重点招商项目。对于一般的企业家、商人和相关专业人员,可安排参观与其有关的单位、部门,同时安排一些有地方特色的游览项目。对于年老体弱者则不宜安排长时间步行的项目,对于心脏病患者则不宜安排登高等项目。一般来说,对于身份高的代表团,事前可了解其要求;对一般代表团,可在其到达之后提出方案,如果确有困难,可如实告知,并做适当解释。

2. 安排日程

当参观游览项目确定后,应制订详细活动计划和日程,包括参观路线、座谈内容和交通工具等,并及时通知有关接待单位和人员,以便各方密切配合。

3. 陪同参观

按照国际惯例,外宾前往参观时,一般都应安排相应身份的人员陪同。如有身份高的主人陪同,则宜提前通知对方。接待单位要配备精干人员出面接待,并安排解说介绍人员,切忌前呼后拥。参观现场的在岗人员不要围观客人。遇客人问话应有礼貌地回答。

4. 解说介绍

参观游览最重要的部分是解说介绍。有条件的可先播放一段相关的纪录片,这样既可节省时间,又可事先让客人对情况有所了解,经过实地参观,效果会更好。我方陪同人员应对有关情况有所准备,介绍情况要实事求是,运用材料、数据要确切,不可一问三不知,也不可含糊其词。确实回答不了的,可表示自己不清楚,待咨询有关人员后再答复。遇规模较大的团组,宜用扩音话筒进行解说。另外,遇有保密部分的内容则不能介绍,如客人提出要求,应予婉拒。

5. 乘车、用餐和摄影

在出发之前,要及时检查车况,分析行车路线,预先安排好用餐。如果路途遥远,还要预先安排好中途休息点,要把出发、集合和用餐的时间、地点及时通知客人和全体工作人员。一般地点均允许客人摄影,如有不能摄影处,应事先向客人说明,现场要竖立中英文"禁止摄影"的标志牌。

6. 在国外参观游览的礼节

若出访人员、团组要求参观,可通过书面、电话或面谈方式向接待单位提出,经允许后方能出行。参观内容要符合访问目的和实际情况,要注意客随主便,不要强人所难,在商定之后,要核实参观时间、地点和路线。出访人员在参观过程中要专心听取接待人员的介绍,不可因介绍枯燥或不对口味而显露出不耐烦和漫不经心,这是极不礼貌的。同时应广泛接触、交谈,以增进了解,加深友谊。注意尊重对方的风俗和宗教习俗。如要摄影,事先要向接待人员了解有无禁止摄影的规定。参观游览对服装要求不严格,不必穿礼服,穿西装可以不打领带,但应注意穿着整洁,仪容也宜稍做整理。参观完毕,出访人员应向主人表示感谢,上车离开时应在车上向主人挥手道别。

总而言之,要熟知对外宾表示尊重、友好的各种礼节、仪式及惯用形式。作为一个商务工作者,不论职位高低,在涉外交往和与外商接触的过程中,代表的都不仅仅是自己,还代表着所在单位的形象,甚至代表着整个国家的形象。我们一定要移风易俗,做好相关工作。

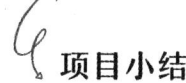
项目小结

本项目着重强调了做好人际沟通的礼仪规范，举止文明、言语得体才能得到平等交流和友善沟通，从而实现沟通的延续性。现在社会发展，我们更加需要掌握不同的沟通礼仪规范，掌握好沟通的尺度，才不至于使得沟通无法正常进行下去，有助于提升沟通"热度"。同时，礼仪文化素养体现在生活的方方面面，为实现好沟通的良好闭环，人际沟通礼仪的学习是必不可少的。沟通礼仪不仅体现于"面子"上，同时也体现于生活的细微之处，这也是沟通礼仪的"见微知著"。

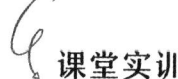
课堂实训

一、思考讨论题

1. 人际沟通的特点和准则是什么？
2. 如果你明天要去参加一场重要的面试，该做好哪些方面的准备？有什么注意事项？

二、技能训练

1. 甲说："我最讨厌我爸爸了，在公司没本事，点头哈腰像个哈巴狗，回家就会朝我发脾气！"

乙说："你爸爸确实够窝囊！不像我爸爸是总经理，只有他对别人发火的份儿，对我就是有求必应，这个暑假还要带我去马尔代夫旅游呢。"

大家想一想，乙这样回答会和甲产生矛盾吗？假如你是乙，听到甲这样的抱怨，你该怎么说？

2. 请根据下列材料和提供的条件，设计说服对方的对话内容。

美国一家网球俱乐部的负责人希望劳力士表厂的总裁安德烈先生赞助其网球赛一套先进的计分和计时系统。但是，这位总裁几乎从未接触过网球，他认为赞助运动钟表是大众市场手表制造商的事，因而对此不是很感兴趣。于是网球俱乐部负责人将总裁先生请到了古典、优美的网球赛场的皇家包厢里，并对说服他充满了信心。

要求：

（1）由教师将班级同学分为5~7个小组，分别让每个小组对此案例进行讨论。

（2）每个小组分别上台展示本组实现良好沟通的提案。

（3）分别对每个小组的提案进行评比和辩论，最后由教师进行点评。

项目三　大学生人际交往沟通困惑与技巧

项目目标

【知识掌握】

1. 了解大学生生理、心理发展规律。
2. 了解大学生人际交往的影响因素。
3. 掌握人际沟通基本原则。

【技能要求】

1. 能够认识大学生的心理特点，正确认知交往冲突。
2. 利用沟通技巧合理地与各个群体进行沟通。

【素质提升】

1. 正确认识心理发展规律，为有效沟通打好基础。
2. 培养学生的自信心和自尊心。
3. 培养学生良好的沟通协调能力和换位思考能力。

案例导读

投毒的室友

据报道，上海某医学院研究生黄某遭室友林某投毒后死亡。林某与黄某均为医学院硕士研究生，分属不同的医学专业。8月起，林某入住复旦大学某宿舍楼421室。一年后，黄某调入该寝室。之后，林某因琐事对黄某不满，逐渐怀恨在心。愚人节前夕，林某在大学宿舍听黄某和其他同学调侃说想在愚人节当天做节目整人。林某看到黄某笑得很得意，联想起其他学校用毒整人的事件，便计划投毒整治黄某，让他难受。林某作案动机是因为日常琐事对被害人黄某不满，决意采用投放毒物的方式加害黄某。

思考：
1. 林某为什么要毒害黄某？他们之间的矛盾真的是不可调和吗？
2. 当我们和室友有矛盾时应该如何正确处理？

任务一　大学生人际交往的特点

一、大学生的生理和心理特点

（一）年龄特点

我国大学生多数处于18～22岁这一年龄阶段。在这个阶段，个体的生理发展已接近完成，已具备了成年人的体格及生理功能，但其心理尚未成熟。对大学生而言，他们所面临的一个重要任务就是心理日益成熟，以便成为一个心理健康的成年人。可以说，这一阶段是走向成熟的关键期。

人的成熟，应具备以下三个基本条件。

第一是身体的长成。以个体生理成熟为标志，尤其是以性成熟为重要指标。大学生一般都已具备这种条件。

第二是心理发展完善，就是形成了完善的自我概念及稳定的个性。

第三是社会化程度的提高。以人的社会成熟为标志，即个体对自己在社会中所处的角色及所担负的社会责任有正确的认识。

在这三个条件中，生理成熟是心理成熟的物质基础和依据，社会成熟是心理成熟的必要条件。而社会化程度的提高，取决于个体的社会实践活动。由于大学生在校学习时间长，与社会生活有着某种程度的隔离。他们身在校园，对真正的社会生活并没有直接的、深刻的了解，他们的社会实践活动比较表面和肤浅。因而，大学生的社会成熟期较长，在整个大学时代，他们都要为这种社会成熟的完成而付出努力。

（二）自我概念的增强与认知能力发展的不协调

自我概念是指人对自身的认识及对周围事物关系的各种体验。它是认识、情感、意志的综合体，是人心理发展过程中一个极为重要的方面。自我概念从童年期就开始产生并逐步发展，青少年时期是自我意识发展最快的时期，它使人心理的各个方面都发生着深刻而广泛的变化；它使一个人能反省自身，有明确的自我存在感，从而以一个独立的个体来看待周围世界；它使人的心理内容得到极大的扩展和丰富。自我概念的发展不仅与年龄有关，而且与人的知识水平有关。一个人的文化素质越高，其自我意识就可能越强。

大学时期是真正认识自我的时期。大学生所处的年龄阶段和所具备的文化水准，决定了他们注重对自己进行体察和分析，把自我分化为主体的我和客体的我，以及理想的我和现实的我。大学校园这种特殊的环境,又是十分强调独立、注重自我的地方,许多大学生在较大的程度上按照自己的方式安排自己的生活,有一种宽松自由的氛围;同时,由于大学生所处的独特的社会层次及具有较高的文化素质,他们对社会上的事有着自己的见解,他们看问题的视野可能与一般人有所不同,有一种以天下为己任的抱负和心愿。一方面,他们关心社会发展,这种关心是抛开切身利益,以大视角来进行的,注重的是整个社会的提高与进步。他们热衷于参与社会,对社会舆论愿意独立思考。然而,另一方面,由于生活阅历有限,与社会有一定的距离,社会实践能力不强,使他们在谈论、评价、思考社会问题时,往往带有幻想的色彩,不能十分切合实际。他们对事物的认识表现出一定的片面性和幼稚性,还不能深刻、准确、全面地认识问题。这种不足与他们极强的自我概念不相协调,这种不协调可能会一直困扰着他们。

(三) 概念丰富而不稳定

大学生是一群正在成长的青年,是一个极其敏感的群体,其内心体验极其细腻微妙,他们对与自身有关的事物往往体察得细致入微。随着文化层次的提高和生活空间的扩大,他们的思维空间急剧延伸,必然导致其情感越来越丰富和深刻。

由于大学生心理内部的需要结构发生变化,大学生的追求有其独特性,而他们的价值观念尚不稳定,时常处于波动、迷惘、抉择之中,其心理成熟又落后于生理成熟。因而大学生的情感是不稳定的,情绪变化起伏大,易受周围环境变化的影响,心境变化快。学业、生活、人际关系等变化均会引起大学生情绪的波动,容易偏激、冲动,情绪冲突也较多。

(四) 性意识的发展

大学生正处于青年中期,生理发育已基本完成,所以性意识的明朗化与进一步发展都是正常的。又由于大学校园是年轻人的世界,每个大学生都有充分的机会与同龄异性接触,因而意识的发展以及与之相伴而来的恋爱问题是大学生心理发展过程中的一个重要内容。一方面,性意识的发展带来强烈的按照性别特征来塑造个性和形象的精神向往,每个大学生都会在心里产生一种愿望,即成为什么样的男子或女子;另一方面,性意识的发展也带来了对异性的倾慕与追求,这是每一个青春萌动的大学生都会遇到的问题。而这种愿望,会与大学生还不善于处理异性之间的关系,或者他们的经济地位与心理成熟度还不足以应付这种问题相矛盾,从而带来种种不安和烦恼。

(五) 智力发展到高峰

大学生一般思维敏捷,接受能力强,通过专业训练、系统学习,抽象逻辑思维能力得到充分的发展。智力水平大大提高,分析问题、解决问题的能力增强,其智力层次含有较多的社会性和理论色彩。这一显著特点,使大学生心理活动的内容得到极大的丰富。

(六) 社会需求迫切

为了接受系统严格的专业训练,大学生在校园里的生活期限比同龄人长,这使他们与社会有一定距离。也正因为如此，他们渴望加入社会的愿望更为迫切。在校园里，他们关注着社会，评判着各种社会现象，并希望自己加入，按照自己的想法去改变各种令人不满意的现象，用自己的专业知识服务于社会，体现自己的力量，实现自身的价值。这种迫切的社会需求与大学生正在形成的价值观相互作用，是他们将来走向社会的重要心理依据。这一心理特点支配、指导着大学生的学习态度，从而对大学时代的生活质量产生重要的影响。

二、大学生人际交往意义和影响因素

（一）大学生人际交往意义

大学生充分认识到人际交往在学习、生活、成长、成才过程中的意义，才能使自己的交往活动更具有自觉性。

1. 良好的人际交往加速大学生社会化进程

所谓个体社会化是指人不断学习和掌握充当社会角色必备的知识、技能以及特定社会规范、准则，以获得社会有效成员资格的过程。一个人的社会化程度高低，是衡量其成熟程度与能力强弱的尺度之一。一般来说，人们在社会交往过程中不是被动地接受生活规范，而是积极主动地在与人交往中了解社会规范，适应社会生活的。一般而言，人际交往范围越广泛，获得的社会规范越多，适应社会的能力就越强。不善交往的人可能会难以完成或延缓社会化的过程。大学生在校期间，既是学习专业知识的过程，又是了解社会，体验、探索人生，逐步完成社会化的过程。在大学期间，从校园步入社会需要完成社会化的重要任务，还要形成合乎社会要求的、适应社会角色必备的知识和技能，以及具备适应社会的心理素质等。这些离不开与人交往，都需要建立和发展人际关系才能完成。因此，良好的人际交往既是大学生完成个体社会化进程的必备条件，也是大学生完成个体社会化的有效途径。

2. 良好的人际交往是大学生心理保健的需要

交往是人类基本的社会需要之一，几乎所有的人都希望与他人交往，即使是性格内向、害羞、腼腆的人，其内心依然存在与人交流、被人理解的强烈愿望。一个人如果长期缺乏与他人的交流和沟通，就会感到压抑和苦闷，严重者将对身心健康造成极大损害。心理学研究表明，人都有强烈的交往需要，都畏惧孤独，害怕离群索居。现在的大学生，一般都是独生子女，在外求学，大多是第一次远离家和亲人，面对陌生的环境和来自全国各地的同学，心中难免会有孤独感，在学习和生活中也经常会遇到一些困难和不顺心的事。大学生急需将这些成长的烦恼找人倾诉、交流，从中得到精神的慰藉。如果自己过于孤僻，不愿意或害怕与人交往，就会逐渐感到孤独、焦虑和压抑，长久以往很容易导致心理疾病，甚至因此而退学的事也时有发生。一位哲学家这样说过："如果你把快乐告诉一个朋友，你将得到两个快乐；如果你把忧愁向一个朋友倾吐，你将被分去一半忧愁。"由此可见，良好的人际交往是维护和促进大学生心理健康的一剂良药。

"感觉剥夺"实验

3. 良好的人际交往有助于大学生进一步深化自我认识

人的自我意识的发展并不是一个自然成熟的过程，而是通过交往，不断地以他人为镜，在与他人的对照中不断地调整自己，从他人对自己的态度和评价中正确地认识自己的形象以及在社会中所处的位置，从而扮演正确的社会角色。这个过程是一个自我认识不断发展成熟的过程，也是一个人自我完善的过程。大学生无论是今天的在校学习，还是明天的工作与事业，都必须充分认识人际交往的重要性，在交往中学习、总结，以别人的长处来弥补自己的短处，扩充自己的知识积累，发展自己的认知体系，这是人才发展规律对大学生的基本要求。

4. 良好的人际交往有利于大学生心理尽快成熟

人际交往以及在交往中形成的人际关系不仅会影响大学生的学习与生活，而且会直接影响到大学生心理的发展与成熟。大学生心理与发展规律揭示：心理矛盾现象贯穿大学期间乃至一生。在大学低年级，大学生已经逐步摆脱对家庭的依赖，走上自立的第一步，其成人感和自我意识日渐增强，但心理发展却往往滞后于生活发展，进而导致一系列的心理矛盾现象。例如，自主感与依赖感的矛盾，渴望别人理解与闭锁心理的矛盾，以及表露于外的强烈自尊、自信与隐藏在内心深处的自卑感及对自己能力的怀疑等矛盾，这些时时困扰着大学生，甚至影响大学生的身心健康。对于高年级大学生来说，他们更多地对如何适应社会、如何处理复杂的人际关系等问题常常产生惆怅与苦恼。社会心理学家认为，人的心理矛盾乃至心理疾病之所以产生，大多是由于对人际关系的不适应。

5. 良好的人际交往能够培养大学生的团队合作能力

当前，各高校举办的校园招聘会上，一些企业负责人纷纷表示，员工的交际与沟通能力越来越成为企业在市场竞争中获胜的主要动力，因而用人单位在招聘时更看重求职者的"情商"。面对用人单位开出的招聘条件，越来越多的大学生意识到，人际交往能力的欠缺已经成为求职路上的"拦路虎"。

帮助和合作是人际交往的两个方面，这种合作意味着双赢，别人受益，自己也受益。从这个角度看，合作和帮助实际上就是交往中的相互作用，是种价值实现的互助。因此，很多用人单位在招聘与培训时的一个重要内容就是强调现代企业中员工的团队合作精神。有研究表明，"与同事真诚合作"是职业人成功的九大要素之一，而"言行孤僻，不善与人合作"排在失败的九大要素之首。大学生只有在良好的人际交往中，才能形成与人合作的意识，培养与人合作的能力。

（二）大学生人际交往的影响因素

经常会听到学生问这样的问题：在人际交程中，我经常感到迷惘和无所适从，我到底该怎么做？我觉得与别人交往很重要，可我却不敢主动去和别人交往，这种矛盾、痛苦的心理折磨着我，怎么办才好呢？如何才能和同学建立良好的人际关系？

这些问题，正是目前大学生经常遇到的困惑和难题，该如何正确面对并分析解决这些难题呢？影响人际交往的因素又是哪些呢？

1. 环境因素

（1）社会大环境。

当今，网络已成为人们生活、工作、社交、学习的新平台。网络用户的年龄跨度非常大，而大学生是最重要的主体人群，他们通过网络进行学习、娱乐、与人沟通、求职、购物等，网络生活占据了大学生日常生活的很大一部分。网络所具有的双重性对大学生人际交往的影响也是双重的。一方面，网络的出现满足了大学生人际交往的需求，网络以它方便、自如、高效、便捷和隐蔽的特点使得人与人之间交往没有了空间上的限制，交往的距离也大大缩短，交往中感官上的障碍也虚拟化了。网络的发展，使得不同性别、年龄、种族的大学生通过相同的兴趣爱好紧密联系起来，使得他们可以忽略收入、家境、社会地位、文化程度等差异进行自由的交友。另一方面，网络的出现也给大学生人际交往带来不少问题，例如，有人通过网上聊天的方式取得信任进而骗取钱财；有人通过网络交往给大学生推广黄赌毒等不健康内容；有部分大学生在网络交往中缺乏法律知识和自律意识，很容易失去道德和法律底线，做出违背社会健康发展的行为；也有部分大学生长时间处于网络交往中，脱离现实，消极地面对现实社会的人际环境，久而久之形成恶性循环，最终导致自我封闭、害怕交往。

（2）学校小环境。

大学生由被父母照顾到自我照顾，在学习的同时还要学会处理日常事务。在大学里，自由支配的时间增多，可以与社会进行广泛接触，对社会现象更加了解，价值观的冲突更加激烈，也面临更多的诱惑和选择。大学生交往不再受父母、老师的限制，交往的范围扩大，但是心理的闭锁性特点却使得大学生相互之间的交往不如中学融洽，处理人际关系相对困难。同时，恋爱问题也提上议事日程，同学的恋爱以及自己面临的恋爱，使人际关系变得更加复杂。由于大学生来自全国各地，个人的性格、习惯、兴趣、爱好有很大的差别，大家难以彼此适应，可能因为一些鸡毛蒜皮的小事而发生摩擦或矛盾，进而阻碍了正常的人际交往和良好人际关系的建立。

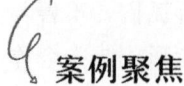 **案例聚焦**

谁动了我的钱

某系张某的饭卡里的钱突然少了,她怀疑是同寝室的小邱趁她洗澡时偷用的。小邱平时成绩较差,性格内向,张某一向对其无好感。张某开始留心观察小邱的一举一动,觉得小邱独来独往,神秘莫测,越看越觉得是小邱所为,并把自己的疑虑告诉了其他同学。这事渐渐传开,小邱得知后,自尊心大伤,极力辩解,两人不断争吵,矛盾逐步升级,甚至为此打架,最后求助于辅导员才结束了矛盾。结果偷钱是另一人所为,两人一场误会,但平等的关系再也不复存在,陷入僵局,而张某为此也焦虑不安。

(3) 家庭微环境。

家庭是子女成长的第一所学校。父母是孩子最好的老师,其言行对孩子造成的影响效果可持续一生。一方面,从父母关系角度出发,父母关系是否良好很大程度上决定了子女在与他人进行人际交往时是否主动、积极。如果父母恩爱有加、相敬如宾,给子女营造一个和谐、温暖的家庭氛围,子女会形成积极主动的交往观念,会具有很强的交往能力;反之,子女会形成不良的人际交往倾向,不敢交往或不善于交往。另一方面,从父母的受教育程度而言,部分家长受教育程度高,不仅自身具有很强的人际交往能力,能与他人侃侃而谈、说话风趣幽默、举止大方得体,而且善于引导和教育子女说话办事、待人接物,使得子女具有一定的人际交往能力。然而现实生活中,由于部分家长受教育水平、自身素质的制约,对子女人际交往的引导和教育方式不当,造成子女人际交往能力比较差。

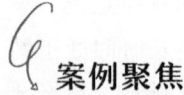 **案例聚焦**

心锁

高职大学生小慧,父母离异,她和母亲生活在一起。母亲由于婚姻的失败,经常以小慧的父亲为例,要小慧防范男人等。结果小慧进入大学后,对男同学有很强的防范心理,总认为男生都是带着虚伪的面具,是在欺骗、利用女生,从而拒绝和异性交往,即使是团体活动她也拒绝参加,形成封闭、自锁的心理障碍,严重影响了她与同学的交往,妨碍了良好人际关系的建立。

2. 心理因素

影响大学生人际交往的心理因素,主要包括认知因素、人格因素和情绪因素等。

（1）认知因素。

大学生在建立良好人际关系过程中的认知因素，包括对自己的认知、他人的认知和对交往本身的认知。在今天的高等院校，部分大学生存在着两种对立的认知态度：一种是极端的以自我为中心，我行我素；另一种就是过分自卑，一味迁就、忍让。这两种认知行为都是不可取的。

认知效应

陨落的普希金

俄国著名的大文豪普希金曾因晕轮效应吃了大苦头。他狂热地爱上了被称为"莫斯科第一美人"的娜坦丽，并且和她结了婚。娜坦丽容貌惊人，但与普希金志不同道不合。当普希金每次把写好的诗读给她听时，她总是捂着耳朵说："不要听！不要听！"而娜坦丽总是要普希金陪她游乐，出席一些豪华的晚会、舞会，普希金为此丢下创作，弄得债台高筑，最后还为她决斗而死，一颗文学巨星过早地陨落。

（2）人格因素。

人格因素是人际关系中的重要因素。人格健全者心胸开阔、善解人意、对人宽容、尊重自己也尊重他人，对不同的人际交往对象表现出合适的态度，既不狂妄自大，也不妄自菲薄，在人际关系中具有深受大家喜欢的魅力。人格缺陷容易给对方以不良的评价、不愉快的感受和不安全感，从而导致人际交往障碍。大学生多数是独生子女，年龄多在18～22岁，其人格尚未完全定型、可塑性较强，应努力培养有助于人际交往的人格特征，如尊重人、理解人、关心人、富有同情心、宽容、真诚等，尽量避免虚伪、自私、嫉妒、猜疑、自卑、固执等不利于人际交往的人格特征，逐步形成健全、完善的人格，为建立良好的人际关系打下基础。

（3）情绪因素。

人际交往中，健康的情绪应是适时、适度的，应与引起情绪的原因和情境相称，并随着客观情况的变化而变化。一个人如果情绪反应过于强烈时，往往会表现为不分场合、不分情境、不看对象地表现自己，给人以轻浮、不实在的感觉。情绪反应激烈时会让人觉得感情用事；而情绪反应过于冷漠，则被视为麻木无情。大学生感情丰富，情绪变化较快，有时对人、对事过于敏感，很容易凭一时的好恶改变对人的看法，产生一些不良情绪和行动，导致人际关系缺乏稳定性，造成人际交往障碍。

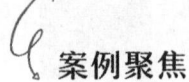

冲动的代价

某学院三年级学生钱某,一天中午在宿舍吃完饭,隔壁宿舍袁某播放的音乐声音很大,他听了很烦躁,就气冲冲地到隔壁宿舍交涉,要求对方立即关掉音乐,而对方不答应,结果因话不投机动起手来。钱某感到非常恼火,情绪非常激动,一气之下竟拿起凳子砸向对方,导致对方头被砸破,在医院缝了十几针,而自己也受到了学校的纪律处分。

三、大学生人际交往基本原则

大学生要想建立良好的人际关系,须遵循以下原则。

(一)诚信原则

社会交往沟通中的诚信原则,一是指真诚,二是指守信。所谓真诚就是要求人们在社会交往中要坦诚、诚恳、诚实,不可狡诈、虚伪。有的人讲话喜欢直来直去,有的人在交往时深沉而不外露,这是人的个性不同;但如果为人处世过于世故圆滑、言不由衷、工于心计,甚至心怀狡诈、口蜜腹剑,"见人说人话、见鬼说鬼话",还以此为精明、老练,那就是人品问题了。所谓守信就是要求人们在社会交往中要有信用,说话要算数,承诺要履行,所谓"言必信,行必果""一言既出,驷马难追"。有的人为人交际广、门路多又乐于助人,有的人处事心血来潮、容易冲动,这也是人的个性不同,但如果为人朝三暮四、朝秦暮楚,处事动辄夸海口、吹牛皮,却又不能兑现诺言,那就是人品问题了。

大学生人际交往中只有以诚相待,才能使交往双方建立信任感,并结成深厚的友谊。大学生应说话办事老实,做人表里如一,要真心帮助同学而不求回报,诚恳指出同学的不足和缺陷;对不同的观点能直陈己见,而不是口是心非;既不当面奉承人,也不背后诽谤人,做到坦诚待人、胸怀坦荡。

(二)平等原则

人际交往沟通中的平等原则,一是要尊重别人,二是要尊重自己。与人交往的过程中要切记,双方无论学习、出身、经历、长相等方面有多大差异,其在人格上都是平等的。若双方的落差特别大时,保持心态平和,坚持平等原则尤其重要,也尤其难能可贵。如当我们是劣势的一方时,要懂得自尊自爱,而不要低三下四、卑躬屈膝,因为只有自己尊重自己,别人才能尊重你。当我们是优势的一方时,要懂得尊重别人,而不要居高临下、盛气凌人,因为只有尊重别人,别人才能尊重你。大学生往往个性很强,互不服输,这种精神是值得提倡的，但绝不能觉得高人一头，就对人"另眼相看"。坚持平等的交往原则，就要正确估价自己，不要光看自己的优点，也不要只见自身弱点而盲目自卑，要尊重他人的自尊心和感情，更不能"看人下菜碟"。

（三）适度原则

大学生人际交往中的适度原则，是指人与人之间要保持适当的距离，过分疏远与过分亲密都不值得提倡。人际关系本质上是人与人之间的心理上的关系，也称作心理上的距离。出于种种原因，人际关系不可能处处均等，有亲有疏也是人之常情，但无论亲疏都应该有度，不可逾度。我们常说"距离产生美"，一是即便作为亲密朋友，也要懂得"亲密不可无间，美好需要距离""君子之交淡如水"的道理，越是亲密的朋友，就越应该尊重对方，比如不可随意打探对方的秘密，不可以肆意泄露自己的隐私，为彼此留下必要的心理空间等；二是即便不喜欢对方，甚至反感对方，只要对方的言行不涉及法律与道德的底线，就应该给对方留下面子，给自己留下余地，使双方的交往有调整的空间和可能，即所谓的有台阶可下。懂得了这一道理，我们也就懂得了尊重与被尊重，从而能更好地处理人与人之间的关系。

在一个寒冷的冬季，两只困倦的刺猬因为冷而拥抱在了一起，但是无论如何它们都睡不舒服，由于它们各自身上都长满了刺，紧挨在一块就会刺痛对方。因此，两只刺猬就离开了一段距离，可是又实在冷得难以忍受，因此就又抱在了一起。折腾了好几次，最后它们终于找到了一个比较合适的距离，既能够相互取暖又不会被扎。这也就是在人际交往过程中的"心理距离效应"。

（四）宽容原则

社会交往沟通中的宽容原则，是指与人交往要严于律己，宽以待人。严于律己，宽以待人首先是一种做人的品质与境界。大家不妨设想，如果一个人对别人很苛刻，我们会怎么评价他？一定是心胸狭隘、锱铢必较。如果一个人对自己很宽松，我们会怎么评价他？一定是放纵、堕落、浑浑噩噩。可是反过来，如果一个人对别人很宽容，我们会怎么评价他？一定是心胸开阔、大度包容。如果一个人对自己很严格，我们会怎么评价他？一定是谦虚上进、洁身自好、自律向上。可见，世上的人，无论君子还是小人，在为人处事上其实都是有双重标准的，高尚与卑鄙、君子与小人的区别全在于用哪把尺子度人，用哪把尺子度己。可见，有的人抱怨自己没遇上知己，社会上好人不多；有的人羡慕别人朋友多，一路贵人相助。其实我们面对的是同一个社会，同一个人群，问题不在于社会与别人，往往在于我们自己的人生智慧与人生态度。

任务二　大学生人际交往沟通技巧

一、与父母长辈沟通

（一）感恩父母

子女与父母的年龄、经历和生长年代不同，所以对问题的看法也难免有差异。我们对父母应该予以理解感恩，毕竟大部分父母都是普通人，他们也有缺点，也会说错话、办错事，作为子女应该理解、尊重父母。对待父母不要太较真，更不要让他们伤心。随着年龄的增长，子女一定能逐渐体会到父母的用心。

心理学研究早已证明：一个人的童年经历，特别是原生家庭，对个人性格、行为、心理起着决定性的作用，并且会产生长期、深远的影响，甚至会决定一生的幸福。

原生家庭是一个社会学概念，是指儿女还未成婚，仍与父母生活在一起的家庭。原生家庭的气氛、家人的习惯、家人互动的关系等，都会影响子女日后在自己新家庭中的表现。人要认识到自己原生家庭的影响，才不致将原生家庭中一些负面的元素带到新家庭中。从出生到死亡，我们始终脱离不开一个单元——家庭。家庭赋予了个人太多的东西，有希望、鼓励、幸福……同时，也有失望、打击、痛苦……每个家庭都兼具功能良好和功能失调，直接影响着我们的一生，甚至会让我们陷入家族命运的轮回。

随着时代的变迁和个人成长，大学生难免会在行为模式、生活理想、理解模式、生活方式、个人发展方面与父母存在很大的差异，也就是所谓的"代沟"。大学生想要缩小与父母之间的"代沟"，处理好与父母之间的关系，就要掌握好相关的沟通技巧。

（二）态度谦和，把握时机

沟通态度应当谦和、恭敬，语气一定要温和。面对父母严峻的态度，既不能丧失勇气，惊慌害怕，又不能以硬碰硬、粗暴无理，只能以坦诚、尊敬的态度同父母交谈，这样才能进行真正的沟通。与父母商讨一些敏感问题，应选择在父母心情愉快时进行，父母情绪不好或正在为其他事而焦虑不安时，很难与子女达成共识。另外，有些事情不要等到非讲不可时再向父母讲，因为这样父母可能对此事感到意外和突然，或者认为子女存在侥幸心理而产生不悦情绪，彼此之间就容易发生纠纷，导致沟通失败。

(三)多与父母沟通

多陪父母聊聊天,克服闭锁心理,聊聊学校和生活上的事情,向父母传递自己的信息和情况,表达自己的心情,说出自己的意见,让父母了解自己。我们要保持自己的独立性,但不要忽略与父母的交流与沟通。与父母发生矛盾时,要耐心解释,让父母听得进,以得到他们的理解。解释时说话应放低声调,斟酌词句,有商有量。即使父母不对,也要就事论事,不针对父母,更不能迁怒于父母。沟通中应求同存异,人的思想不可能完全相同,尊重别人与自己的不同,包容别人和自己的不一样,求同存异无疑是最好的处理方式。由于"代沟"的存在,父母与子女在各方面难免会存在较大差异。尽管父母辈阅历丰富,但有时也难免会做出一些在年少气盛的子女看来匪夷所思、莫名其妙的事,作为子女,要多学习他们观察、分析和处理问题的方式方法,借鉴他们人生的经验教训,使自己少走不必要的弯路。

(四)讲究语言艺术

学会委婉而清楚地表达自己的愿望。子女在与父母沟通时一定要把起因、条件、环境等多方面的情况都交代清楚,把困难委婉地讲述出来,并主动向父母请教,这样就容易得到父母的理解和支持。

两代人之间确实存在着代际差异,并且它也造成了两代人之间的沟通障碍。但是还应当看到,两代人之间也有着许多共同的方面:共同的家庭、共同的生活、共同的亲情、共同的愿望等,这又为两代人之间的成功沟通创造了条件。只要我们彼此之间相互理解、相互尊重,注意克服自身的不良因素,我们就一定能够跨越"代沟",实现真正的沟通。

(五)学会与自己相处

想要和别人很好相处,首先是要知道怎么和自己相处。假如你因为和父母发生矛盾,而让自己充满怨气,那么,试想这样一个充满怨气的你,浑身都是负能量,又怎么让父母喜欢,从而让父母接受自己的意见呢?因此,你应该首先想到的是调整自己的状态,减少自己的怨气,先改善自己和父母的关系,这样或许能事半功倍。对父母而言,温馨的关怀是最好的孝顺,当父母逐渐老去,多一点迁就,不要让生命留下太多遗憾。

二、与师长沟通

如果能够合理地处理跟老师的关系,那就能更好地促进你的学业进展;反之,则会成为一种阻碍。学生和老师的关系应该怎么处理?学生要怎么跟老师沟通呢?

(一)不要因为对老师的好恶而影响学业

即使学生对老师的授课艺术、学识水平、为人处世有种种看法,甚至不满,但每个老师都有自己的特点,他们有权利按照自己的方式进行教学。因此,学生不能将自己置于老师的对立面。老师面对的是整个班级,并不是针对单个学生,因此,总会有总体利益和个

人利益的冲突。所以，当学生感觉到被老师误解的时候，不要用过激的行为来进行回应，如在课堂上与老师争吵、拒绝上某学科的课或不交作业，这样做只能使矛盾越来越尖锐，不利于解决问题。最好的办法，是先按照老师的要求去做，当双方都冷静下来的时候，再跟老师沟通，事情处理起来会变得简单。

（二）学会反思自己的问题

当自己学业落后或出现其他问题时，你要做的是认真想一想：我到底在哪些地方存在差距呢？如果想改变这种现状，我该做哪些努力呢？反思自己，是一个人成长的重要保障。如果老师和学生都具有这样一种品质和习惯，师生自然会成为和谐的合作者。

（三）主动与老师进行沟通

一名老师往往要负责几十名甚至几百名学生，要求老师主动与每个学生进行沟通并不现实。为了得到老师的帮助，学生必须学会主动跟老师沟通，在课堂上积极回答问题或提出疑问，课下多向老师求教，有了思想上的障碍也可多跟老师交流。在交流沟通过程中，师生自然多了一分理解和信任，相处起来会更和睦。

（四）有效运用沟通载体

师生沟通的载体，也可称为师生沟通的媒介，是指师生沟通中信息传递与反馈的承载物。沟通体是多种多样的，要根据沟通目的与内容进行选择和运用。有效运用各种载体，能提高沟通效果，常用的方法如下。

1. 打电话

打电话是直接的沟通方式。通过打电话直接和老师交流，可减轻因为老师在身边的不自在和尴尬感，还可获得与面对面交流相同的效果。现在，很多老师都会向同学们公布自己的电话，在合适的时间给老师打电话是简单、有效的沟通办法。

2. 发短信

如果感觉打电话不妥或者有顾忌，发短信也是与老师交流、沟通不错的方式。一般来说，除非有特殊情况，老师在收到学生短信之后都会及时回复。

3. 发电子邮件

如果短信不能把自己的情况说清楚，电子邮件则完全可以。电子邮件具有容量大、易于保存等优点，便于传递资料、数据及文件信息，如果有条件的话可以给老师发一封电子邮件。发完邮件后，可以给老师发一条短信告知或者当面提醒老师在方便的时候查收邮件，老师也会认真回复。

4. 即时在线交谈

在线交谈类似于面对面交谈,且方便、快捷,既可以借助于电脑,还可以借助手机。较常用的在线聊天软件有微信和 QQ 等,十分便于双方进行文字、视频或语音聊天。师生间沟通的载体较多,为达到良好的沟通效果,选择与运用的载体要有针对性,符合沟通内容和实际需要,同时还要充分注意信息过滤问题。师生间在知识、经历、年龄、角色等诸多方面的不同,双方对同一信息可能会产生截然不同的理解,所以,交流传递的信息不仅要考虑自己的诉求,也要考虑老师理解和接受的具体情况。

三、与同学沟通

每一个人都希望与他人友好相处,都希望自己能拥有一个良好的人际关系。人际关系问题在大学生活中始终是一个影响自身心理健康、影响校园生活质量的重要因素。那么,怎样才能在大学校园与人友好相处,拥有一段终生难忘的美好回忆,同时又为将来步入社会在人际关系方面做充分的准备呢?我们不妨从以下几个方面做。

(一)珍惜同学友谊

有人说:"同学之情只有几年,一旦缘尽则情尽,没什么可值得留恋的。"其实不然,大千世界,茫茫人海,能成为同学,实是缘分不浅。当你与同学分开后,还能保持相互联系的话,那对你的一生,或者说对你将来所要达到的目的与理想会有很大帮助。同学关系作为在学校读书期间所构建起来的人际关系,是特别单纯的。这主要是因为同学之间本来就没有什么真正的利害冲突,这种单纯的同学关系有其纯洁性的一面,应加倍珍惜同学友谊。

好同学石全

(二)要充分了解大学校园人际关系的特点

在大学以前,我们相处的对象范围比较狭窄,只是友谊或亲密关系的一种拓展。此外,那时的人际关系也比较简单,比如我们可以只跟自己喜欢的人交往,自己不喜欢或者不想交往的人就可以不搭理。然而,大学生住在校园集体宿舍里,就不能仅凭个人好恶与人交往了。对于集体中的每一员,无论喜欢与否,我们都要每天面对,都要与其相处。所以,不仅要同自己喜欢的人交往,还要与自己不喜欢的人保持良好的关系。这是大学校园人际关系的一个突出特点。另外,在大学生活中,人际关系的新特点还表现在不能仅以自己的标准要求别人,还应认识到自己的行为和生活方式也可能是别人所不能接受和不喜欢的。因而,彼此之间发生冲突或不协调时,就不能一味指责和埋怨对方,而要做到互相谅解和彼此适应。这就是说,大学生必须逐渐摆脱以自我为中心的思维方式,学会设身处地为别人着想,并在此基础上建立起独立、和谐的人际关系。

（三）要注重自身人格塑造和能力的培养

常听到有同学讲："那人性格好，懂得多，所以喜欢同他交流。"的确，一个品质好、能力强的人或具有某些特长的人更容易受到人们的喜爱。人们欣赏他的品格、才能，因而愿意与之接近，成为朋友。所以，若想要增强人际吸引力，更友好、更融洽地与他人相处，就应充分健全自己的品格，施展自己的才华，表现自己的特长，使自己的品格、能力、才华不断提高。人们喜欢真诚、热情、友好的人，讨厌虚伪、自私、冷酷的人。对个性品质评价最高的是真诚，评价最低的是虚伪。大学生选择朋友，首先考虑的是个性品质，愿与成熟、热情、坦率、思想活跃、有责任感的人多交往。要有良好的人际关系，须注意情感的相悦性。一般说来，人们总是喜欢那些喜欢自己的人，对真诚评价自己的人具有好感。自己一旦受到某人赏识、喜爱，得到好的评价，就会由于受到称赞而使自尊心得到满足，对此人产生心理上的接近和好感，因而也就减少了相互摩擦和人际冲突，达到情感相悦，为良好的人际交往提供了心理条件。真诚地赞美他人，他人反过来会对你抱有好感。有些人常常太注意自己，而不能发现别人的可贵之处，如果你能仔细观察，多注意别人，就会发现任何人都有值得赞美的地方，并且肯定和表扬别人的长处，此举将会给自身带来益处。

（四）要宽宏豁达，学会体察对方心理，做到以诚相待

在生活中，我们与朝夕相处的同学有了误会，受到别人不公正的对待、不为人接纳时，一定会为之焦虑和烦恼，也会影响学习、生活及社交关系。大吵大闹或干脆绝交都不是最好的办法，这样只能使自己在交往中处于不利地位且影响以后的交往。相反，如果我们做到宽宏豁达，也许就会心平气和些，会站在对方的立场考虑问题，会体会他人的心情和感受，误会、委屈就常常会烟消云散，别人也将欣然接受你。以同宿舍的室友为例，他们间的交往频繁，因接触多、机会多，交往最易，但也因接触多、摩擦多、矛盾多，交往也最难。这就要求我们每个人都要注意观察，多做力所能及的事，如经常扫地，为生病或有事的同学打饭、补习功课等。而现在的大学生交往中，普遍存在一种"以我为中心"的交往倾向，很多人只强调他人对自己应该承认、理解、接受和尊重，却忽视对等地去理解和尊重他人；只注意自己的目的实现，却无视他人的利益和要求等。在这种倾向支配下，他们常常不顾场合和对方心情，一味任由自己的性子去交往，致使在交往中出现尴尬的局面。所以在很多时候，我们需要多进行换位思考，只有将心比心、以诚换诚，才能达到心灵的沟通和情感的共鸣。

（五）掌握一定的社交技巧

交往中的技巧犹如人际关系的润滑剂，它可以帮助人们在交往活动中增进彼此的沟通和了解，缩短心理距离，建立良好的关系。很多存在人际关系障碍的同学都是由于沟通技巧的缺乏而造成的。很多同学都说，他们在与自己比较熟悉的人交往时能表现得很自如，但与不太熟悉的人交往时往往很被动、拘谨、畏缩，不知该如何与他们相处。很多同学由于缺乏交流和人际交往的技巧，往往容易对人际交往失去兴趣，并造成在人际交往场合被

动、孤立的境地,而且容易因不能恰当表达自己的想法而限制自己的发展。对许多大学生来说,如果意识到自己在社交和人际交往方面缺乏必要的技巧,应采取主动的、积极的方式,去逐步改善自己的人际交往问题,而不应一味回避。

事实上,社交技巧是多种多样的,如增强人际吸引力、有幽默感、巧妙批评、掌握语言艺术等。对大学生来说,在树立了人际交往的勇气和信心之后,在人际交往中要掌握的技巧主要是培养成功交往的心理品质和正确运用语言艺术。成功交往的心理品质包括诚实守信、谦虚、谨慎、热情助人、尊重理解、宽宏豁达等。语言艺术的运用包括准确表达、有效倾听、文明礼貌等,这些都有助于大学生提高交往技巧,取得较好的交往效果。总之,大学生在人际交往中要树立自信,提高自己各方面的素质,勇于实践,善于总结,在学习和实践中不断完善自己、丰富自己,逐渐走向人际交往成功,走向人生成功。

迷茫的悦悦

四、与朋友沟通

没有朋友的人生是孤独的人生。要摆脱孤独,丰富人生,就需要广交朋友,加强朋友之间的情感沟通。朋友是我们人生中一笔宝贵的财富,所以无论在任何时候,无论身体多累,学习多忙,时间多紧张,我们也不要忘记朋友,可通过寒暄、问候、交谈、赞美等方式,经常的、适时的与朋友保持必要的情感沟通。但与同性和异性朋友沟通又有区别。

(一)女性朋友之间的沟通

1. 懂得发现和欣赏同性朋友的优点

朋友间友谊的基础就是"彼此欣赏",可欣赏形象动人,学识渊博,性格幽默,才情丰沛,真诚实在。懂得发现和欣赏你的同性朋友的优点,才会打心眼里喜欢她,愿意接近她,彼此的吸引和走近才有了基础。如果是"同性相斥"的小肚鸡肠,看到的全是别人的缺点,认为谁都不如自己,甚至嫉妒或攻击别人的优点,那么和谁都成不了朋友。

2. 关注她的变化,适时加以赞美

如果女性朋友换了一个新发型,穿了一款别致的新衣,戴了一条风格独特的项链,一定加以关注并不吝赞美。要知道赞美对方并不会贬低自己,互相促进才有意义。当然,如果对方某一次的打扮实在不得体,而两人交情已经够深,也不必违心迎合,谬赞一番,可以直接指出望她改正。当然,批评对方要注意分寸,朋友间最忌讳"交浅言深",就是说交情不够深,就不把自己当外人,胡乱批评,必然会引起对方反感。所以,就算是好朋友,批评时也要注意方式方法,言辞委婉一些,要让对方易于接受。

3. 尊重对方隐私，形式上保持一定距离

任何人之间的交往都需要适度，过近的结果往往导致过远。现代人都需要保持一个独立的生活空间，不要以为你们是好朋友，她的一切隐私你都有权知晓、过问、干预，否则就愤愤不平：凭什么瞒着我？女性朋友的隐私，如果她愿意说，你就听，并为之保密；如果她不愿说，就不要多加打听，好奇心太重会使对方害怕你，畏而远之。

小茜和芳芳的友谊

4. 你来我往，平等付出

女性朋友之间的交往，经济上的付出大体是相当的。一般说来，是谁提议谁买单，或者说，你来我往，一人一次。不过，如果你经济上不算困难，又比较看重这个朋友，不妨多买单一些，但要注意方法，不要让对方感觉受人施舍，很没有面子。可借去洗手间方便之机，悄悄把单买了，文雅而低调，绝不会令对方难堪。当然，如果你已经买过很多次单了，对方这次坚决要请客，你就不可再强出头了，让她买一次，大家都心安理得，以免显得两人不够平等。总之，"礼多人不怪"，没有人会不喜欢豪爽大方的朋友。一毛不拔的"铁公鸡"是绝对没有同性朋友喜欢的，更不会有长久的朋友。

（二）男性朋友之间的沟通

1. 不打探隐私

男性不喜欢别人干涉自己的事，也不喜欢别人打听自己的隐私，更不喜欢和男人聊自己的隐私。

2. 有边界感

朋友之间最不注意的是对对方物品处理不慎，常以为朋友间何分彼此，对朋友之物，不经许可便擅自拿用，不加爱惜，有时迟还或不还。一次两次碍于情面，对方不好意思指责，久而久之会使朋友认为你过于放肆，产生防范心理。实际上，朋友之间除了友情，还有一种微妙的契约关系。以实物而言，你和朋友之物都可随时借用，这是超出一般人关系之处，然而你与朋友对彼此之物首先有一个观念：这是朋友之物，更当加倍珍惜。"亲兄弟，明算账。"要注重礼尚往来的规矩，要把珍重朋友之物看作如珍重友情一样重要。

3. 不过分要求

每个人都有自己的生活。虽说朋友之间相处，互相帮助是应该的，但是求人有度，有的时候不管是多么亲密的朋友，都应该要把控人情的度。人家帮助了你，或许你会觉得是应该的，一次如此，两次如此，一而再再而三，这样无疑在透支友情。

4. 在朋友需要时到场

朋友之所以是朋友，就是希望他需要你的时候你可以在。因此，不管多么困难，只要是朋友需要的场合，你都应该尽量赶到。一再缺席朋友之间该出现的场合，会让朋友有一种被忽视的感觉，久而久之，再坚不可摧的友情也会化为虚有。

5. 不可过度表现，出言不慎

在与朋友交往时，要注意控制情绪，保持理智平衡，态度谦逊，虚怀若谷，把自己放在与人平等的地位，时时想到对方的存在。

（三）异性朋友的沟通

在同一个公司、同一个学校，既不可能全部都是男性，也不可能全部都是女性，所以免不了会有一些异性同学、朋友。因此，这就需要我们掌握与异性朋友的关系。

1. 与异性朋友有效地沟通

当你遇到了学习、生活中的难题，你可以虚心向异性朋友请教，也可以主动约异性朋友外出喝茶，交换彼此的意见。但是，务必要谈论一些有关学习、生活的事情。你也可以对异性朋友提供帮助，这样可建立情谊，改善人际关系，友谊自然天长地久。

2. 不要太刻板

心理学研究表明，在人际交往中人们并不喜欢那些在他人面前表现得完美无缺的人，而最受欢迎的恰恰是那些把真实的自我袒露在他人面前的、有一些小小缺点的人。所以，你在与异性朋友说话的时候不要去过分关注对方对你的影响如何，只要尽到了自己的礼节和真诚，那么你的目的也就达到了。总而言之，对异性朋友采取大方、不轻浮的态度，言行举止要表现出对异性的尊重，才能交到真心朋友。

五、与恋人沟通

人们对爱情既有赞颂，又有痛苦的抱怨，更有经验的反省和理性的沉思。可见它不仅是一种感情，也是一门艺术——爱的艺术。如果说人生是一幅丰富多彩的画面，那么，爱情在人生画面中占有引人注目的位置。但人生的主题应该是事业，是对社会的责任和贡献。爱情可以是一个人的理想和目标，是测量人们心灵美丑的函数表。当爱情同个人的理想事业有机结合起来，并且前者服从后者的时候，它就能产生一种奋发向上的动力，激励人们成就伟大的事业。

（一）大学生恋爱心理的困惑与调适

恋爱是复杂的高级心理活动，它交织着兴奋、紧张、期待、渴望、焦虑不安等情绪。这些情绪错综复杂，如果处理不当，易导致心理困惑。

1. 友情爱情混淆不清

生活中的年轻男女交往，有时会产生诚挚的爱情，有时只有纯洁的友谊。友情和爱情之间是有可能转化的，但是也有着分明的界限。所以，和异性交往，要仔细观察，尤其是交往时间比较长的情况下，对方若是有爱意，总会在言语中有所流露，在行为上有所表示。如果对方并没有这种意思，自己就不要误把友情当爱情。泰戈尔曾说友谊意味着两个人和世界，爱情意味着两个人就是世界。

  支柱不同，友谊的支柱是理解，爱情的支柱是感情；
  地位不同，友谊的地位是平等，爱情的地位是一体化；
  体系不同，友谊的系统是开放的，爱情的系统是关闭的；
  基础不同，友谊的基础是信赖，爱情则纠缠着不安和期待；
  心境不同，友谊充满"充足感"，爱情则充满"欠缺感"。

仔细观察你中意的异性对其他同学的态度和行为有无明显区别，这是辨别友情与爱情的最直观的方法。如果发现对方并没有爱你的意思，就可以打住了，把你的烦恼交给时间。

2. 单恋

单恋俗称单相思，又称暗恋或爱情错觉。单恋是一场感情误会，误认为别人爱上了自己或明知别人不爱或不可能爱自己，却深深地让自己陷入爱河。其原因主要是受异性言谈举止、外貌、衣着打扮或自身各种主观体验的影响而错误地陷入虚幻的爱河。这种爱的情感越深，它所带来的情感体验就越苦涩，越心痛。

大学生由于心理尚未完全成熟，单恋的现象比较常见，一些大学生处在单相思的情形下，既不能勇敢地向对方表白，又无法停止对对方的爱恋，真是"为伊消得人憔悴"，似乎很难从痛苦中摆脱出来。然而只要真正明白自己当前的处境，问题也是不难解决的。

（1）冷静地面对自己的感情。当你无缘无故地爱上对方时，请先冷静一下，你这是自己把潜意识中的理想恋爱对象投射到现实中具体某个人身上的结果，实际上自己爱上的是潜意识中那个虚幻对象，并不是现实中的对方，这时的爱情是不存在的。

（2）主动避免恋爱错觉。学会准确地观察和分析对方的言行，用心明辨。如果对方经常帮助你，而对方恰好是热心肠，对谁都乐于帮助，那么你大可不必胡思乱想；当然如果对方只对你特殊照顾，那就必须留意了；或者对方只是偶尔对你一两次的帮助，你就更没有必要去"自作多情"。如果你已经产生了恋爱错觉，那就必须客观地正视自己的问题，才可能成功地转移自己的感情。

（3）勇敢地用心灵去撞击。当单相思出现时，自己需要拿出十足的勇气，不能犹豫不决、顾虑重重，勇敢地用心灵去"撞击"对方的心灵，如果真是"流水有意"，那么爱的欢乐就会来临，如果是"流水无情"，那么就应挥动"慧剑"斩断情丝，从距离和环境上远离痴心所爱之人，通过感情的转移和升华来获得心理平衡，开始新的生活和学习。

测一测
你是否单相思了

案例聚焦

倩倩的误会

倩倩和小明是在学校的一次社会实践活动中认识的,他俩不仅是同乡,还是同一个中学的校友,只是小明高了两届。从此,两人你来我往,十分频繁。每到节假日,两人相约游玩,看电影、逛公园、郊游等。寒暑假,他们必是一同回家,又一同返校。这样两年过去了,小明毕业分配到隔壁市,他还是常回校看倩倩,倩倩也常去小明单位玩,一转眼,倩倩也将毕业了,考虑到分配的问题,倩倩表明自己的意思。小明的回答却出乎她的意料,他说她误解了自己的意思,他总觉得一个女孩来到异乡求学,举目无亲,也许会有一些寂寞之感,所以,他一直很关心她,常常抽出时间看望她,这是出于对同乡、校友的友情。倩倩对此感到深深的羞愤,她觉得小明欺骗了她,可细细想来,小明对她确实始终没有越过友谊的界限,至多不过是一个兄长对小妹的情谊。

3. 失恋

爱情是鲜花和美酒,但通往爱情之路却有荆棘和陷阱,既有成功的希望,也有失败的可能。失恋就是指恋爱的一方被恋爱的另一方抛弃,也就是恋爱的中断。失恋引起的情绪反应是痛苦、绝望和难堪。如果不能及时排解这种强烈的情绪,很容易导致心理失调,形成严重的心理障碍。面对失恋,大学生可以通过以下几方面进行调节。

(1)勇敢面对现实,调整自己。任何事情都有两面,恋爱既有成功的喜悦,也有失败的悲伤。这没有什么了不起,他(她)不选择我,这不是我的错,也不是他(她)的错,这只是他(她)认为我不适合他(她)而已,谁都有爱的权利,也有拒绝爱的权利。

(2)要尽快消除因失恋而带来的消极情感体验,尽快恢复心理平衡。可以采用各种情绪管理的方法,合理宣泄不良情绪;启动自己的心理支持系统,与好友相伴,转移注意力;化悲痛为动力,投身于课业学习,提升自我、完善自我。除了爱情,你还有事业、亲情和友情等。作为有志青年,失恋不失态,失恋不失志,失恋不失德。要保持冷静,用哲学家的眼光看恋爱,克服"恋爱至上"的想法,"失之东隅,收之桑榆"。正像有人说的那样"初恋时,感觉是艺术家;失恋时,感觉是哲学家;再次恋爱时,我将是科学家。"

学会转移

(3)进行心理咨询。当大学生遇到失恋困扰时,可以通过专业咨询人员的帮助和鼓励,使自己重新建立起心理平衡,走出失恋的困境,树立信心,规划未来。

(4)世界上有恋爱就会有失恋。失恋后,要认真地分析失恋的原因,查找自己的不足。这样才能正确地评价自己,分析自身的优劣势,自我激励,努力充实和完善自己,重新规划人生目标,调整爱情诉求,为自己下一步生活树立自信心,创设美好未来。

(二)学会在爱情中成长

恋爱中怎样与相爱的人相知相爱是门学问,恋爱中的成长也是人生的一大收获。

1. 具有爱的能力

爱的能力是指和他人建立亲密关系的能力,具备了爱的能力会引导一个人去真正地爱他人,也真正地爱自己,能真正体验到爱给人带来的快乐和幸福。恋爱的过程就是培养爱为能力的过程。

(1)表达爱的能力。表达爱需要勇气和信心,如果没有勇气去表达出来,对方又如何知道呢?表达爱的能力需要从提升自己、建立自信开始,同时也需要掌握一定的技巧。要了解对方的喜好、性格特点,选择合适的环境、时机,有效地表达。

(2)接受爱的能力。要识别爱在先,正确评估自己、评估对方,慎重地判断决策,接受还是拒绝。每个人有爱的权利也有拒绝爱的权利,要理性地评估、感性地接受。当期望的爱来到身边时能够勇敢地接受,是爱的能力的表现。

(3)拒绝爱的能力。对方爱你,他有爱的权利,你同时也有选择的权利,要学会说"不"。要善意理解对方的爱意,掌握恰当、适度的方式,准确无误地表达自己的态度。要保护对方的自尊又不要态度暧昧,留有遗憾。学会拒绝,要态度明确、坚决,方式委婉,不伤害对方。

(4)经营、保鲜爱的能力。要保持爱情的常新,需要智慧、耐力、付出和持之以恒。其一,在爱情的发展过程中,双方要有意识地培养自己的人格魅力,要不断地丰富自己,增强相互的吸引力;其二,在爱情的发展过程中,双方要保持自己独特的个性,不能让自己消融在对方的影子里,但同时又要保持与对方和谐,两心相悦,互补为美;其三,在爱情的发展过程中,要不断提高处理各种问题(与异性朋友的关系问题、与对方家人的关系问题、家庭与事业的关系问题、原则问题与非原则问题的处理方式等)的能力,使爱情健康稳定发展,充满浪漫、温馨和幸福。

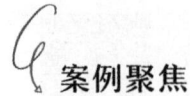
案例聚焦

没有自我的琪琪

琪琪"众里寻他千百度",终于找到了她梦中的白马王子小林。她觉得世界上再没有第二个能像小林一样令她如此动心的男子了。所以,她对这个白马王子简直言听计从,百依百顺,唯恐失去他对自己的欢心。每次约会她都会提前半小时去等候着,而从没有让小林等过半分钟;一同吃饭,从来是按照小林的口味点菜;出去游玩,从来都选择小林所喜欢的地方;再往后,她包揽了小林生活的方方面面。然而有一天,小林却提出了分手,因为他要找一个有独立人格的妻子,而不是一个唯唯诺诺的保姆或者絮絮叨叨的母亲。琪琪委屈万分，甚至痛不欲生，认为男人都是忘恩负义的白眼狼。

启示：

琪琪的错误在于，她过于害怕失去小林，于是就过分地去讨好对方，对对方的要求不敢提出一点异议。这样她便失去了自我，失去了追求，失去了独立的人格，因而也就失去了对方。

2. 树立健康的恋爱观

培养和发展健康的恋爱心理对大学生的恋爱朝健康方向发展有着导向意义。

（1）注重心理相容。心理相容有两层含义：其一是指恋爱双方品质、情操、价值取向的一致性；其二是指能宽容对方与自己的差异性。心理相容第一层含义是恋爱成功的心理背景。恋爱阶段注重对方的人品、情操，注重双方的共同价值追求，这不仅是维系恋爱关系的保证，也是恋爱道德的显著标志。

（2）摆正爱情与学业的关系。爱情是人生价值的重要部分，但不是人生价值的全部体现。大学时期是大学生人格全面发展的重要时期，也是夯实专业基础的时期。学习是学生基本的、主要的任务，应当把主要精力放在学习上。学做人学本事，习得一技之长，培养多种能力，求得学业、人格的全面发展，既是将来立足社会、事业成功的基础，也是将来爱情婚姻美满幸福的必要保证。倘若过分沉湎于情爱之中，势必把自己封闭于两人圈子，丧失了追求学业的热情，也就丧失了全面发展自己的大好时机，有可能给一生带来不良影响。

（3）恋爱要严肃认真、感情专一。爱情是一个男性与一个女性之间的爱慕关系。这种关系包括自己特有的感情和义务，它只能存在于恋爱者两人之间，不容许第三者介入。而且，恋爱不是儿戏，双方要真诚相待、实事求是地对待自己，也实事求是地对待对方。无数事实证明，用欺骗手段骗取爱情是不会幸福的。另外，双方一旦建立了恋爱关系，就要忠贞专一、一心一意，不能三心二意、见异思迁。任何一个人有三角恋爱、多角恋爱的行为都是不道德的，而且不会有好的结果。

3. 培养健康文明的恋爱行为

在恋爱过程中，高雅文明的行为方式发挥爱情的愉悦心理效应，低级粗俗的行为则往往起着情感分离的消极心理效果。因此，要有文明健康的恋爱行为。

（1）平等相待彼此。不拿自己的优点去比对方的不足，借以抬高自己；不要想方设法考验对方或摆架子，这样会影响双方感情，因为每个人都是有自尊心的。

（2）言谈要高雅，讲究语言美。交谈中要真诚坦率，不要为显示自己而装腔作势、矫揉造作，否则会令人生厌，不利于感情的发展。

测一测
看穿你的爱情

（3）行为要大方。恋爱中的男女会逐渐从一时的羞涩与紧张走向自然大方的交往，不过这期间尤其要注意行为举止。

（4）善于用理智控制感情。对恋爱中引起的冲动，一方面要注意克制和调节，保持清醒的头脑；另一方面要注意转移和升华，参加各种文体活动，多与同学交往，与恋人多谈谈学习与理想，把恋爱行为限制在社会规范内，使爱情沿着健康方向发展。

六、与陌生人沟通

每个人都想广交朋友，而要想多交朋友，就需要多和陌生人沟通。一般人很难做到与陌生人一见如故。如果你不擅长与陌生人沟通，则如坐针毡。怎样才能跟初次认识的人自然沟通呢？有什么沟通技巧？

（一）衣着整洁

俗话说，"近朱者赤，近墨者黑""物以类聚，人以群分"。一般来说大家都不喜欢和一个衣冠不整的人交流或者交朋友。因此，要想和陌生人沟通，第一件事就是要做到衣着整洁，温文尔雅，给人以亲切感和高素质的感觉。

（二）乐于助人

通常在没有任何动机的情况下，陌生人之间很少会有某一方主动向对方说出第一句话。因此如果你冒冒失失地向陌生人找话茬，往往会自讨没趣。而如果你在某人需要帮助时，施以援手而发起谈话，则可以非常自然地交流下去。因此，要善于帮助他人、乐于助人，做好事也可以给你带来和陌生人交流的机会。

（三）方言纽带

"老乡见老乡，两眼泪汪汪"，因此方言也是和陌生人打开交流大门的金钥匙。当你在一个陌生的环境里，要和陌生人交流时，你可以仔细观察，用耳朵来找和自己一个方言区的陌生人。只要你们的方言对方能听懂，离沟通就不远了，通过乡情可以拉近彼此间的距离。和陌生人交流一定要克服怕对方不理不睬的恐惧心态，敢于向对方说出第一句话。

（四）善于推销自己

和陌生人交流，要学会推销自己。当两者打开话匣子后，你可以先介绍一下自己，如你叫什么名字，哪里人，因为什么事到这里来，曾经在哪里工作学习过等一些有关自己的信息。其实在介绍自己的过程中对方就了解你了，会和自己做比对，说不定你在介绍自己的时候会和对方产生共鸣，"啊，这么说咱们还是老乡（校友、同行）"，一下子就可以拉近彼此的距离，找到很多共同的话题。

（五）善于找话题

找到双方都感兴趣的话题，如时事政治、文学观点、商业信息、热门赛事等，聊得尽兴，自然可以进一步了解对方。

（六）不要涉及隐私话题

由于和你交谈的是陌生人，你们是第一次交流，因此，你们的话题应该较为轻松，不要涉及对方的隐私。如果你交谈中不可避免地涉及这些话题，则不可以直接发问，而应该采用旁敲侧击的方法，婉转提问。

（七）谈话间要回应

谈话沟通是交互的过程，在倾听的时候要用目光注视着对方，并不时地点头做出反应，道出如"好""嗯""是啊"等一些反馈语气词。比如去面试的时候，你也可以跟面试官提一句："我看到咱们公司刚发布了一个新的产品，看起来很棒。"向对方作出回应是在表达"我关心你，我知道你最近发生了什么。"对方会明白，这可不是一个一般的陌生人，这是一个熟悉的自己人。

（八）用赞美来结束谈话

当愉快的沟通结束时，你要用言语表达：认识你非常高兴，希望有机会再次交流，并成为朋友。要主动将名片（递名片一定要双手奉上）或者自己的联系方式给对方。当你将自己的联系方式告知对方后，而对方不打算将自己的联系方式告知你，则千万不可强求。第二天再互动一下，按照记忆曲线的原理，即使我们做了该做的事情，对方还是很有可能会忘记我们，或者微信与本人对不上号。这问题该怎么办呢？一个小的技巧是，在见面的第二天，和对方再进行一次轻量级的互动。这个互动越轻越好，不要给对方造成负担，只是为了对抗一下他的记忆曲线。比如，你可以给对方发个微信，对前一天的交流表示点反馈。比如，他提到了一本书，你第二天买了这本书，就可以给他拍张照片，并提一句"书到了。"说到这就行了，对方这下肯定记住你了。甚至还可以对方刚好发了一个朋友圈，你给这条朋友圈写个评论，这都能让对方对你的印象加深一点。

项目小结

本项目主要讲述了大学生人际交往的特点、大学生人际交往沟通困惑与技巧两部分内容。大学生交往有年龄、自我概念的增强与认知能力发展的不协调、概念丰富而不稳定、性意识的发展、智力发展达到高峰、社会需求迫切等特点。影响人际交往的因素有环境因素、心理因素。大学生人际交往基本原则包括诚信原则、平等原则、适度原则、宽容原则。大学生人际交往沟通困惑与技巧阐述了与父母长辈沟通、与师长沟通、与同学沟通、与同性和异性朋友沟通、与恋人沟通、与陌生人沟通的具体技巧。一种技巧的获得需要大量的练习，希望同学们能内化为自身本领，为学习工作打下坚实的沟通基础。

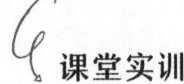

课堂实训

一、思考与讨论

1. 大学生面对的主要有哪些人际关系？该如何妥善处理这些人际关系？
2. 你有什么提升人际关系的小窍门？

二、技能训练

1. 你有过案例中类似的经历吗？请谈谈你的读后感。

　　小时候，我有过一段被小朋友欺负的经历。每当遇到那个小男孩，他想打我就打我，为所欲为，肆无忌惮。幼小的我也曾反抗，但每次都打不过，只得一个人哇哇大哭。

　　有一次，父亲从我的身边走过，他看见我哭泣，却问也不问我就走开了。而当时我心里期望的是父亲能够帮我出头，哪怕是警告一下那个男孩也好啊，可我并没有如愿。

　　这样的场景记忆，一直困扰了我好久好久。我会想：父亲不爱我，不关心我。我也会想：他喜欢男孩，不喜欢女孩。我还会想：在这个家里，我是多余的。

　　成年后，一次偶然的机会，我尝试着跟母亲谈谈当时的感受，希望她能够从局外人的角度给我以理解和支持。可我刚讲完，母亲就云淡风轻地说："那么小的事，过去那么久了你还记得啊？你们都是小孩子嘛，打一下没什么关系。我们不可能去找别人父母，都是左邻右舍的，不能惹得大家都不高兴。"

　　当时我很无语。在他们眼里的没关系，竟让我负重前行了这么多年；在他们眼里的没关系，竟让我一次次经历无能为力的绝望。这份心碎的疼痛又有谁能理解？

　　我并无意讨伐父母，作为成年人我自当承担起自己的责任，所以我花了很多年的时间来自我成长，以与过去的创伤和解，并修复和父母的关系。所以我希望，为人父母者，不要让孩子再遭受这类"没关系"所带来的难以言说的创伤。

2. 游戏演练：假如我是老师。

可推荐或自荐上讲台扮演自己印象最深的老师，台下的同学尽量展现出自己最不爱听课时的状态（表演人数限3～5位，每位限时3分钟）。由扮演老师的同学向大家介绍自己表演时的心情及解决学生"不爱听课"这一问题的办法。

相关讨论：

(1) 游戏中遇到了哪些"矛盾"？解决得如何？
(2) 站在学生角度讨论改善师生双方交流的方法。
(3) 遇到不喜欢的老师，是否应该放弃学习？

下 篇
技 能 篇

项目四　书面沟通

项目目标

【知识掌握】
1. 了解书面沟通的含义、特点和重要性。
2. 熟悉书面沟通的类型和遵循的基本原则。
3. 熟知基本文书的书写规范和技巧。

【技能要求】
1. 掌握书面写作的基本流程。
2. 能够进行多种书面文书的写作。

【素质提升】
1. 提高学生的学习兴趣，培养积极的学习意识。
2. 培养学生的规则意识，提高政治政策意识。
3. 锤炼学生书面表达的能力和独立思考判断能力。

案例导读

面试止步于一则通知

　　小琳是某大学一名即将毕业的大四学生，她成绩优异，也有一堆奖状傍身，因此小琳对找工作是信心满满、志在必得。六月，小琳应聘了一家心仪的国有大型企业，顺利通过了简历筛选进入了面试环节。面试时，小琳对企业的人事部经理提出的问题对答如流，心中难免一阵小窃喜，觉得之前针对企业招聘做的准备工作没有白费。这时，人事部经理拿出一张纸和一支笔对小琳说："请为我们企业拟写一份会议通知。"小琳瞬间傻了眼，通知的格式是什么？内容怎么写？写多少字合适？看着小琳无从下笔的样子，人事部经理轻轻摇了摇头，说："现在的大学生，看似学的知识多，成绩也不错，但是实际动手能力就一言难尽，连一则基本的通知都不会写。"结果，可想而知，小琳前期面试的表现不错，很有可能进入企业实习，但却功亏一篑，止步于一则看似简单却下笔犯难的通知面前。

思考:
(1) 你会写书面通知吗?
(2) 你掌握的书面写作技能能够应付即将到来的职场面试吗?

任务一 书面沟通概述

一、书面沟通的特点和原则

(一) 书面沟通的特点

书面沟通是沟通的双方当事人以文字为媒介,在人与人之间进行信息的传递和思想的交流。在我们的日常生活、学习和工作中,书面沟通包括通知、信函、启事、电子邮件、公务文书等多个文种形式。书面沟通的特点是严谨准确、便于保存、广泛传播、间接婉转、灵活方便,是我们人际沟通不可或缺的重要环节,可以弥补语言表达的一言难尽或言多必失的不足。

书面沟通的优点:书面沟通准确而可信,有形有据,可重复使用,永久保存;书面沟通可以不断修改,直至满意表达;书面沟通更加正式,使沟通能更有组织、更审慎地传递信息;书面文本可以复制;书面沟通也可弱化沟通者的消极情绪。

书面沟通的缺点:会耗费较多的时间;不能即时反馈;要求沟通主体的文字表达能力强;书面沟通若写得太匆忙,可能会有悔之不及的事情发生,甚至会造成难以挽回的失误或不良影响。

(二) 书面沟通的原则

1. 书面沟通的"7C"原则

(1) 完整 (complete)。

职业文书需要完整地表达需要表达的内容和意思,包括何人、何时、何地、何种原因、何种方式等。

(2) 准确 (correctness)。

文稿中的信息表达必须准确无误。准确是书面沟通的基本准则,包括从标点、语法、词序到句子结构均须无错误。

(3) 清晰 (clearness)。

要求所有的语句都应能够非常清晰地表现真实的意图,这样读者可以不用猜测就能领会作者的意图,避免表达有歧义或者模棱两可。思维能力是各种沟通技能的基础,也是衡量书面沟通能力强弱的标准。只有在思维清晰的前提下,才能实现有效沟通。

(4) 简洁(conciseness)。

简洁即通过去掉不必要的语句,用最简洁的语言表达想法,把重要的内容呈现给读者,节省读者的时间。为了充分传递信息,书面沟通者必须全面了解有关主题,做到言之有物、言简意赅,以实现有效沟通。

(5) 具体化(concreteness)。

内容要具体且明确,尤其是要求对方答复或者对之后的交往会产生影响的文书。从撰写者的角度来看,书面沟通的主要目的包括提出问题、分析问题、给出定义、提供解释、说明情况和说服他人,因而撰写者必须明确自己该如何展开文件内容、需要传递什么信息、将信息传递给谁以及希望获得怎样的结果。

(6) 礼貌(courtesy)。

文字表达的语气上可以反映出一个人的职业修养,应该表现出客气而且得体。最重要的礼貌是及时回复对方,最感人的礼貌是不无故质疑甚至怀疑对方的坦诚。

(7) 体谅(consideration)。

换位思考是达到有效沟通的关键,站在对方的角度进行思考,为对方着想,这是拟定职业文书一直强调的原则。书面沟通所传递的信息必须满足接收者的需要,而不仅仅是发送者的需要。撰写者应该始终站在读者的角度,重视读者想了解的内容,尊重读者的意愿,维护读者的自尊心。

2. 书面沟通的类型划分

(1) 按照沟通目的划分,书面沟通可以分为通知型书面沟通、说服型书面沟通、指导型书面沟通和记录型书面沟通。

(2) 按照书面材料和沟通的用途划分,书面沟通可以分为通用公文、事务文书、专用文书、生活文书和涉外文书。

(3) 按照沟通渠道的不同,书面沟通可以分为纸张沟通与电子沟通。纸张沟通包括文件、报告、信函、启事、海报和备忘录等一般纸张沟通,还包括传真沟通。电子沟通包括电子邮件沟通和电子会议系统沟通。

二、书面沟通的写作步骤

一般情况下,可以把书面沟通分成以下几种类型。

肯定型沟通。肯定型沟通是直接给出好的信息、解释好的信息、用好的祝愿结束。

否定型沟通。否定型沟通用"缓冲"式的自然叙述开头,在给出坏的信息之前加以解释,如果可能,要建议某些可能的选择,用好的祝愿结尾。

指示型沟通。指示型沟通以一种能吸引接受信息人注意力的叙述开始,表述建议或要求及可能的利益,清楚地指示受信者应如何去做，鼓励克服困难，尽早完成工作。

书面沟通很重要的一个方面就是如何进行写作。在做好准备工作之后，可以列出本次写作的写作大纲，确定此次写作的类型、结构和策略等，简明扼要地将信息传递出去。

（一）准备阶段

1. 确定写作目标

书面沟通首先要明确：写给谁？写什么？为什么写？书面沟通的目的不同，所采用的写作方法、写作风格和格式也就不同。

2. 潜心分析读者

从读者的角度出发，以受众为导向是进行书面沟通的最重要的策略。为了使书面沟通更有效，必须要考虑三个方面的因素：读者的特征、读者需要的信息、如何激发读者的兴趣。

3. 资料收集

在动笔之前要收集信息材料，沟通者要明确收集的信息材料与写作目的和主要内容有关联，使之成为沟通者形成观点的基础。在动笔之时，收集的信息材料又会成为沟通者表现其观点的支撑材料。所以要确保收集的信息材料真实、准确，并将客观事实与主观意见和推论相匹配。纸质媒体和电子媒体都是获得信息材料的常规途径。

4. 罗列大纲

在做好上述准备工作之后，可以列出本次写作的大纲，确定此次写作的类型、结构和策略等，简明扼要地进行信息传递。

（二）初稿阶段

在完成准备工作之后，下一步就是写作过程中的核心环节——初稿的创作。一般性的书面沟通的初稿创作可细分为两个阶段，即开头和进行。

1. 开头

在开头部分，写作者要考虑如何称呼对方，哪些内容应该放在显眼的地方等。书面沟通的开头非常关键，它将决定阅读者对文书的第一印象。

2. 进行

进行阶段是根据准备阶段的思路、大纲及材料内容进行写作。在创作的进行过程中，伴随着沟通者思维的不断变化，可以不拘泥于在准备阶段形成的写作构思。

（三）修改与编辑成稿

在修改与编辑成稿阶段，沟通者主要做的工作有修改和编辑。无数事实证明，没有一次就成型的好文章，要想精益求精就必须不断进行修改和完善。

1. 修改

修改是根据评估过程中发现的问题对初稿进行改动、增删、替换、重组等。在正式修改之前，沟通者应先做一些检查。检查对象不仅包括已完成的初稿，还可以是经历的各个写作步骤。例如，对写作目的的理解是否确切，写作需要的资料是否完备，信息来源是否可靠，修改是否彻底等。

2. 编辑

编辑的目的是确保语言符合规范的要求和商务写作的原则，包括改正拼写错误、打印错误、修辞错误及格式错误等。编辑与修改不同，修改可以对文章整体内容做大的改动，而编辑注重对版面的加工。

三、常见的写作文体

根据沟通双方的关系特征不同，书面沟通可分为组织间的文书和私人间的书信。组织间的文书又因其写作的格式、要求的差异，可分为公务文书和商务文书。

（一）公务文书

公务文书简称公文，是党政机关、社会团体、企事业单位在开展公务活动时所形成和使用的、具有法定效力和规范体式的书面材料，也是贯彻落实上级机关有关政策法规、重要精神、依法行政和实施行政管理职能的重要工具。

1. 党的机关公文的种类

党的机关公文分为决议、决定、指示、意见、通知、通报、公报、报告、请示、批复、条例、规定、函、会议纪要14种。

（1）决议。用于经会议讨论通过的重要决策事项。
（2）决定。用于对重要事项作出决策和安排。
（3）指示。用于对下级机关布置工作，提出开展工作的原则和要求。
（4）意见。用于对重要问题提出见解和处理办法。
（5）通知。用于发布党内法规、任免干部、传达上级机关的指示、转发上级机关和不相隶属机关的公文、批转下级机关的公文、发布要求下级机关办理和有关单位共同执行或者周知的事项。
（6）通报。用于表彰先进、批评错误、传达重要精神、交流重要情况。
（7）公报。用于公开发布重要决定或者重大事件。
（8）报告。用于向上级机关汇报工作、反映情况、提出建议，答复上级机关的询问。
（9）请示。用于向上级机关请求指示、批准。
（10）批复。用于答复下级机关的请示。

(11) 条例。用于党的中央组织制定规范党组织的工作、活动和党员行为的规章制度。

(12) 规定。用于对特定范围内的工作和事务制定具有约束力的行为规范。

(13) 函。用于机关之间商洽工作、询问和答复问题，向无隶属关系的有关主管部门请求批准等。

(14) 会议纪要。用于记载会议主要精神和议定事项。

2. 行政机关公文种类

行政机关公文分为命令（令）、决定、公告、通告、通知、通报、议案、报告、请示、批复、意见、函、会议纪要13种。

(1) 命令（令）。适用于依照有关法律公布行政法规和规章，宣布施行重大强制性行政措施，嘉奖有关单位及人员。

(2) 决定。适用于对重要事项或者重大行动做出安排，奖惩有关单位及人员，变更或者撤销下级机关不适当的决定事项。

(3) 公告。适用于向国内外宣布重要事项或者法定事项。

(4) 通告。适用于公布社会各有关方面应当遵守或者周知的事项。

(5) 通知。适用于批转下级机关的公文，转发上级机关和不相隶属机关的公文，传达要求下级机关办理和需要有关单位周知或者执行的事项，任免人员。

(6) 通报。适用于表彰先进，批评错误，传达重要精神或者情况。

(7) 议案。适用于各级人民政府按照法律程序向同级人民代表大会或人民代表大会常务委员会提请审议事项。

(8) 报告。适用于向上级机关汇报工作，反映情况，答复上级机关的询问。

(9) 请示。适用于向上级机关请求指示、批准。

(10) 批复。适用于答复下级机关的请示事项。

(11) 意见。适用于对重要问题提出见解和处理办法。

(12) 函。适用于不相隶属机关之间商洽工作，询问和答复问题，请求批准和答复审批事项。

(13) 会议纪要。适用于记载、传达会议情况和议定事项。

3. 公文的格式

公文的格式要合乎规范。公文一般由发文机关标志、发文字号、签发人、秘密等级、紧急程度、标题、主送机关、正文、附件、发文机关、发文时间、印章、抄送机关、印发机关和印发日期等部分组成。在实际工作中，如果格式不合乎要求，就会影响公文的效用发挥。

(1) 文头。

公文的文头是公文首页红色分隔线以上的部分。此部分主要包括公文份号，时间一般要写具体的年、月、日；一般不能越级行文来沟通，因特殊情况必须越级请示时，应当抄报被越过的上级机关。"请示"应当一文一事，一般只写一个主送机关，如需同时送其他机关，应当以抄送形式列出，但不得同时抄送下级机关；除领导直接交办的事项外，"请示"不得直接送领导者个人；部门之间对有关问题未经协商沟通一致，不得各自向下行文;"报告"中不得夹带请示事项;受双重领导的机关向上级机关请示,应当写明主送机关和抄送机关,由主送机关负责答复。

(2) 主体。

公文的主体部分一般包括标题、正文、发文机关、发文日期、附件等。部分简单的公文可省略其中一些内容。其中标题和正文是写作的重点。

(3) 版记部分。

版记部分是对公文印发情况加以说明的部分,包括抄送机关、印发机关、印发时间、页码等要素。版记部分位于公文的最后一页后半部分。

(二) 商务文书

商务文书直接服务于商务活动,是经济组织在市场经济环境中经营运作、贸易交往、协调公关、开拓发展等一切活动所需涉及的专用文书的总称。商务文书从其作用和写作体例来划分,可分为商务行为规范性文书、商务活动分析性文书、商务活动解说性文书、商务宣传公关性文书四类。商业信函包括备忘录、信件和电子邮件,它们是常用的书面商业文书形式,特点是简洁与目的明确。

(三) 私人间书信

写信是一种文化素质和个人涵养的基本体现。书信是人类生活中普通、古老、具有准确性的一种沟通方式,是人们在学习、工作、生活及社会交往中广泛使用的应用文书。在现实生活中,尽管人们写信的机会越来越少,但是人们有时仍以文字为依托。例如,现在很多人用电子邮件进行私人间沟通往来,但一些基本的原则,如书信的结构与敬语等应与传统书信一样。按照国内现行的惯例,信文均应横写。在没有必要时竖写信文,会给人以"附庸风雅"之感。如有必要竖写信文,最好选用竖式信封与之相配套,务必不要使二者出现一横一竖的不匹配组合。

任务二 校内社交常用书面沟通形式

一、申请书

申请书是单位或个人因某种需要,向有关部门、组织或者社会团体表达愿望或提出请求事项,希望得到批准的专用文书。申请书顾名思义,"申"是对写作手法的要求,即申述、说明、陈述,行文以说明或记叙为主,实事求是,无须议论;"请"是对语体风格的要求,即请求、请示,讲究用客气、平和、谦虚的语气,不卑不亢;"书"是对格式的要求,也就是申请

书的格式与书信相同。

（一）申请书的用途

1. 思想政治生活方面的申请

这种政治申请一般用于申请加入某些进步的党派团体，如申请加入中国共产主义青年团、中国共产党、工会等。

2. 工作学习方面的申请

这种申请指求学或在实际工作中所写的申请，如入学申请书、带职进修申请书、工作调动申请书等。

3. 日常生活方面的申请

日常生活中，我们常常会遇到一些问题，需要个人申请才可以被组织、集体、单位考虑、照顾或着手给予解决，诸如申请生活困难补助、申请调换寝室等。

（二）申请书的内容

申请书是个人向组织、下级向上级的行文方式，这是申请书请求的特性所决定的。所以申请书在语言的选择、使用上均需符合这种下对上的行文标准。申请书由标题、称谓、正文、结语和落款五部分构成。

1. 标题

申请书的标题有两种形式。位于首行或第二行的正中，可以直接以"申请书"作为标题，也可以根据申请书的内容，标明具体名称，如"入党申请书"。

2. 称谓

在标题下另起行，顶格加冒号写出接收申请书的组织、机关、团体、单位的名称或有关负责人的姓名，后加冒号。如"××党支部："、"院总支领导同志："等。申请书的称谓一定是申请书撰写者的直接上级，切忌越级或多级。

3. 正文

主体部分是申请书的写作关键，这部分包括申请内容、申请原因、决心和要求。申请的事项和申请理由最好分段来写，让收文可以一目了然。申请原因是申请书写作的核心，在正文部分阐述申请原因时，申请人应条理清晰，以生动简洁的语言进行实事求是的阐述。开门见山说明申请什么事项，既要符合政策规定，又要考虑到实际情况。在决心和要求部分，申请人在进一步表明自己的决心、态度和要求时，应写得具体、详细、诚恳、有分寸，语言要朴实准确。

4. 结语

申请书可以有结语,也可没有。结语一般是表示敬意的话,如"此致""敬礼"等,或者也可写表示感谢和表态的话,如"请组织考验""请审查""望领导批准"等。

5. 落款

落款主要是署名和时间,在右下方署明申请人姓名,并注明年、月、日期。如果是单位的申请应加盖公章,若有附件,还应在结尾之后、落款之前注明附件的名称。

(三)入党申请书范例

入党申请书标志着申请人经过了郑重思考,向党组织表明自己有入党的志愿和要求,使党组织了解申请人的政治信仰和追求,便于党组织对申请人有针对性地进行培养、教育、考察,同时也是党组织确定入党积极分子和发展对象的重要依据。因此,每一位要求入党的同志,都应该认真写好入党申请书。

1. 标题

标题一般写"入党申请书"或"入党申请"。

2. 称谓

入党申请书

称谓是申请人对党组织的称呼,如"尊敬的党组织"或"尊敬的××党支部"等,顶格写在第一行,后面加冒号。

3. 正文

正文是入党申请书的关键部分,主要包括以下三方面内容。一是对党的认识和要求入党的动机。对党的认识主要是指对党的性质、纲领、奋斗目标、宗旨、党的路线、方针、政策的认识;入党动机就是参加中国共产党的目的,即为什么要加入党组织。写这部分内容要联系自己的思想实际,可以写学习了哪些党的基础知识,学习了党课、参加了有意义的活动以后的思想演变过程,以及思想认识上有什么提高等。二是个人履历(学历和工作经历)、家庭成员和主要社会关系的情况。如果本人家庭成员和主要社会关系中,有人有政治历史问题或者犯过什么错误或受到过刑事处分的,都要写清楚并表明自己的态度,以便让组织上了解。三是自己的优缺点和今后的努力方向,即个人在政治、思想、学习、工作、作风、纪律等方面的主要表现,特别是对自己存在的缺点和不足要敢于指出,并向党组织表明改正的决心和努力的方向,以及如何以实际行动争取入党。

4. 结尾

入党申请书的结尾一般可写"请党组织在实践中考验我"或"请党组织看我的实际行动"等。正文写完之后,加上"此致""敬礼"等用语,亦可不写。

5. 署名和日期

入党申请书写完后,要署上申请人的姓名,申请时间年、月、日,以示郑重。

最好将正文中关于"个人履历""本人家庭成员和主要社会关系"部分单独写成一页。内容主要是:姓名、出生年月、家庭出身、本人成分、个人履历,家庭主要成员及社会关系的姓名、政治面貌、职业及工作单位。本人的政治历史情况(如受到的奖励、处分等),对重要情节要提出证明人。

二、演讲稿

在就业压力日益突出的今天,大学生的演讲能力成为彰显自己良好人际沟通的重要手段。精彩的演讲离不开好的演讲稿,演讲稿的写作训练成为大学生提升实用沟通能力的一个重要组成部分。演讲稿是演讲者面对特殊的听众群体,公开发表自己的见解,获得听众理解和支持的一种特殊的文章。演讲稿具有宣传、鼓动、教育等作用,它可以把演讲者的观点、主张与思想感情传达给听众以及读者,使他们信服,并在思想感情上产生共鸣。因此,文中有演讲者"我"和听众"你"两个主体,是演讲者在现场与听众双向交流信息。

(一)演讲稿的文体特点

1. 整体性

演讲者、听众和特定的时间、空间共同构成了不可剥离的演讲活动的整体。因此,演讲稿的撰写要注意以下三个方面:首先,要根据听众的文化层次、工作性质、生活环境、品位修养、爱好意愿来确立选题,选择表达方式,以便更好地沟通;其次,演讲稿不仅要充分体现演讲者独到的观点和见解,而且还要对声调的高低、语速的快慢、体态语的运用进行设计并加以注释,以达到最佳的传播效果;此外为了强化演讲的现场效果,还要考虑演讲的时间、现场氛围等因素。

2. 口语性

演讲稿区别于其他书面表达文章和会议文书的重要标志就是口语性。演讲稿不会事先印好发给听众,而是有较多的即兴发挥,为此,演讲稿必须讲究"上口"和"入耳",要求讲起来通达流利,听起来自然顺畅,不易发生曲解。具体应做到:把长句改成适当的短句,把倒装句改为常规句,把晦涩的文言词替换成通俗易懂的词,把生僻的词换成常用的词,把容易误听的词换成不易误听的词。这样才能保证演讲者讲起来朗朗上口,听众听起来清楚明白。

3. 现场性

现场的演讲活动是演讲者与听众面对面的一种交流和沟通。演讲者要时刻观察听众的反应,是表示赞同或反对,兴趣盎然或无动于衷。因此,写演讲稿时要充分考虑它的现场性,在保证内容完整的前提下,要注意留有回旋进退的余地,充分考虑到演讲时可能出现的种种问题，以及应付各种情况的对策。总之，演讲稿要具有弹性，要体现出必要的控场技巧。

（二）演讲稿的种类

1. 政治鼓动类

政治鼓动类演讲稿是指政治家或代表某一权力机构的要员阐述政治主张和见解的演讲稿。这类演讲稿的特点是具有话题的政治性和内容的鼓动性，包括各级领导的施政演说、新当选领导人的就职演说、政治家的竞选演说等。

2. 学术交流类

学术交流类演讲稿是指传播、交流科学知识、学术见解及研究成果的演讲文稿。首先学术性是指讨论的问题是科学性的，而不是社会性的，是对某一学科领域中的现象或问题的系统剖析和阐述，能够揭示事物的本质及客观发展规律的。其次是创造性，就是对科学问题有独特的发现和独到的见解。学术演讲具有很强的专业性，它涉及许多有关复杂抽象的科学道理和不易被一般人理解的专业术语，给听众理解演讲内容造成了一定的困难。为此，撰稿时要对某些专业知识进行必要的注解，要把抽象深奥的科学道理表达得深入浅出、通俗易懂。

3. 思想教育类

思想教育类演讲稿具有时代性、劝导性、生动性的特点，是针对现实生活中人们的思想动态、思想倾向和思想问题，以真切的事实、有力的论证、充盈的感情来讴歌真善美、鞭挞假恶丑。其目的是引导听众树立正确的人生观、世界观，激励听众为崇高的理想、事业而奋斗。这类演讲稿适用于演讲比赛、主题演讲会、巡回报告等。

（三）演讲稿的撰写要点

1. 根据主题选择资料

（1）根据演讲活动的性质与目的来确立讲题。讲题是演讲的中心话题。若被邀请做学术演讲，就应该介绍自己最新的研究成果或自己掌握的最新学术信息。如果是在思想教育性的演讲活动上做演讲，就应该针对现实中的现象和听众关心的问题发表见解。竞选演说和就职演说，要把握听众的心理需求来选题。

（2）根据演讲主题与听众情况来选择材料。首先要围绕演讲主题筛选材料。主题是演讲稿的思想观点，是演讲的宗旨所在。而材料是主题形成的基础，又是表现主题的支柱。演讲稿的思想观点必须靠材料来支撑，材料必须能充分地表现主题，有力地支持主题。其次，材料的选择还要考虑到听众的情况。听众的政治素质、社会地位、文化教养以及心理需求等都对演讲有制约作用。因而选用的材料要尽量贴近听众的生活，这样不仅容易使他们心领神会，而且听起来也会饶有兴趣。一般而言，对青少年的演讲应形象有趣，寓理于事，举例要尽量选择他们所崇拜的人和有轰动效应的事；对工人、农民的演讲，要生动风趣、通俗浅显，尽可能列举他们周围的人和发生在他们身边的事例；而面对知识分子的演讲，使用材料则必须讲究文化层次。

2. 合理安排开头、主体和结尾

演讲稿结构的基本形态都是由开头、主体、结尾三部分组成。

（1）开头要先声夺人，富有吸引力。演讲稿的开头，也叫开场白，是演讲稿中重要的部分，方式多种，如开篇入题、借题发挥、提问设问、引用警句等。好的开场白能够紧紧地抓住听众的注意力，为整场演讲的成功打下基础。开场白的目的是使听众立即了解演讲主题、引入正文、引起思考等，总的原则是切题和镇场。

演讲稿

（2）主体部分要层层展开，步步推向高潮。所谓高潮，即演讲中最精华、最激动人心的部分。因此，在主体部分的行文上，要在理论上一步步说服听众，在内容上一步步吸引听众，在感情上一步步感染听众。这就要精心安排结构层次，层层深入、环环相扣，水到渠成地推向高潮。主体部分展开的方式有三种：并列式，就是围绕演讲稿的中心论点，从不同角度、不同侧面进行表现，其结构形态呈放射状四面展开，而每一侧面都直接面向中心论点，证明中心论点；递进式，即从表面、浅层入手，采取步步深入、层层推进的方法，最终揭示深刻的主题，犹如层层剥葱，用这种方法来安排演讲稿的结构层次，能使事物得到由表及里的深入阐述和证明；并列递进结合式，即在并列中包含递进，或是在递进中包含并列，一些气势雄伟的演讲稿常采用这种方式。

（3）结尾要干脆利落，简洁有力。演讲稿的结尾是主体内容发展的必然结果，它起着深化主题的作用，有归纳法、引文法、反问法等。归纳法是概括一篇演讲的中心思想，总结强调主要观点；引文法则是引用名言警句，升华主题、留下思考；反问法是以问句引发听众思考和对演讲者观点的认同。此外，演讲稿的结尾也可以用感谢、展望、鼓舞等语句，干脆利落、简洁有力使演讲能自然收束，给人留下深刻印象。

成功的演讲，除了演讲稿的准备，还要特别注意的是对演讲节奏和时间的把握。每一场演讲都是有时间限制的，演讲者要把握自己演讲的速度和内容，既不能时间到了还没有讲完，也不能距离演讲结束还有一段时间，而演讲者已经无话可说。时间和节奏的把握必须是在台下的时候练习调整好，上台后根据实际情况灵活应变。

三、实习报告

实习是大学生学习的重要环节，实习报告是在校大学生到有关单位实习后向学校所做的情况汇报。此外，在校招生中，用人单位通常也会极为重视应聘学生的实习经历。由此可见，每一位大学生都应该引起足够的重视，实习报告写作的质量往往关系到大学毕业生能否顺利完成学业和实现就业。

（一）实习报告的主要内容

实习报告作为实习阶段实习情况、实习内容、实习表现、实习收获的重要载体，包括三大部分：一是实习的主要内容；二是主要收获和心得体会；三是对下一步如何参加和组织开展好大学生实习活动的意见和建议等。

1. 题目

实习报告的题目可以是公文式标题，直接为《实习报告》，也可以在"实习报告"后加一个副标题，如"实习报告——在××的实习报告"，或者直接写为《关于在××工作的实习报告》。

2. 前言

前言是实习报告的开场白，目的是向读者说明本次实习的来龙去脉，吸引读者对你的实习生活产生兴趣，对正文起到提纲挈领和引导阅读兴趣的作用。前言的篇幅一般不要太长，太长可致读者乏味，太短则不易讲清楚，一篇5000字左右的实习报告，前言字数一般控制在200～300字为宜。

  当前大学生所面对的就业压力大，找一份工作很简单，但是找一份与自己专业对口的工作却不是简单的事情。实习是为我们进入社会做准备，是为了让我们毕业后能更好地去适应社会和工作岗位。现在正在进行的这段实习经历可以说是我大学三年来最辛苦也是最充实的一段时间。辛苦是因为刚踏上工作岗位，有很多方面不能很快适应；而充实则是在这段时间里，我学到了在校园无法学到的知识和技能，更提高了自己各方面的素质。同时实习也给了我一定的工作经验，为将来谋求一份好职业打下了基础。现在我真正明白了实践是检验真理的唯一标准，理论的知识来源于现实生活，如果学习了理论后没有应用于实际中，那就等于没有学，再好的理论知识没有应用于实际，只能是纸上谈兵，所以要付诸实践来检验所学，再辛苦也是值得的。

3. 企业介绍

简要介绍实习单位和实习岗位的基本情况，比如成立的时间、企业的人员状况、企业的性质、企业的经营范围、企业的机构设置、岗位名称和工作职责等情况。

  ××集团成立于1990年，现在已发展有代理货物海陆空运输，经营中转，联运业务，承办货物的报关、仓储、集运、分拨等业务。公司拥有完善的全球代理网络，秉承务实、开拓、诚信、勤勉的经营观念，致力于提供全方位的物流服务。并于2000年先后取得中华人民共和国承认的无船承运人资格及一级货运代理资格。"专业拼箱"是公司的经营特色，完善的全球代理网络是公司的经营优势，公司在中国设有30余个分公司，在世界拥有120多家信誉优良的代理公司，强大的代理网络使您随时随地可以找到××拼箱的身影，无论货主或货主的客人从国外订舱还是在上海及全国各地订舱都十分方便。

  国际货运代理业务员岗位主要职责包括接受货主委托，帮助货主代办租船、订舱、配载、报关、报验、保险、集装箱运输、拆装箱、签发提单、结算运杂费，乃至交单议付和结汇等。

4. 实习内容

在本部分中,同学们可以根据学校要求和自己想要报告的内容,如实习单位所分配的工作内容、部门工作程序、工作方法、经验体会等,有针对性地对实习单位进行考察,通过对记录资料的整理而撰写。

公司专门找了一位业务精英来给我们介绍,从他那里我们获悉了业务的基本资料。我们今后主要做的是联系客户、接洽业务、签订合同、成交货物等工作。联系客户就是先与下级客户沟通,首先问清楚客户是什么产品,规格怎样,价格如何,数量多少,以及注意事项等。然后再寻找上级客户,说清楚下级客户的要求,若能够满足就签合同。也可进行相反的操作流程,由上到下,其结果一样。公司与上下级客户签完合同就到了运输与交货阶段,风险无处不在,规避风险是关键,尽可能地完善合同以规避风险,若仍发生了风险,那就要找到合理的、人性化的处理方式。事后通过同事,我了解了全国公路运输协议、货运的单证该如何填写、其中的注意事项有哪些等。

5. 感受和体会

本部分主要介绍通过实习你自己取得的收获、最深刻的认识,以及对你今后的学习、将来走向工作岗位会产生的影响等。同学们应该结合实习的具体情况、工作的主要内容、岗位工作程序等,着重写自己的认识,特别要写出自己的体会、思考后的理性认识。写这一部分,最好是采取对比的方式。

短暂的实习生活,既紧张,又新奇,收益颇多。通过实习,我对报关工作有了更深层次的认识。面对形形色色的大中小企业,诸多的货物进出口对我们的报关工作也提出了严峻的考验。分析报关工作的特点,我总结出一些工作经验:认真阅读单证,细心核对是否单单相符,了解进出口货物情况,认真回答海关关员的问题,同时对工作要更加充满热情;在半年实习期间,我同时也深深感觉到自己的薄弱之处,那就是专业英语知识欠缺,我必须花更多时间去学习英语知识,以便为更好地做好今后报关工作奠定基础。总之,这次实习对我的帮助极大,为我以后的工作积累了很多宝贵的知识与经验,今后,我将继续保持谦虚严谨的态度,认真学习业务知识,加强与客户的沟通,不断提高自己的综合素质,做一个适应形势快速发展需要的报关员和报检员,为公司做大做强贡献自己应有的力量。

6. 建议和意见

既然社会实习是一项很好的活动,那么下一步如何把这一活动开展得更好呢?意见和建议部分就是要回答这一问题。建议可以是面对实习单位,也可以是对母校提出建设性的建议。有了现实针对性和普遍指导意义,能够提高大家对实习重要性的认识,增强投身社会实践活动的积极性和主动性。

综上报告，对我院物流与报关专业提出如下建议，希望在以后的教学过程中逐步完善。

（1）从工作的内容上，有重点地完善毕业在校生的实际操作动手能力，强调在各个环节上容易出现什么问题，应注意哪些事项，有何具体的操作技巧。如模拟报关的实际业务流程：从接收客户的报关资料到填写预录入凭单，从预录入到复核发送，从订单到递单，从查验到海关放行。

（2）从工作的技术支持上，加强对新的应用软件如EDI报关系统及中国电子口岸的学习和掌握，以适应现代化的大通关。

（3）从工作涉及的人际关系方面，提高对在校生的素质教育，既包括心理素质，又包括职业道德素质，逐步加强人际关系学的方法、技巧的学习和掌握。

总之，实习报告也不一定非要机械地按照这几个部分写，只要把自己的所作、所为、所感、所悟按学校要求的格式撰写反映出来就行。要想写出高质量的实习报告，首要条件就是要充分认识到实习和实习报告对于学业和就业的重要性，切忌随意从网络上下载抄袭，在思想上就要对实习和实习报告高度重视。

（二）实习报告的写作技巧

1. 积累素材

实习素材积累是一个时间较长的过程。用人单位要求的实习期通常都会不少于3个月，而高等职业院校的实习期更是长达半年甚至一年。同时，实习也是一个十分辛苦的过程，实习生既有学习的压力，又有工作的压力；既有重复简单工作的乏味，也有找不到方向的迷惘；作为新人，做很多打杂的事情也在所难免。很多学生在企业实习，从事的工作与专业风马牛不相及，往往扮演着勤杂工的角色，端茶、倒水、打字、复印材料成了不少大学生的实习内容。这样每天工作下来，常常是身心俱疲，无心再去进行实习素材的收集和资料的积累。等到了实习即将结束，需要写实习报告时，才发现这一问题，明明辛辛苦苦地做了许多工作，却苦于资料和素材的不足而无法在实习报告中很好地呈现出来。对此，实习生在实习过程中，一定要注重积累资料和素材，最好是养成写实习日记的习惯。如果确实时间紧，做起来有困难，起码也应当养成写实习周记的习惯，这样整个实习期的经历、体会和收获会内容充实、脉络清晰。由于素材充分，实习结束时写实习报告不仅轻松，而且写作质量也有保障。

2. 主人翁意识

实习作为大学阶段一个重要的学习环节，对大学生的知识巩固和能力提升意义重大。很多实习生都能够通过实习推动职业意识、职业态度、职业素养、职业能力的快速提升。要实现这样的效果，就需要实习生在实习期间养成强烈的主人翁意识，包括参与意识、团队精神、责任心、主动性等。这些意识，是职业意识的核心内容，是实习生由一名学生成长为一名合格职业人士的关键因素。所以，在思想上，实习生应摈弃旁观者、局外人的心态，对于工作的态度要从"要我做"变为"我要做"，以强烈的主人翁意识来对待实习工作。只有这样，才能实现从学生到职业人士的有效转变，才能在实习报告中展现出自身的高度、内涵和视野，展现出经过实习所塑造出的不一样的自己。

3. 问题导向

善于总结的高质量实习报告，应当是在对实习情况、实习过程进行陈述的基础上，对实习中的收获、经验教训、心得体会进行总结提炼而写成的。尤其是针对实习中所发现的问题以及对怎样解决这些问题所进行学习、思考、探索、研究的相关内容，是实习报告中最具价值的部分。这就要求实习生在实习过程中和实习报告的写作过程中，要运用问题导向的思维方式，善于在实习工作中发现问题，积极主动地思考问题的解决方法，积极主动地解决问题。实习的过程就是将课堂所学的书本知识运用到工作实践中的过程，所以要善于在这个过程中去发现问题。思维方式和工作态度不仅能够使实习生在实习过程中实现真正的、快速的提高，还能够更好地助益所从事的工作。而具备这一方面内容的实习报告与实习经历，无疑能够得到学校、实习单位、招聘单位的更多赞赏与认可。

4. 科学评价

实习生在实习报告的结尾部分，通常会对自己的实习表现作出自我评价。这个部分最重要的是要树立起正确的理念，客观、真实、科学地进行自我评价，既不要盲目自夸，也不要妄自菲薄。所谓"知人者智，自知者明"，准确地认识自己，科学地评价自己，展现出当代青年大学生应有的阳光的性格和自信的品质，才会给整个实习报告画上一个完美的句号。

四、毕业论文

毕业论文是大学生接受高等教育所要完成的最后一项工作。通过完成毕业论文，将使学生所学到的知识得到巩固，同时，进一步培养学生分析问题和解决问题的能力。一篇正规的毕业论文形式上应包括目录、题目、摘要、关键词、正文、注释和参考文献等几个部分，各部分的撰写又有一定的格式要求。

（一）论文撰写步骤

1. 谨慎选题

撰写毕业论文首先要进行选题，恰当的选题就等于论文成功了一半。选题的关键是看选题是否得当，方向是否合适，选题的大小和范畴以及选题的价值是否适当。毕业论文的选题要新颖，要有一定的深度和广度，在学术方向上要和学生的专业学习紧密相关。学生对所选的题目还应当有一定的兴趣，并且有自己的思考和见解。很多学生在为选题查找资料时，都面对大量可选题目而眼花缭乱，而且针对某一项研究存在着多种可能的方法，不知从何入手，出现选题的困惑。所以每个学生在毕业设计的早期就应该和经验丰富的导师交换意见,以获得关于如何分析、选定主题范围的指导。

2. 资料搜集

写论文用的材料可以分为三大类型:第一类是直接材料,即作者通过调查、实验等所获得的第一手资料;第二类是间接材料,即作者通过报纸、杂志、书籍和网站等获得的第二手资料;第三类是发展材料,这是作者在收集第一类和第二类资料过程中,自己的所思所想,包括对某一观点反驳或认同的理由,对某一问题的补充意见,看了某文(书)之后产生的联想。可以通过图书馆、知网、万方等平台查找图书、期刊、论文等相关撰写素材。

学生们常常面临的另一个重要问题是无法有效管理时间。有的学生会在写论文期间实习,有的甚至开始找工作。所以他们常常必须既要工作又要学习,这样就很难专心进行论文撰写。这就需要他们在研究期间进行严格的自我管束,当开始研究的时候需要将自己的时间做一个安排,预先想一想什么时候可以做研究,什么时候开始找资料,什么时候开始组织材料,什么时候进行研究,什么时候收尾等。建议制订一个论文撰写计划表(见表 4-1),一旦制订完成就要严格按照计划执行。

表 4-1 论文撰写计划表

第一、二周 (2月21日至3月7日)	确定论文选题,收集课题有关资料,对课题进行详细的了解、分析,查看大量的文献。在老师的指导下,完成论文开题报告,填写毕业论文任务书
第三、四周 (3月8日至3月22日)	大量收集论文资料,理清论文思路,将关于论文的想法与导师进行交流,根据导师的建议和自己的分析理解,发现论文构思的不足之处,对论文思路进行完善
第五、六周 (3月23日至4月5日)	正式开论文工作,撰写中英文摘要,阐述论文写作背景和选题所要解决的问题,并基本构造好论文总体框架
第七、八周 (4月6日至4月20日)	在查阅大量文献,运用多种研究方案,并在认真思考创作的基础上,基本完成初稿
第九、十周 (4月21日至5月4日)	将初稿完善交由导师审阅,提出修改建议
第十一周至毕业 论文工作结束 (5月5日至6月1日)	根据学院的进度安排,在导师的指导下完成论文初稿修改,经过反复修改,形成终稿,装订成册上交学院,同时为毕业论文答辩做准备工作

3. 规范撰写

毕业论文是讨论某种问题,反映一个科研集体或个人的科研成果的文章。为了便于交流、刊出,要求论文必须标准化、规范化。下面介绍一些基本的规则和格式。

(1) 标题。

毕业设计（论文）的标题直接表达或揭示论文主题思想或中心论点，因而论文题目一般不得超过 20 个字，较大的题目也可以有副标题，题目要鲜明、准确、精练。

W 市物流园区建设项目风险管理研究

(2) 目录。

目录反映论文的纲要，应列出通篇论文各组成部分的大小标题，分别逐次、逐项标注页码，并注明参考文献、附录、索引等附属部分的页次，以便读者查找。

目录

```
摘要 ……………………………………………………………… I
Abstract ………………………………………………………… Ⅱ
目录 ……………………………………………………………… Ⅳ
1. 绪论 …………………………………………………………… 1
  1.1 研究背景、目的与意义 …………………………………… 1
    1.1.1 研究背景 ……………………………………………… 1
    1.1.2 研究目的 ……………………………………………… 1
    1.1.3 研究意义 ……………………………………………… 2
  1.2 国内外研究综述 …………………………………………… 2
    1.2.1 风险管理的国内外研究综述 ………………………… 2
    1.2.2 物流园区建设项目风险管理的国内外研究综述 …… 6
    1.2.3 国内外研究小结综述 ………………………………… 8
  1.3 研究内容、方法与技术路线 ……………………………… 9
    1.3.1 研究内容 ……………………………………………… 9
    1.3.2 研究方法 ……………………………………………… 9
    1.3.3 技术路线 ……………………………………………… 10
```

(3) 摘要。

摘要是论文的高度概括，是全文的缩影，是长篇论文不可缺少的组成部分，内容包括研究（设计）目的、方法、成果和结论，不含图表，不加注释，具有独立性和完整性。要求用中、英文分别书写，中文摘要一般为 400 字左右，英文摘要应与中文摘要内容相同。

摘要

随着东盟自由贸易区的建立，作为区域性国际物流中心的 W 市，其经济地位也日益提升。W 市的商贸物流业近年来得到了长足的发展，主要体现为服务业规模不断扩张、现代商品市场体系初步形成、物流设施加快建设、物流企业服务能力不断提高等方面。然而，W 市物流业起步较晚，缺少大型物流基地。

Abstract

With the establishment of the ASEAN Free Trade Area, as a regional international logistics center, the economic status of W city is also increasing. In recent years, the logistics industry in W city has made great progress, which is mainly reflected in the continuous expansion of service industry, the preliminary formation of modern commodity market system, the accelerated construction of logistics facilities, and the continuous improvement of service capacity of logistics enterprises. However, the logistics industry in W city started late and lacks large logistics bases.

(4) 关键词。

关键词是反映毕业设计（论文）主题内容的名词，是供检索使用的。主题词条应为通用技术词汇，不得自造关键词，尽量从《汉语主题词表》中选用。关键词一般为3～5个，按词条外延层次（学科目录分类），由高至低顺序排列。关键词排在摘要正文部分下方。

关键词：商贸物流园区；风险管理；层次分析法；模糊综合评价法

(5) 绪论。

绪论相当于论文的开头，它是三段式论文的第一段（后两段是本论和结论）。绪论与摘要写法不完全相同，摘要要写得高度概括、简略，绪论可以稍加具体一些，文字以1500字左右为宜。绪论一般应包括以下几个内容。

1) 为什么要写这篇论文，要解决什么问题，主要观点是什么。

2) 对论文研究主题范围内已有文献的评述，包括与课题相关的历史的回顾，资料来源、性质及运用情况等。

3) 说明论文所要解决的问题，所采用的研究手段、方式、方法。明确研究工作的界限和规模。

4) 概括本课题研究所取得的成果及意义。

1 绪论

1.1 研究背景、目的与意义

1.1.1 研究背景

在世界经济的快速发展以及产业结构调整重组的大背景之下，我国的市场规模日益扩大，国内的各大城市更是开始积极筹划建设符合地方规模与特色的物流园区。物流园区的建设程度决定着物流业的发展前景，因此最近几年国内物流园区的建设也是方兴未艾。物流园区的建设和运营是一个国家和地方物流业发展水平高低的标志，也是对各种物流资源进行整合的特别手段。

(6) 正文。

论文的正文是作者对自己的研究工作的详细表述，应包括以下内容。

1) 理论分析部分。

详细说明所使用的分析方法和计算方法等基本情况：指出所应用的理论依据和分析方法、计算方法、实验方法等哪些是已有的，哪些是经过自己改进的，哪些是自己创造的，以便指导教师审查和纠正。这一部分所占篇幅不宜过多，应以简练、明了的文字概略表述。

1.3.2 研究方法

本文主要采用了以下研究方法。

① 文献研究法

通过互联网、图书馆等搜阅和整理了大量物流园区建设、风险管理、风险评价及其相关的文献和资料，深入了解了所研究的问题和对应的理论体系，做好扎实的基础研究工作。

2) 课题研究的方法与手段，分别以下面几种方法说明。

用实验方法研究课题，应具体说明实验用的装置、仪器、原材料的性能等是否标准，并应对所有装置、仪器、原材料做出检验和标定。对实验的过程和操作方法，力求叙述得简明扼要，对实验结果的记录、分析，对人所共知的或细节性的内容不必过分详述。

用理论推导的手段和方法达到研究目的的，这方面内容要精心组织，做到概念准确，判断、推理符合客观事物的发展规律，要做到言之有序、言之有理，以论点为中枢，组织成完整而严谨的内容整体。

用调查研究的方法达到研究目的的，调查目标、对象、范围、时间、地点、调查的过程和方法等，这些内容与研究的最终结果有关系，但不是结果本身，所以一定要简述。但对调查所提的样本、数据、新的发现等则应详细说明，这是结论产生的依据。

2) 求解 M_i 的 N 次方和 $\overline{W_i}$

$$\overline{W_1} = \sqrt[4]{M_1} = \sqrt[4]{\frac{1}{36}} = 0.408 \tag{4-1}$$

$$\overline{W_2} = \sqrt[4]{M_2} = \sqrt[4]{12} = 1.861 \tag{4-2}$$

$$\overline{W_3} = \sqrt[4]{M_3} = \sqrt[4]{\frac{1}{2}} = 0.841 \tag{4-3}$$

3) 结果与讨论是全文的核心，需进行充分论述。

在写作时，应对研究成果精心筛选，把那些必要而充分的数据、现象、样品、认识等选出来，写进去，作为分析的依据，应尽量避免事无巨细，把所得结果和盘托出。在对结果做定性和定量分析时，应说明数据的处理方法以及误差分析，说明现象出现的条件及其可证性，交代理论推导中认识的由来和发展，以便别人以此为根据进行核实验证。对结果进行分析后所得到的结论和推论，也应说明其适用的条件和范围。恰当运用表和图作为结果与分析，是科技论文通用的一种表达方式。

本文主要采用专家打分法、层次分析法和模糊综合评价法对园区项目进行评价分析。通过公式和建模计算，得知项目风险水平等级是"良好"，属于低度风险。根据最大隶属原则，环境风险、技术风险和管理风险属于比较安全，市场风险和财务风险属于低度风险。

（7）结论。

结论包括对整个研究工作进行归纳和综合而得出的总结；所得结果与已有结果的比较；联系实际结果，指出它的学术意义或应用价值，以及在实际中推广应用的可能性；在本课题研究中尚存在的问题，对进一步开展研究的见解与建议。结论集中反映作者的研究成果，表达作者对所研究课题的见解和主张，是全文的思想精髓，是全文的思想体现，一般写得简练、篇幅较短。

W市物流园区建设项目是一项复杂动态的巨大工程，很难用风险评价模型进行风险的全部识别。并且风险指标的选取和重要程度的确认主要依靠专家的经验和判断，带有较大的主观成分，使得风险指标体系的建立难免产生偏差。因此在实际应用中，需要进一步的对指标和模型进行修正。

（8）致谢。

对于毕业设计（论文）的指导教师，对毕业设计（论文）提过有益的建议或给予过帮助的同学、同事与集体，都应在论文的结尾部分书面致谢，其言辞应恳切、实事求是。

致谢

转眼就要和美丽的学校说离别，心中有万分的不舍。在此，我衷心感谢我的论文指导老师×教授。在三年学习的时光里，博学多才、和蔼可亲的×教授不仅对我的学习进行谆谆教诲，也对我的生活给予了关怀和指引。此篇论文就是在×教授的悉心指导下完成的，感谢导师在我选题、开题、编写提纲、确定内容、定稿修改等方面倾注了大量的精力，提出了宝贵的建议，使我能够顺利完成论文的撰写。

（9）参考文献。

对那些重要的、学术性强的，在论文中所引用过的文献，一般都应列出来，正文中引用文献的地方应做标注。

参考文献

[1] Johnson G L. Handling Problems of Risk and Uncertainty in Farm Management Analysis [J]. Journal of Farm Economics, 1952, 34 (5): 807-817.

[2] Cervone H F. Project risk management [J]. Oclc Systems & Services, 2006, supplement (22): 256-262.

[3] 石运甲. 工程项目风险评估与对策研究 [J]. 山西建筑, 2015, 41 (33): 250-251.

[4] 孙宇. 石油工程项目中的风险管理研究 [J]. 化学工程与装备, 2017 (12): 351-352.

（10）附录。

在论文之后附上不便放进正文的重要数据、表格、公式、图纸、程序等资料，供读者阅读论文时参考。

附录 1　W 市物流园区风险评价因素筛选调查问卷

尊敬的各位专家、领导：

您好！

本问卷调查是为了完成"W 市物流园区建设项目风险管理研究"论文撰写而设计的。您所填写的内容将是我们对物流园区建设项目的风险因素进行筛选的重要依据，感谢您对我们工作的支持！

（二）注意事项

1. 规格符合要求

（1）撰写的字迹要工整、文字要规范，不可潦草马虎，不得滥用或误用简化字、异体字、或生造汉字；中文的标点要准确，标点符号写在行内。
（2）文章标题层次及同级标题序码，必须段落分明、前后一致。
（3）文稿要完整。论文须根据学校规定的统一的格式完整打印出来，并进行装订。

2. 表格、图、照片表达规范化

（1）图的纵横坐标比例的选择和原点的位置，图的高宽比和曲线所占图的位置与形状应该规范。
（2）凡是经过实验判断是自变量，应画在横轴上，参变量应画在纵轴上，不具有误差的量纲在横轴上。
（3）图必须有简明的图题，纵横坐标必须标明标度，即坐标轴所表示的物理量名称、符号和量纲单位。除方框图等外，图内尽可能不标注文字解释和说明。
（4）实验结果已用图表示了的一般不再列表。表中内容不必在正文中再做说明，尽量避免重复。
（5）每个图表要有序号和名称。
（6）表头各项目一般要有名称、代号和量纲单位。表内数据的数字后不再附注单位，如果有要说明的细节，可用脚注列于表下，脚注序号用（1）、（2）……标于相关词的右上方。

3. 结论注意事项

（1）结论要简单、明确。在措辞上应严密，但又要容易被人领会。
（2）结论应反映个人的研究工作，属于前人和他人已有过的结论可少提。
（3）要实事求是地介绍自己研究的结果，切忌言过其实，在无充分把握时应留有余地。

4. 参考文献

（1）所列举的参考文献应是正式出版物，包括期刊、书籍、论文集和会议文集。

(2) 在论文结束处，要罗列主要的参考文献，包括序号、作者姓名、书或文章名称、出版单位、出版时间、章节与页码等。

(3) 应按论文参考或引证的文献资料的先后顺序依次列出，不宜以文献的重要程度或名家非名家的顺序排列。

(4) 在论文中应用参考文献处，应注明该文献的序号。

五、求职信与简历

（一）求职信

求职信又称自荐信，是求职者向有关用人单位或其领导介绍自己的主观愿望与实际才能，表明自己具有何种专长，能胜任某项工作，以便使对方接受的信件。写求职信是目前毕业生求职择业的一种比较常用的手段。用人单位出于节约人力和时间的考虑，往往要求求职者先寄送自我介绍材料，由他们进行比较筛选，然后才决定是否面试。因此，写好求职信是敲开职业大门的第一个重要步骤。

求职信的结构一般由称呼、开头语、主体、结束语、祝颂语、落款六部分组成，具体内容如下。

1. 称呼

求职信

称呼要顶格写。求职信若是寄给用人单位，称呼则直接写明有关单位名称即可；若是寄给有关单位的领导，则习惯写法是姓加职衔或官衔。现在大部分人既有职衔又有官衔，一般以其高者、尊者称呼。

2. 开头语

开头语的功用主要是吸引人注意：一是吸引对方能看完你的材料；二是引导对方自然而然进入你欲突出的正题而不感到突然。有关专家把开头语归纳为以下几种形式。

(1) 概述性开头。用一句话概括你具备的最重要的求职资格和工作能力，并简要说明这些资格和能力为何能最好地满足工作的需要。

(2) 提问式开头。针对目标单位的困难、需要和目标提出一个设问，然后表明你真诚地希望能帮助他们克服困难，满足需要，实现目标。

(3) 赞扬式开头。赞扬目标单位近期取得的显著成就或发生的重大变化，然后表明你渴望为其效力。

(4) 应征信式开头。直接说出你是从什么地方看到了目标单位的招聘启事，并肯定自己能满足招聘启事中提出的各项要求。

(5) 个性化开头。从你与求职目标有关的兴趣、看法和与目标单位已有的接触以及你目前工作的状况说起，谈自己为什么想到该用人单位工作。

3. 主体

主体部分是求职信的重点，要简洁而有针对性地概述自己的简历内容，要突出自己的特点，使对方觉得你的各方面情况与招聘条件一致，与有关职位要求、特点相吻合，如简述你的主要求职资格，工作经验，参加过的有关社会活动，个人的兴趣和爱好。你为这项目标工作做了哪些教育准备；你受过什么专业训练，有什么工作经验，并以事实证明你具有学习能力强、工作勤奋、责任心强、易于合作的个人素质；举例说明你具有对做好目标工作有利的其他良好的个人品质和工作态度，提供你在学业上和工作中取得的重要成就，来证明你所说的资格和能力；对求职应聘单位的兴趣与要求；评议目标单位的有关情况，表明你对其已有了解，并愿意为之效劳。

4. 结束语

结束语要令人回味而记忆深刻。要把自己想得到工作的迫切心情表达出来，请用人单位尽快答复你，或给予面谈的机会。内容要具体简明，语气要热情、诚恳、有礼貌。

5. 祝颂语

祝颂语一般通用的有"此致""敬礼"等，还可根据具体情况来选用，如时令可用"敬颂""春安"（春季用）等。祝颂语的"此致""敬颂"等，要另起一行空两格写。"敬礼""春安"等，应紧接着另起一行顶格写。

6. 落款

落款指在祝颂语右下方写上姓名和日期。求职信的写作并不复杂，但也有不少求职信中往往出现以下不妥之处：过分自信，自高自大。不少毕业生常常认为，只要学习成绩好，便是一个够格称职的候选人。实际上许多用人单位再三指出，不但要品学兼优，而且要有多方面的经验和才能。谦虚虽然是美德，可是在写求职信时却没有必要。求职者应该在信中回避个人的弱点，强调自己的长处。如果你不可避免要在信中说明你的缺点，也不要表达得那么直接。另外，写求职信还要注意以下事项：字迹端正，文句通顺；语法、标点准确无误；语句简练，切忌冗长。事先要掌握大量的招聘信息，要了解哪些部门与单位需要你所学的专业。只有这样，你才会有目的地去写信，有针对性地发信，命中率才会高。

（二）简历

几乎每个即将毕业的大学生都要撰写简历，一份优质的简历是叩开成功之门的敲门砖。简历也称个人履历，是一个人生活、学习、工作经历、成绩的概括总结。简历是重要的求职文件，它是用人单位对求职者进行分析、比较、筛选，决定是否录用应聘者的主要依据。通常情况下，用人单位都是通过简历来了解毕业生的经历、受教育程度、兴趣、特长等，留下一个初步印象，从而才有可能决定求职者能否参加进一步的笔试和面试。简历是自我推销的重要手段，因此可用在现场求职或附在求职信之后，使招聘单位进一步了解求职者，证明你适合担任所申请的工作岗位。

1. 撰写简历的原则

（1）抓住关键。

一个招聘者希望看到你对自己的事业采取的是认真负责的态度。雇主在寻找的是适合某一特定职位的人,这个人将是数百名应聘者中最合适的一个。因此如果简历的陈述没有工作和职位重点,或是把你描写成一个适合于所有职位的求职者,你很可能将无法在任何求职竞争中胜出。

(2) 重点推销。

把简历看作一份广告,推销你自己。最成功的广告通常要求简短而且富有感召力,并且能够多次重复重要信息。尽量运用动作性短语使语言鲜活有力;在简历页面上端写一段总结性语言,陈述你在事业上最大的优势,然后在工作介绍中再将这些优势以工作经历和业绩的形式加以叙述。

(3) 有利陈述。

陈述有利信息,争取成功机会,也就是说尽量避免在简历阶段就遭到拒绝。为面试阶段所进行的简历筛选的过程就是一个删除不合适人选的过程。如果你把自己置身于招聘者的立场就会明白:招聘时每次面试都需要较长时间,因此对招聘者来说进入面试阶段的应聘者人数越少越好。招聘者对理想的应聘者也有要求:相应的教育背景、工作经历,以及技术水平,这会是应聘者在新的职位上取得成功的关键。应聘者应该符合这些关键条件,这样才能打动招聘者并赢得面试机会。同时,简历中不要有其他无关信息,以免影响招聘者对你的看法。因此,写作简历时,要强调工作目标和重点,语言简短,删除会使你被淘汰的不相关的信息。

2. 简历的内容

简历一般有两种形式:一种是列表式,大学生撰写的简历则以表格形式居多,即以表格形式分栏目介绍自己的相关情况,列表式的特点是清楚简洁,一目了然;另一种是叙述式,比较详细、完整地叙述自己的经历、个人特长、学习与工作成就等。简历在内容上与求职信有交叉之处,但又与求职信不尽相同。因为写求职信的目的主要是为了引起招聘者的注意和兴趣,不能长篇大论,所以要进一步在书面上反映自己的情况就要借助简历。简历一般包括以下内容。

(1) 个人基本情况。

个人的基本情况如实填写即可,一般包括姓名、出生日期、籍贯、出生地、民族、婚否、政治面貌、现有文化程度、身高、身体状况等。

即使用人单位有明确的年龄要求,求职者也不能做出回避与篡改。除非用人单位有明确的要求,民族、身高、体重、健康状况、政治面貌、籍贯、户籍等属于可写的要素,要看具体情况而决定。一般情况下,若是在身高与体重基本达到了"形象好"的要求、健康状况良好、政治面貌比较进步、籍贯与用人单位所在地相近,可以选择来写;反之,基于趋利避害与扬长避短的考虑,可以选择不写。若是用人单位在这些方面有明确的要求,如用人单位在招聘"前台文员""公关秘书"等职位时,有身高、体重、照片等方面的要求,则不能回避,必须准确地表述。若用人单位的性质属于政府机关、事业单位或国有企业,政治面貌属于必写要素。

(2) 求职意向。

求职意向这一内容是告知用人单位,求职者应聘的岗位及目标工作地等信息,应放在个人信息后面一栏醒目位置,便于用人单位对简历进行分类、甄选。求职意向要填写同一类型的，如秘书、文员、行政助理等，避免出现相差较大的岗位，如秘书、销售等，这样不能体现简历的专一性和专用性。如果简历的陈述没有工作和职位重点，或是把自己描写成一个适合于所有职位的求职者，那么很可能将无法在任何求职竞争中胜出。如果期望有更多的职业选择，可以制作多份求职简历，每份简历中写出一个或几个相关的应聘职位。

（3）教育经历。

教育状况主要是说明"我为什么能"的问题。教育状况一般说明自己的毕业院校、所学专业、专业知识与技能、荣誉证书等情况。尤其是应届大学毕业生，一般要准确细致地说明自己的教育状况，以弥补自己在工作经验方面的缺少或匮乏。教育背景及与招聘职位对口的专业，可以从某种层面说明自己的专业知识与技能，属于必写的要素。

（4）主要课程。

主要课程是指与应聘职位有关的主要课程，切忌将自己在大学所学的十几门甚至几十门课程都列出来。对于所学课程，可以列上几门最主要的、有特色的专业课，一些公共课、基础课不必写上。

（5）主要能力。

主要能力指外语、计算机能力等。主要能力的介绍要有重点，所描述的是应聘企业所需的能力与技能。例如应聘 IT 行业，应写明：熟悉 Office 等办公软件；熟练并全面掌握通信及计算机网络专业知识；熟悉 SQL Server、MySQL 等数据库操作，了解 Oracle 数据库操作；熟悉 Linux 系统基本操作，熟悉 C++、Java、Perl 等编程语言；熟悉计算机软件工程理论，熟悉测试流程和技巧。

（6）工作经历。

对于初出茅庐的学生来说，工作经历这部分内容包括勤工助学、课外活动、义务工作、参加各种各样的团体组织、实习经历和实习单位的评论等。工作经历事关工作经验，是用人单位最为看重的求职信息，也是最会被仔细阅读与分析的部分。工作经历一般由工作年限、工作时间段、单位、职务、业绩、离职原因等方面构成。可以详细阐明你在社团中、活动中做的工作，取得的成绩。应届毕业生没有相关工作经验，需要着重说明自己的实践经历或实习经历。与应聘职位相关的实践经历，要充分说明何时在何地做何事，承担何种职务，并形成了何种能力。切忌为了凑数，生硬地把一些无关紧要的经历表述出来。

用人单位通过求职者的这些经历可考察其团队精神、组织协调能力等。在校时有什么优异的表现，如得过辩论冠军、晚会主持人、社团负责人等都可以一一列出。在学校期间做过何种社会工作均应写到简历表中，比如组织过某次活动，如能将整个活动持续的时间、自己具体负责的工作以及对活动的贡献（如为比赛曾争取到了两万元的赞助费）等具体情况描述出来，就能起到让用人单位刮目相看的作用。而不是简单一句"×年×月×日，在×公司×岗位实习（工作）"，可以说这种表述毫无意义，不能给求职增加多少正效应。

（7）奖励。

奖励主要指在校期间获得的荣誉、发表的文章、成果。奖励在简历中除可以直接单独列一栏之外，如果是和教育背景、求职岗位专业密切相关的奖励同样也能够在教育背景这一栏进行描述，比如说学校奖学金、挑战杯、设计大赛等，这代表你在这一领域的专业能力。"奖学金"是学校对你在学习成绩方面的肯定，可以辅助招聘人员对你学习成绩方面进行肯定。

如果你能够在简历中突出自己获得的专业比赛奖励，很明显是非常能够证明你的专业水平的，比如说建模比赛、软件设计比赛、外语竞赛等，这对于应聘专业相关的职位时的作用特别的突出。

（8）自我评价。

自我评价主要指品质、成绩和能力（包括专业能力、学习能力、表达能力、组织管理能力、适应能力、市场开拓能力、创新能力等）评价。对于个人特点的描述要真实，不能过于空洞。个性特点是个人"软技能"的体现，这点被越来越多的用人单位所重视。很多应聘者将对自己性格特点的描述变成了褒义形容词的堆砌，千篇一律。招聘者看性格特点的描述，目的是为了了解求职者的性格以及价值观是否和公司的企业文化相符合。要从自己的表述中，将自我认知与所述岗位进行匹配，即对自我性格、能力等的评价要与岗位所适宜的特点相配合（与前面"求职意向"一栏的岗位要求匹配）。假如求职意向是应聘秘书、行政助理等岗位，那么在自我评价中就要具体呈现出与秘书、助理岗位的标准相匹配的特点，如认真细致、有毅力、能吃苦、文字功底强、办事利落、善于沟通等，使用人单位读后就能觉得这位求职者非常适合这个职位。

另外，现在国有企业或民营企业都十分重视员工的兴趣和特长，因为一个人的兴趣和特长不仅能体现一个人的性格特点，而且在必要的时候，如单位举办的球赛、演出等活动中能起到重要作用。因此，求职者可以突出对求职有用的兴趣特长的描述。

（9）照片。

简历上的照片必须是证件照，一般将小二寸彩色照片贴在简历的右上角，当然也有随寄全身近照。生活照是绝对不允许的，并且在面试的时候必须要穿正装。因为证件照能更显得严肃和庄重一些，并且在面试的时候穿正装也会显得更严肃，也是是对考官和面试官最基本的尊重，说明了你对这次面试认真积极的态度。

（10）联系方式与备注。

联系方式与备注包括家庭住址、方便的联系方式等。要随时保持电话畅通，以免使自己错失良机。

（11）附件。

附件包括成绩单、各种证件和获奖证书复印件、导师的推荐信等。大多数求职者都会附加求职信，这样就不容易脱颖而出，吸引面试者的注意，因此如果能让自己的指导老师写一封推荐信，特别是在自己的老师还是本行业知名专家的情况下，一封内容简单的推荐信往往能起到求职信所不能达到的良好效果。

总之，简历就是对自身经历的简单介绍，不要长篇大论，篇幅最好控制在一页为宜。这样既省去翻页的麻烦，也便于用人单位的阅读。不同的职位对应不同的要求，求职者应当事先进行必要的分析，有针对性地设计准备简历，切忌盲目地将一份标准版本大量拷贝，不分主次，要根据企业和职位的要求，巧妙突出自己的优势，给人留下鲜明深刻的印象。

任务三　职场社交常用书面沟通形式

一、请示

请示是一种典型的上行文,是下级机关向上级机关请求指示,或请求批准事项的期复性公文。为了既发挥下级的主动性又防止越权越位,就必须明确请示的范围。一般情况下,对法规文件和上级指示中不够明确的问题,涉及大政方针和贯彻重大部署的问题,工作中发生的比较重大的问题和原无规定可以遵循的问题,或根据已有规定难以处理的问题,以及因本地区、本单位情况特殊难以执行统一规定需变通处理的问题,下级都应向上级请求指示或批准。

(一) 请示的特点和作用

1. 请示的特点

(1) 请示必须一文一事,不能一文数事。一般只写一个主送机关,即使需要同时送其他机关,也只能用抄送形式。

(2) 下级不得越级向上请示,即使在某些特殊情况下需要越级请示也要抄送被越过的上级机关。

(3) 除上级领导人直接交办的事项外,请示应送上级机关,不得直接送上级机关领导人。

(4) 请示不得抄送下级机关。

(5) 请示必须在文头上注明本机关签发人的姓名。

(6) 请示必须标注上级机关颁布使用的主题词。

(7) 上级机关对呈报的请示事项,无论同意与否,都必须给予明确的"批复"回文。受双重领导的机关上报公文,应根据内容写明主报机关和抄报机关,一般由主报机关负责答复请示的问题。

2. 请示的作用

(1) 便于上级机关了解下情。常言道"事前请示,事后报告",请示可以使上级机关及时了解下级机关的一些要求,掌握下级机关准备要做的事情,以及有关的情况,便于上级机关及时作出相应的指示或决定,有效地帮助下级机关解决问题、开展工作或纠正错误。所以,下级机关在准备做某些工作,特别是在开展某些重大活动、欲做超出自己力量或权限的事情的时候,事先请示上级机关是非常必要的。

(2) 给机关带来效益。机关在欲做超出自己力量或权限事宜时,经请示,一旦得到上级机关的批准,就会在资金和材料等方面立刻得到巨大的援助,增加自身的底气。所以,请示是能够直接给机关带来效益的唯一一种"公文",应很好运用。

（3）便于及时得到上级的指示。上级机关收到下级的请示后,便于有针对性地提出应如何做不应如何做,进而避免可能造成的损失。能够及时得到上级的指示,对于机关开展工作是非常有利的。

（二）请示的内容

请示结构完整规范,一般由标题、主送机关、正文、落款和日期等部分构成,有的还可以编制发文字号。

1. 标题

请示标题一般要写明"发文机关＋事由＋文种",发文机关有时可以省略,例如《关于××山风景名胜区列为国家5A级风景名胜区的请示》。写标题要注意,不能将"请示"写成"报告"或"请示报告",缘由中也不要重复出现"申请""请求"之类词语。在标题的下面顶格书写主送单位的名称,一般只写一个主送单位,末尾用冒号。

2. 主送机关

请示的主送机关是指负责受理和答复该文件的机关。每件请示只能写一个主送机关,不能多头请示。

3. 正文

请示的正文,大体上由请示缘由、请示事项、请示结语三部分内容构成。

（1）请示缘由。请示的缘由即请示正文的开头部分,是请示事项和要求的缘由及依据。要先把缘由讲清楚,然后用惯用语自然地转入请示的事项和要求,这样才能顺理成章。缘由很重要,关系到事项是否成立,是否可行,当然也关系到上级机关审批请示的态度。

（2）请示事项。请示事项即请示正文的核心部分,包括办法、措施、主张、看法等,要符合法规和实际,具有可行性和可操作性。这部分应写清要求上级机关予以指示、批准、答复的具体问题和事项。叙述要简明准确、抓住重点,理由要充分,分析要具体,提出的办法、意见及建议要切实可行。如事项较多,可以分条设段地阐述,以便于上级机关准确、及时地作出判断和掌握情况,并予以批复。而事项简单的,往往和结语合为一句话。如《关于××山风景名胜区列为国家5A级风景名胜区的请示》的最后一句话:"现申请把××山风景名胜区列为国家5A级风景名胜区,请审批。"请示事项应该避免不明确、不具体的情况和把缘由、事项混在一起的情况,否则不得要领,不知要求解决什么问题。

（3）请示结语。请示的结语有"以上请示,请批复""以上请示如无不妥,请批复"等。结语是请示必不可少的一项内容,不能遗漏,更不能含糊其词。

4. 落款和日期

落款处写明发文机关名称,落款下写清发文的具体时间（年月日）,并加盖公章。

关于××同志前往××（国家）的请示

国际交流处：

应××（国家）××公司（单位）的邀请，我学院拟派××等×人，于×年×月前往××（国家）。

一、出访的主要任务

（一）××××××

（二）××××××

（三）××××××

二、出访的时间和费用

拟订于×月×日至×月×日出访，在外停留×天。出访费用由派人单位（或外方）负担。以上请示，妥否，请批示。

××学院（盖章）
×年×月×日

二、通知

通知是知照性公文，包括上级机关用来批转下级机关的公文，转发上级机关和不相隶属机关的公文、发布规章，向下级机关和有关单位传达需要周知的重要文件。

（一）通知的特点

通知文种的适用范围极广，呈现出一种明显的多功能的特性，具体表现为以下三点。

1. 发布性

即用通知来发布有关法规和规章，它一般用于党政机关内部行文，此种通知称为发布性通知。

2. 指示性

指用通知用来发布要求下级机关办理和需要有关单位周知或者执行的事项，这种通知称为指示性通知。它具有明显的指示性，但在内容规格上又不适宜用"指示"行文，于是以指示性通知的形式来发布。同时，这种指示性通知，一般是以机关办公部门名义行文，而指示则必须使用领导机关的名义行文。

3. 中转性

即指用于批转下级机关的公文，转发上级机关和不相隶属机关的公文。具体为三种情形：一是"上转下"，即将某一下级机关的公文批转给所属下级机关；二是"下转上"，即将上级机关的来文转发给所属下级机关；三是"平转平"，即将平级机关或不相隶属机关的来文转发给所属下级机关。其中"上转下"称为批转性通知,"下转上"和"平转平"统称为转发性通知。

(二)通知的分类与内容

根据通知文种的实际使用情况,可将其分为指示性通知,发布性通知,批转、转发性通知。每类通知的具体写法如下。

1. 指示性通知

指示性通知是上级机关对下级机关就某一事项作出具体规定或者就某一问题作出具体指示时使用。它兼有指示性的特点,但按其内容又不适宜用"指示"文种行文。指示性通知的写作结构通常由标题、通知缘由、通知事项组成。

(1)标题。

标题即公文名称,应写得准确、简要,采用发文机关、事由和文种三要素齐备的标准式标题。例如《国务院办公厅关于坚决制止占用基本农田进行植树等行为的通知》《中共中央纪律检查委员会关于坚决纠正和防止纪律处分决定执行不到位问题的通知》等。此类通知的标题往往显现出发文机关的坚定性态度,如示例中的"坚决制止""坚决纠正"等词语即是。

国务院办公厅关于加强政府网站域名管理的通知

(2)通知缘由。

通知缘由是指示性通知正文的开头部分,应写得简明扼要,精练概括。一般应交代出发布通知的背景、目的、理由等,以便为下文进一步提出通知事项做好铺垫。用语要简洁、明确,文字不宜过多,然后用过渡语"现通知如下""现将有关事项通知如下""为此,特作如下通知"等,后用冒号,开启下文。

(3)通知事项。

通知事项是指示性通知撰写的主干。它是受文单位执行的依据,因此要明确、具体地交代出应知和应办的事项,即工作的任务和要求,切忌含混笼统,令人不得要领。在结构安排上,一般采用分条列项式写法,用序号标明层次;也可采用分列小标题式写法,将通知内容分作几个方面,分别进行阐述。无论采取哪种方式,都必须做到条理清晰,便于领会、理解和执行。这是写作通知事项部分的关键一环。

2. 发布性通知

发布性通知是用于发布法规和规章的通知。其写作结构一般由标题、正文组成,具体写法如下。

(1)标题。

标题通常由发文机关、被发布的法规或规章名称、文种三要素构成,如《国务院关于发布〈国务院工作规则〉的通知》《国务院关于发布〈第九批国家级风景名胜区名单〉的通知》等。

(2)正文。

发布性通知的正文部分较为简短,一般包括两个方面的内容:一是用介词结构前置的句式("现将……")引出被发布的法规或规章名称;二是提出贯彻执行的希望或要求。

此项内容通常使用的习惯性语句有"请认真贯彻执行""请照此执行"等，旨在强调通知的内容关系重大，必须令行禁止、照章办事，以充分体现其指挥效力，在结构安排上一般采用篇段合一式。由于发布性通知是将有关的法规或规章以通知的名义进行发布，因而就形成了"主件（通知）——附件（法规或规章）"的外在结构模式，但这种模式之中，被发布的法规或规章实质是主件，是行文的目的所在，而"通知"本身实质是附件，只起"文件头"的作用，将有关法规或规章"运载"发布出来。

国务院关于发布第九批国家级风景名胜区名单的通知

国函〔××××〕40号

各省、自治区、直辖市人民政府，国务院各部委、各直属机构：

第九批国家级风景名胜区名单已经国务院审定，现予发布。

风景名胜资源是中华民族珍贵的、不可再生的自然文化遗产。各有关方面要加强组织领导和协调配合，按照科学规划、统一管理、严格保护、永续利用的原则，切实做好风景名胜资源的保护和管理工作，促进风景名胜区可持续发展。

国务院
×年×月×日

3. 批转、转发性通知

批转、转发性通知包括三种情形：一是用于批转下级机关公文，通称"批转性通知"；二是用于转发上级机关、同级机关和不相隶属机关的公文，通称"转发性通知"；三是印发有关的文件材料，如领导人讲话、本机关的工作计划和工作总结等，通称"印发性通知"。此类通知与发布性通知相同，其后均有被批转、转发和印发的原文作为附件。批转、转发性通知的写法如下。

（1）标题。一般由发文机关，被批转、转发或印发的文件的标题，文种三要素构成，如《国务院批转国家体改委关于在治理整顿中深化企业改革强化企业管理的意见的通知》。如果被批转对象系法规性文件，要注意加注书名号。在实际写作中，由于批转、转发性通知都要涉及对原文标题的引用，因而就往往容易使其标题字数较多，排列起来较长。在此种情况下，如不妥善处理，就会导致整个标题繁杂冗长，烦琐累赘，令人生厌。实践中，经常见到类似"长蛇阵"式的标题。这种现象，不利于公文写作的规范化。解决的办法如下：其一，压缩介词"关于"，即在整个标题中只保留一个"关于"，如《关于批转×××关于×××的意见的通知》，对此种形式标题，应将"批转"之前的"关于"删略，既省减了文字，又加强了批转语气；其二，压缩相同重叠的文种，如《×××转发×××关于×××的通知的通知》，此种形式标题，其文种重叠，实属赘疣，应将发文机关的文种名称删除，即写为《×××转发×××关于×××的通知》；其三，减少中间环节，不要层层转发，而应直转即可。

（2）正文。一般应载明三个方面内容：一是写明被批转、转发或印发的文件；二是指明通知事项的意义，即阐述批转、转发或印发该文件的必要性和重要性；三是提出具体的贯彻执行的意见或要求，要特别注意所提出的执行要求必须具有针对性，即要结合本地区、本单位、本系统的实际情况,对被批转、转发、印发的文件内容要求加以具体化,做到"有的放矢"。"执行要求"部分通常使用的习惯用语有"请遵照执行""请认真贯彻执行""请参照执行""请认真贯彻落实"等,具体如何使用,应视所批转、转发或印发文件的内容选定。例如,通知中的意见属于探索性的,且法律程序不够完备,需要下级机关边执行边修改,则习惯用语一般写为"请研究试行";若通知中的要求只是根据一定地区的特点,或者批转下级机关的报告、有参考价值的意见和建议,或者是应引起注意的问题,则习惯用语一般写为"请参照执行"等。实际写作中,这种习惯用语也可写于第一方面内容的结尾处。

国务院办公厅关于转发文化部等部门中国传统工艺振兴计划的通知

国办发〔××××〕25号

各省、自治区、直辖市人民政府,国务院各部委、各直属机构:

文化部、工业和信息化部、财政部《中国传统工艺振兴计划》已经国务院同意,现转发给你们,请结合实际,认真贯彻执行。

国务院办公厅
×年×月×日

中国传统工艺振兴计划

文化部　工业和信息化部　财政部:

为落实党的十八届五中全会关于"构建中华优秀传统文化传承体系,加强文化遗产保护,振兴传统工艺"和《中华人民共和国国民经济和社会发展第十三个五年规划纲要》关于"制定实施中国传统工艺振兴计划"的要求,促进中国传统工艺的传承与振兴,特制定本计划。

……

(三)写作要求

1. 要讲求实效,切忌滥发通知

由于发布通知是要求所属机关单位贯彻执行或周知的,其目的在于指导和推动工作的深入开展,因此要特别注意发布的必要性,讲求实效,严禁随意滥发,严格控制发文的数量,做到量度适中。实践中,有些机关不分巨细,逢事必发"通知",以致通知过多,有损通知的严肃性,必须加以纠正。

××省人民政府任免通知

2. 要把握内涵,切忌越俎代庖

由于通知具有多功能的特性,因而在实践中往往倍受"偏爱"。有些公文,按其内容性质及发文的目的要求本来应当用"函""指示""意见"或"通告",却往往被"通知"代替。甚至有些本来应用"启事""声明"之类的日常应用文也随意用"通知"行文,既失严肃，又有悖法规规定，应当引起高度注意。

3. 要明确无疑，切忌阻滞含混

发布通知是为了解决实际问题并且需要贯彻执行的，因此在写作时必须做到主旨明确，结构严谨，用语通畅，令人一目了然。同时在内容上必须符合党和国家的方针政策以及上级机关的文件指示精神，还要合乎本地区、本部门的实际情况。否则，就会从根本上损害通知的质量和效用。

三、述职报告

述职报告是各级机关、企事业单位和社会团体的工作人员向本单位的组织部门、上级领导机关或本单位员工陈述或汇报自己在任期内履行岗位职责情况的报告。它既是个人履行岗位职责的自我评价，又是组织人事部门对个人考核登记的重要内容。

（一）述职报告的文体特征

1. 真实性

述职报告是人员考核、评优、晋升的重要依据，这就要求述职者客观真实地陈述履行岗位职责的情况，包括取得的成绩、犯过的错误及存在的不足。

2. 述评性

述职者除了陈述工作事实，还要结合有关标准对履行岗位职责情况进行自我评价。

3. 标准性

述职者在进行自我评价鉴定时有无标准？答案是肯定的。这个标准就是述职者所在岗位的行为规范、岗位职责、目标任务。这三个标准从不同层面概括了述职者所应遵循的原则和达到的要求。

4. 实绩性

述职报告侧重于情况、事实的表述，即个人任务完成的情况、工作质量与效率、所做的主要贡献、个人态度表现，但突出的是工作实绩。

（二）述职报告的基本内容

述职报告的内容应做到全面和重点相结合，以叙述为主，以议论为辅。述职报告的重点在于述职，主要是阐述述职人在一定时期内在任职岗位上做了哪些工作，获得哪些成绩，存在哪些问题。述职报告一般由标题、主送单位、正文、附件、落款等部分组成。

1. 标题

述职报告的标题形式有两种：第一人称式，如《述职报告》或《我的述职报告》；第三人称式,即由述职者职务、姓名加上"述职报告",如《××学院系主任××的述职报告》。

2. 主送单位

主送单位即述职报告的呈送单位、部门或负责人,如"区委组织部""市人事局""院职称评定委员会"等。主送单位一般情况下只有一个。

3. 正文

述职报告的正文一般由开头、主体、结尾三部分组成。

(1) 开头。为了让有关部门或人员更准确、恰当地了解述职者履行岗位职责的情况,述职者必须首先概述任职的自然情况,即所任职务、任职时间、所负责的具体工作。

(2) 主体。主体部分包括了正文的主要内容,是述职报告的核心。在内容的安排上,一般来说先谈工作中履行岗位职责的基本情况,再谈工作中存在的问题与不足,最后表明今后的努力方向和打算。在谈履行岗位职责情况时先把自己的工作分成几个方面,再写各方面工作的主要进程,包括采取的主要措施、所取得的主要成绩。在叙述中应做到:首先,注意区分工作中的主与次、宏观与微观、战略与措施、整体与局部的关系;其次,在陈述工作中所采取的具体措施时,一定要注意各项措施间的内在逻辑关系;最后,在陈述过程中,一定要密切联系实际,以丰富、生动、具体的工作事实和工作成绩说明自己是如何履行岗位职责的。

对上级交办事项的完成情况,对分管工作任务的完成情况。

在工作中提出了哪些解决方案,采取了哪些有效措施,做出过哪些决策,解决了哪些实际问题,纠正了哪些偏差,取得了哪些成绩。

阐述自己的思想作风、职业道德、关心下属和同事等情况。

找出存在的主要问题,并分析问题产生的原因,提出今后改进的意见和措施。

述职报告的主体部分要具体、充实,条理清晰,逻辑分明。由于这一部分涉及面广、内容较多,所以述职人应分条阐述,并注意每一条目的内在逻辑关系。

(3) 结尾。述职报告的结尾语常用"以上报告,请审查""专此报告、请审阅""特此报告",或者是表示感谢、表达对未来的工作愿景、表达努力工作的决心。例如,"一年以来,总结过去,在上级领导的指引下,经全体员工的辛勤工作,我们顺利完成了各项任务,成绩是可喜的。展望未来,我应当尽心尽职,勤勉工作,为公司下一年度的发展再贡献出自己的力量。在新的一年里,我将加强各项工作的学习,与领导和同事们一起,带领公司全体员工积极努力,以促进公司健康长远的发展。"

4. 附件

如果有补充说明正文的文字材料、图表,如获奖证书、文章转载情况等,可作为述职报告的附件处理。一般在正文末尾左下方写明附件的名称及数量,然后将具体材料附在述职报告的最后。

5. 落款

述职报告的落款一般在正文末尾右下方（如有附件，就在附件栏右下方），署上述职人的职务、姓名。在署名下方，写上成文日期。

（三）撰写述职报告的注意事项

撰写述职报告应遵循主题明确、实事求是、突出个性、简明清楚等要求。

1. 弄清格式，明确主题

述职报告作为一种新的应用文书，其特点带有浓厚的时代色彩，也是运用越来越广泛的文书。要充分了解其写作要素及要求，避免与其他公文相混淆，这是写好述职报告的基本要求。要写好一篇述职报告，首先要认清其文体，了解其结构，熟悉其特点，掌握其规律，然后再下笔。同时，要清楚述职报告的本质在于汇报。汇报的主体是述职者本人，这就要求在写作时需把握汇报主题，紧贴个人实际工作，避免出现脱离工作、偏离中心的现象。

2. 客观反映，实事求是

述职报告要务实，既要讲成绩又要讲失误，既要讲优点又要讲不足，不能揽功诿过。为此，撰写时无论称职与否都要做到不弄虚作假，也不遗漏工作成绩；不夸大事实，也不过分谦虚；不刻意回避问题，也不过分放大问题。这是写好述职报告的难点，如评价自己时要客观公正，做到不卑不亢，选择评价词要恰如其分，慎用"取得了显著的成绩""受到了领导的高度赞扬"等含糊、极端的表达方式。

3. 强化重点，突出亮点

首要就是突出核心主题，明确中心，写获得的成绩和存在的问题。一个阶段或一年内做了很多具体事情，干了大量实际工作，在述职报告中，不可能把全部工作都逐个表述出来。这就必须选择一些具有较大影响的具体事件和突出的工作实绩、业绩或成果来写，至于零星的工作，只要概括地交代一下就可以了。对于各种数字也不要罗列得很细，适可而止。因为述职的最终目的是表达出工作效果、效益，而不是研究和学习。工作中的重点往往也是亮点，突出重点，也就增强了亮点，有了亮点才会增强说服力。述职报告的写作材料分散在平时的工作、学习、生活中，因此，述职者在下笔前，首先要对工作材料进行有条理的筛选整理，选取主要工作，抓住主要成绩，突出重点问题来写，切忌事事罗列，面面俱到。如果为了得到好评，树立良好形象，顾忌各个方面的关系，把述职报告写成"流水账"，就会让人觉得云里雾里，不知所云。述职报告的写作目的是为了向组织和群众说明其工作是否称职，因此在撰写时要将履职尽责的过程、取得的主要成绩、出现的失误及存在的不足，以及对工作的认识逐项表述出来，要对履行职责的情况和取得的成绩进行深入的分析和研究，以增强报告的说服力。

4. 突出个性，写出特色

工作岗位有类似，表述自己的成绩也很容易与他人雷同，要想让自己的述职报告脱颖而出，还应当突出自己的工作特色，将自己独有的气质、风格呈现出来。每一篇述职报告都对应一名作者，但是每个作者的工作环

述职报告

境、岗位、职责以及能力素质等存在或多或少的差异，因此其解决问题的思路、工作的方法，以及在工作中所做的努力也就各不相同。每个述职者都有自己的个人工作特点、自己的实践特色和自己的体会认识，这些个性特点正是组织和群众需要了解的内容，透过这些鲜明的个性特点，人们才能从另一个角度深刻地认识述职者，发现述职者的创新、开拓精神，从而加深听众对述职者的印象。所以，述职者在撰写述职报告时，要按照时间的要求，对语言精雕细琢，遣词造句反复斟酌，不仅要做到没有多余的话，还要做到字字有分量，字字有深意。因此，可采用条目式与板块式相结合的办法进行构造，突出述职的条理性。例如，正文部分可分为基本情况、政治思想、工作实绩、今后努力方向、存在问题与薄弱环节等板块。每一板块的内容又可用条目式进行填充写作，如出现条目较多的情况时，只需详细介绍有代表性的成果和实绩，其他综合概括。述职者还必须具备良好的语言驾驭的能力，用简练朴实的语言表达，使听众开门见山，豁然开朗，让听众明白述职者的核心思想，与述职者在思维方式上有所共鸣。

四、倡议书

倡议书是个人或集体公开提出某种建议，以期人们响应，共同完成某项任务或开展某项公益活动，树立良好社会风尚时所使用的一种专用书信。倡议书也是公开地发动群众开展竞赛的一种手段，一切单位和个人有所倡议时均可发出倡议书。

（一）倡议书的特点

1. 对象的广泛性

倡议书不仅仅是对某个人、某一团体或某一单位而言的，它往往面向广大群众，即或对一个部门的所有人发出，或对一个地区的所有人发出，甚至向全国发出。因此广泛的群众性是倡议书的根本特征。

2. 号召的不确定性

倡议书是不要求广大群众响应的，只是向广大群众发出号召，提出倡议，但实际上有关人员可以表示响应，也可以不表示响应。因此，倡议书对倡议对象不具有很强的约束力，倡议书的号召力也因此具有一定的不确定性。

3. 范围的公开性

倡议书就是一种广而告之的书信。它就是要让广大的人民群众知道、了解，激起更多的人响应，以期在最大的范围内引起共鸣，从而激发广大群众的参与意识，使广大人民群众都参与某项活动,"众人拾柴火焰高",并完成某项工作。因此倡议书的范围具有公开性。

(二)倡议书的结构

倡议书一般由标题、称呼、正文和落款四部分组成。

1. 标题

倡议书的标题一般由文种名单独组成,为加强辨识度,标题一般就在第一行正中用较大的字体写"倡议书"三个字,简洁明了。标题要求排列美观、醒目。标题还可以由倡议内容和文种名共同组成,如《诚信考试倡议书》,或在倡议内容前再加上倡议者名称,如《××学院××系诚信考试倡议书》。另外,标题还有以倡议对象和文种名共同组成。这种倡议书凸显了对象的针对性,一般以《致×××的倡议书》为题,标题中的倡议对象和正文顶格处写的称呼对象保持一致。例如,《致全体居民的倡议书》《致全院师生的倡议书》等。

2. 称呼

倡议书的称呼一般顶格写在第二行开头。倡议书的称呼不像书信实指,而是泛指,一般来说,依据倡议的对象而选用适当的称呼即可。倡议书也可依据倡议的对象而选用适当的称谓,如"广大的市民朋友""亲爱的同学们"等。有的倡议书也可不用称谓,而在正文中指出,一般顶格写在第二行开头。

3. 正文

倡议书正文一般从第三行空两格写起,大致内容包括以下三个方面。

(1) 写明倡议书的背景原因和目的。

倡议书的发出贵在引起广泛的响应,只有交代清楚倡议活动的原因,以及当时的各种背景事实,并申明发布倡议的目的,人们才会理解和信服,才会自觉地行动。如果这些因素交代不清,就会使人觉得莫名其妙,难以响应。

> 目前,××市正举全市之力开展××城市风貌综合提升工作,这不仅是改善××城市面貌和提升××人民幸福指数的迫切需要,也是广大市民和游客朋友的美好愿望和应尽责任,更事关未来××政治、经济、文化、生态和社会发展大局。为此,我们倡议如下。

(2) 倡议的内容和要求。

倡议的内容和要求是正文的重点部分。倡议内容一定要写得具体、明了,即写明开展怎样的活动、要做哪些事情、具体要求是什么、它的价值和意义都有哪些。倡议的宣传作用正在于此。只有具体化,人民群众才容易参与倡议活动,倡议活动才能取得广泛的社会效果。倡议的具体内容一般要分条列项写作,这样才会清晰明确,一目了然,让人民群众容易执行与参与。

(3) 倡议的决心和希望。

结尾是倡议书的点睛之笔，一般不在倡议书结尾写表示敬意或祝愿的话，而是要表明倡议者的决心和希望或者写出某种建议。

4. 落款

落款的写法和信件基本一样，在右下方写明倡议者单位、集体的名称或个人的姓名，并署上发倡议的日期。

（三）倡议书的写作要求

1. 先进性

倡议的内容要具有一定的先进性。倡议的内容要符合时代精神，与国家的路线方针政策相一致。应选择符合可持续发展和和谐社会要求的，选择广大人民群众比较关心的社会问题提出倡议，使倡议的内容具有一定的时代性与先进性，这样倡议就能有坚实的政策基础与广泛的民意基础，才会具有一定的社会意义，倡议的活动才会取得巨大的成功。

2. 可行性

倡议的内容要具有一定的可行性。倡议书提出的内容与要求，既要具有一定的先进性，又要具有一定的可行性。具有先进性，倡议活动才有一定的社会效果与社会意义；具有可行性，倡议活动的目标才可能完成与达到。人民群众通过自己的努力，可以完成倡议的要求，达到倡议的目标，才会积极地投身到倡议活动中。

3. 鼓动性

倡议书的语言要有一定的鼓动性。为了获得广大群众的广泛响应与支持，倡议书一定要措辞贴切、情感真挚，语言富有激情与鼓动性。只有这样才能感染、感动广大的人民群众，吸引更多的群众参与倡议活动，从而取得较好的社会效果。

诚信考试倡议书

亲爱的同学们：

现已临近期末考试周，期末考试既是一次学习成果的检阅，更是一场道德与诚信的考验。为进一步加强我校学风建设，营造良好的考试氛围，特对大家进行如下倡议。

一、严于律己，诚信立身

作为新时代的大学生要深刻认识诚信对于个人发展、社会进步和民族振兴的重大意义，让诚信成为自己做人行事的根本准则。

二、科学复习，积极备考

正确认识考试的意义和作用，讲求学习方法，注重学习效率，根据学科特点和个人学习情况，确立切合实际的考试目标，制订科学合理的复习计划，劳逸结合、备考充分。

三、固守底线，诚信应考

诚信是道义，更是责任。考试作弊不仅是自我否定、缺乏自信的表现，更是对诚信品质的践踏，是道德信仰的缺失。作为一名当代大学生，遵守考试纪律、诚信应考是应尽的义务。我们不仅需要优异的成绩，更需要高尚的人格。

同学们，让我们积极行动起来，认真备考，诚信应考，用勤奋与汗水完成一份出色的期末考卷，用诚信与坚守交出一份出色的人生答卷。最后，衷心祝愿我院全体同学在期末考试中取得优异成绩！

倡议人：团总支宣传部

×年×月×日

五、慰问信

慰问信在日常生活中的使用范围比较广，使用频率高，是行政机关、企事业单位、社会团体或个人对工作中作出巨大贡献、取得优异成绩或者遭遇天灾人祸、蒙受重大损失的集体或个人，表示安慰、问候、鼓励和关切的专用信体。慰问信能够充分地体现出人与人之间互相激励和帮助的亲密关系，也能够充分体现出组织对个人所给予的关心和温暖，对构建社会主义和谐社会发挥着重要的作用。

（一）慰问信的特点和类型

1. 慰问信的特点

（1）发文的公开性。

慰问对象大多数情况下是单位或某一群体。慰问信一般是以张贴、登报，在电台、电视上播放的形式出现，不但表达对被慰问对象的关切、致意，同时借以引起社会的关心、关注。

（2）情感的沟通性。

无论是对有突出贡献者的慰问还是对遭遇困难者的慰问，情感的沟通是支撑慰问信的一个深层基础。慰问正是通过这种或赞扬表达崇敬之情，或同情表达关切之意的方式，来达成双方的情感交流和相互理解的。

（3）行文的真挚性。

慰问信行文要诚恳、真切，措辞要恰当，切忌空洞乏味，无真情实感。应向对方表示出无限亲切、关怀的感情，使对方有一种温暖如春的感觉；或鼓励慰问对象再接再厉，克服困难，积极向上。

2. 慰问信的类型

从慰问的对象上看，慰问信可分为三种类型。

(1) 鼓励性慰问信。

鼓励性慰问信一般是指对在某个领域、某项工作中取得重大成就、作出突出贡献的单位或个人表示慰劳、激励的慰问信。这类慰问信的写作目的是颂扬先进，以期再接再厉。主要针对那些承担艰巨任务、作出了巨大贡献甚至牺牲，取得了突出成绩的先进个人或集体，赞扬他们的功绩和奉献精神。如致春节期间仍坚守岗位的铁路工人的慰问信，向艰苦拼搏为祖国赢得荣誉的奥运健儿表示慰问，向勇于实现遨游太空梦想的航天英雄表示慰问，向为抗击非典无私奉献的白衣战士表示慰问等。

(2) 安慰性慰问信。

安慰性慰问信是以遭受困难或蒙受损失的集体或个人为对象的慰问信。这类慰问信常常是针对那些由于某种原因（如地震、风雪、暴雨、干旱、虫灾等自然灾害和车祸、战争、飞机失事等人为灾害）而暂时困难或蒙受了巨大损失的集体或个人，对他们表示同情和安慰，鼓励他们战胜暂时的困难，加倍努力，以期尽早地改变现状。表述应侧重于向他们表示关怀和支持，字里行间要洋溢着同志间的深厚感情，要充分体现出组织的关心和温暖，使受慰问者在精神上得到安慰和鼓励，增强克服困难的勇气和继续前进的信心。如《致地震灾区人民的慰问信》等。

(3) 节日性慰问信。

节日性慰问信是指在节日之际以节日为由头对与特定的节日有着某种关联的有关单位或个人表示问候、关怀的慰问信。写作节日性慰问信的侧重点在于问候之中给人凝聚向上的力量，因为节日本身就容易营造一种积极、和谐、快乐的氛围，所以语句、语气应当注意喜悦与激情的交融。如五一劳动节向劳动模范表示节日的慰问，教师节向辛勤的园丁表示节日的慰问，新春佳节向相关范围内的人员表示节日的慰问等，其写作目的是鼓舞士气，以期凝聚人心。一般表示对他们以前工作的肯定和赞扬，并祝福他们在今后的工作、学习、生活中心情舒畅，做出更大的成绩。如《"三八"妇女节致广大妇女的慰问信》《教师节致教职工的慰问信》等。

（二）慰问信的内容

慰问信是一种书信体应用文，同其他书信文体一样，包括标题、称谓、正文、结语、落款几个部分。

1. 标题

标题通常由以下三种方式构成：一是单独由文种名称组成，如《慰问信》；二是由慰问对象和文种名共同组成，如《致参加抗震救灾志愿者的慰问信》；三是由慰问双方和文种名共同组成，如《中华预防医学会致全国奋战在抗击非典型肺炎第一线的各级疾病预防控制中心同志们的慰问信》。也可不用标题，如私人之间尤其是亲朋好友之间的慰问信。标题置于首页上方居中位置，字号稍大。

2. 称谓

称谓是对受信者的称呼，在标题下空一行，顶格写上慰问对象的单位名称或个人姓名，后加冒号。如果是写给个人的，姓名之前可加"敬爱的""尊敬的"等，之后可加

"同志""先生"等，以表示尊重。多个称呼，按有关顺序排列，一行排列不完可提行再排列，提行时仍要顶格，最后加冒号。注意启语简短，独立成段。

3. 正文

另起行、空两格写正文。它一般应包括以下两方面内容。一是发文目的，即写慰问信的原因。应开宗明义，用简洁的话说明写信的原因，交代清楚是代表何人向何集体表示慰问。二是慰问缘由。概括地叙述对方的先进思想，先进事迹，或战胜困难、舍己为人、不怕牺牲的可贵品德和高尚风格；或者简要叙述对方所遭受的困难和损失，以示发信方对此关切的程度。

4. 结语

结语，或是致敬语，或是祝愿语，或是勉励语，可兼而有之。

5. 落款

署名是发信者的签署。单位署名用全称，加盖单位印章；集体署名用泛称；个人署名同于一般书信，署名置于结语下一行右侧。日期是签署之日，年、月、日要齐全，规范书写，置于署名下一行相应位置。

慰问信

××同志：

　　值此新春佳节来临之际，谨向您及家人致以诚挚的慰问！根据公司工会及公司党委"送温暖活动"的指示精神，×××工会对全区广大职工的生活状况进行了调查，了解到您家庭的实际困难。春节前工会将对特困职工进行重点走访慰问，为帮助您及家人过一个欢乐祥和、幸福美满的春节，特地为您送去现金叁仟元以表示慰问。

　　希望您在新的一年里，在公司党委的关怀和工会的帮助下，振奋精神，坚定信心，不断克服面临的暂时困难，力争新的改善，过上幸福美好的新生活！

　　最后，感谢您为×××发展做出的贡献，并祝您身体健康、节日愉快！

　　此致

敬礼！

×××（单位落款）
×年×月×日

项目小结

　　沟通的形式发展十分迅猛，它从单一的文件发展出多种多样的形式，包括报纸、文案、杂志、书籍、信件、报告、板报、标语、电子邮件、传真、手机短信息、电视、电脑屏幕上的文字说明、通知以及标志等。由于书面材料的可复制、可保存、可查阅等特点,在学校和科层制度复杂的正式企业组织中,大量的沟通都依赖于书面沟通。因此本项目着重介绍了大学生在校内和即将走进职场常用的几种文书写作方法。我们必须认识到书面沟通的重要性,了解和掌握基本书面文书的写作规范和写作技巧,对于在沟通中减少误解,达到沟通双方信息交流的预期目的,促成双方沟通的成功具有重要的现实意义。

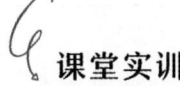
课堂实训

一、思考与讨论

1. 书面沟通的特点和基本原则是什么?
2. 什么是公文文书?公文的种类有哪些?

二、技能训练

1. 下面是一封求职信,阅读后请回答下列问题。

天天物流有限公司:

  上个星期我朋友告诉我,说你们公司要招聘物流客服人员。我是××学校物流专业的毕业生,在校读书时,我的成绩优异,兴趣广泛,喜欢美食和旅游,也主持过学校迎新晚会,是学校礼仪队队长。贵公司离我家只有十分钟路程,非常方便,而且我学的专业和贵公司职务要求也很匹配。不知道贵司是否同意,请立即给我回复。

  此致
敬礼!

×××
×年×月×日

(1) 用语是否得当?应该如何修改?
(2) 结构上有何欠缺?应如何补充?内容是否需要删减?

2. 根据要求,编写相关文书。

拿起你的敲门砖

  假设你自己要去一家你心仪的公司面试,请撰写一封毕业求职信,并设计一份与求职信相匹配的简历。

要求:
(1) 求职信和简历的设计符合你个人的实际情况。

（2）排版整洁、重点突出、文字精练。

演讲尽显我的风采

假设你要参加大学生演讲比赛，可以从环境保护、校园文化、社会热点等方面自拟题目，撰写一篇两分钟左右演讲稿。

要求：突出主题、观点鲜明。

真切的慰问暖人心

×年××市××区突发新冠疫情，医务工作者和志愿者们坚守一线、连续作战、履职尽责，为守护人民群众生命健康作出了突出贡献。请以××市健康委员会的身份撰写一篇慰问信，对他们表示慰问和感激之情。

要求：
（1）按照慰问信的格式书写。
（2）字数在200～300字即可。

项目五 语言沟通

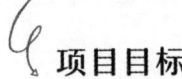

项目目标

【知识掌握】

1. 了解语言表达的基本步骤,并能灵活应用。
2. 了解语言表达的误区,并有效避雷。
3. 学会提高语言表达能力的途径,并加以训练。

【技能要求】

1. 从倾听、提问、反馈等环节掌握有效沟通的技巧。
2. 掌握自我介绍、竞聘、演讲、辩论、答辩等校园常见情景中沟通的方法。
3. 掌握求职面试、会议主持、商务谈判、述职汇报等职场情景中语言使用的技巧。

【素质提升】

1. 正确认识语言沟通的重要意义,善用言辞和语句技巧,从语言上做到成人达己。
2. 在社交过程中,学会换位思考,宽以待人,为营造良好的个人形象奠定基础。

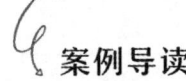

案例导读

被轻视的调解员

王某是一位毕业于法学专业的调解员,毕业后到了律师事务所等机构工作,各类案件经历丰富,如今已工作有十个年头,经验不少,能力也不差。可是王某经常跟朋友自嘲长相稚嫩,以至于在处理案件或调解人际纠纷时受到质疑,甚至有一次,他听到有待调解的当事人小声议论他,说他"嘴上没毛,办事不牢",王某当时真想"怼"回去,可是他忍住了。

思考与讨论:

(1) 王某的困惑究竟是什么?
(2) 如果你是他,你会怎么做?

任务一　语言沟通概述

一、语言表达的能力要求

对于较正式的沟通，如果能事先做好整体的考虑，就会使双方在沟通过程中做到心中有数，有章可循，也会使沟通更有效。有效的人际沟通一般需要考虑以下几个基本步骤。

（一）做好沟通前的准备工作

为了提高沟通效率，在与别人沟通之前，一定要有确定的目标，即希望通过这次沟通达成什么样的目的，这样在沟通中才能真正做到有的放矢。根据沟通的对象和内容，对沟通的时间、地点、方式及沟通中可能遇到的各种情况做好计划和安排，即怎么与别人沟通、说什么内容、怎么说、先说什么、后说什么等，对情况的态势进行分析。要明确双方的优势和劣势，设定一个合理的、大家都能够接受的目标。

（二）确认对方的需求

1. 高效提问

在沟通过程中，要想了解对方的需求及目标，就必须进行提问。提问常用的方式有封闭式提问和开放式提问两种。

封闭式提问限定了沟通对象的答案，即对方只能在有限的答案中进行选择，例如"您今天有时间吗？""您了解产品的相关信息吗？"对于这些问题，对方通常只能回答"有"或"没有"、"是"或"不是"、"对"或"错"等。

开放式提问不限制沟通对象的答案，而完全让对方根据自己的认识，围绕谈话主题自由发挥。通常，开放式提问包括以下疑问词以及典型问法。

（1）"怎（么）样"或者"如何"，典型问法："通常这些问题都是怎样（如何）解决的？""我们如何做，您才能满意呢？"

（2）"为什么……"，典型问法："为什么我们现在会面临如此严重的问题？""为什么您会对这座城市情有独钟？"

（3）"什么……"，典型问法："您有什么困难需要帮助吗？""如果采纳了这项建议，对您的工作会造成什么影响？"

谈判情境中，如何利用提问，让己方占领优势地位

2. 积极倾听

倾听就是借助于听觉器官接收语言信息，进而通过思维活动达到认知、理解的全过程。"听"的繁体字是"聽"，经过拆分，可以看到它包括了"耳""王""目""心"四个

字,有人这样解释:"耳"字,意为要用耳朵去听;"王"字,意为要把说话的那个人当成是"帝王"来对待;"目"字,意为听时要看着别人的眼睛,还要通过眼睛观察对方的非言语信息表达;"心"字,意为要用"心"去倾听,才能够心领神会。从"听"字的繁体结构中可以看出,倾听时不仅要用"耳朵",还要用"心"和"眼睛",更重要的是要把你对面的那个人当成是帝王,充分地去尊重他,也就是清楚别人在讲什么,而且要给予别人好的感觉,必须心耳并用,既要听内容,又要"听"情感。

按照影响倾听效率的行为特征,可以把倾听分为五个层次。

(1) 听而不闻。听而不闻就如同把别人的话当耳边风,完全没听进去。听而不闻往往能够通过肢体语言表现出来,比如一心二用、心不在焉或东张西望。这会让对方感到自己不受重视,从而没有兴趣继续讲下去。

(2) 敷衍了事。敷衍了事的表现是略有反应,用"嗯……""喔……""好好……""哎……"等回答,其实是心不在焉的应付。其肢体语言表现为表情呆滞,或被动地盯着讲话者,好似电视观众,这样也会使讲话者无法继续下去。

(3) 有选择地听。有选择地听是指倾听者完全没有留意说话人所说的话,假装在听,其实是在考虑其他毫无关联的事,或内心想着如何辩驳;或者是倾听者只听符合自己意见的内容,与自己意见不符的一概自动过滤掉。

同情心、同理心、同理圈

(4) 专注地倾听。专注地倾听是指倾听者排除一切干扰,全神贯注地聆听。其肢体语言表达出附和的声音,并复述对方的话,这能使讲话者知道听者是在跟随着他讲话的思路在听。

(5) 带着同理心倾听。出发点是"理解"而非"反应",也就是通过交流去理解别人的观念和感受。这样的倾听者会暂时放下自己个人的喜好,站在对方的角度,不急于做出判断,而是感同身受地试着理解对方的情感。他们不仅能做到"耳到",而且还能做到"口到"(声调)、"手到"(用肢体表达)、"眼到"(观察肢体动作)、"心到"(用心灵体会)。

3. 及时确认

在沟通过程中,一定要确认关键环节,并对重要事项进行书面记录,对重要信息特别是涉及对方的需求、时间、地点、人物等内容进行及时确认。这利用到确认重要信息的一个很关键的原则就是 KISS 原则(keep it simple, stupid,又称"懒人原则")。KISS 原则的原意是指应当注重简约的原则——即"简单明了、通俗易懂"——尽量避免在同非专业人士沟通的时候使用专业术语,而要使用沟通对象听得懂、易理解的语言和方式。

(三) 准确阐述自己的观点

准确阐述自己的观点就是要把自己的观点很好地表达给对方,即当我们的意思表达完后,对方能够明白、理解和接受,这一点非常重要。那么在表达观点的时候,怎样才能很好地让对方明白、理解和接受呢?这不但要求说得全面、清楚,而且还要求说的艺术。这里用到表达观点的一个很重要的原则就是 FAB 原则,即 feature(属性)、advantage(作用)和 benefit(益处)。在阐述观点时,按照 FAB 原则要求的顺序来表述,对方会更容易听懂,也更容易接受。在具体运用时,可以按照以下思路进行阐述:因为……(属性),

所以……（作用），这意味着……（客户得到的益处）。

销售员小王的工作是向客户推销纯棉衬衫，如果他按照FAB原则要求的顺序给客户介绍纯棉衬衫，则步骤如下。

第一步，介绍纯棉衬衫的属性——"这件衬衫是100%棉的"。

第二步，介绍纯棉衬衫的作用——"非常透气、吸汗"。

第三步，介绍纯棉衬衫的益处——"夏天穿能保持皮肤干燥，非常舒适"。

（四）恰当地处理双方的异议

在沟通中，很可能会遇到对方有不同的观点，即异议。在遇到异议时要先研究产生的原因，然后再对症下药，根据不同的情况采取不同的处理方法。

1. 忽视法

有些人习惯于提出反对意见，即"为了反对而反对"或"只是想表现自己的看法高人一等"，其真实性目的并不是想要获得问题的解决办法或对问题进行讨论。这时只要满足他表达的欲望就可以，然后采用忽视法，点头（表示"同意"或"听了你的话"）微笑，并说"你真幽默！""嗯！高见！"等迅速引开话题。

2. 柔道法

柔道法就是类似借力打力的方法，是用对方的观点来说服对方，而不是强行说服对方。在沟通中遇到异议之后，首先要了解对方的某些观点，然后当对方说出一个对你有利的观点的时候，再用这个观点去说服对方。

当你想邀请朋友出去玩，朋友推托心情不好而不想去，你可以说："就是心情不好，所以才需要出去散散心！"你向朋友推荐某套服装，对方说："我这种身材穿什么都不好看。"你可以说："身材不好才更加需要用精心设计的服装来修饰啊！"这样用对方的观点来说服对方往往能使对方无法找到托词或借口，说服效果比较好。

3. "是的……如果"法

当自己的意见被别人直接反驳时，不管有没有道理，内心都会产生不快、反感，甚至可能恼羞成怒，因此，一般情况下，在表达不同意见时，最好不要开门见山地提出反对意见，尽量利用"是的……如果"的句式，软化异议的语气。

"我想做豆浆，买料理机行吗？""可以，但是如果是豆浆机的话会更好用。用豆浆机做豆浆更快，不管是干豆还是浸泡好的湿豆都可以，20分钟就好了！还可以做果汁，一机多用。"

4. 直接反驳法

面对异议一般的原则是不要直接反驳，但当对方的异议不符合事实、引用的证据或资料不正确,甚至对企业的服务、诚信有所怀疑时,必须直接反驳以纠正对方的错误观点。如果对方引用的资料不正确,你能以正确的资料佐证自己的说法,对方会更容易接受,并且对你更信任。

> 客户:"这个房子的公摊面积占总面积的比率比一般的房子要高出不少。"
> 销售人员:"您大概有所误解,这次推出的花园洋房,公摊面积只占总面积的18.2%,一般高层住宅的公摊面积平均通常达19%,我们要比平均数少了0.8%呢。"

使用直接反驳法时,需要在遣词方面特别留意,态度要诚恳,本着对事不对人的原则,切勿伤害对方的自尊心。

(五)达成一致协议

当双方消除分歧之后,下一个步骤自然是迅速达成协议。至此,沟通的主要障碍已经完全消除,只需双方最后确认已经达成一致的意见,并将其以正式协议的形式确定下来即可。只有形成了协议,才算完成了一次沟通。

在实际工作中,一切说明、展示及解决异议等都只是达到最终目的的辅助手段,其最终目的是达成一致协议。在达成协议时,要对在沟通过程中表现突出的人予以表扬,同时也要对这次成功的沟通表示祝贺。若双方沟通失败,最终没能达成协议,不仅会对双方造成人力、财力等方面的损失,还会带来对对方的误解,甚至产生矛盾。

(六)快速推动履约

达成协议是沟通的一个胜利成果。但在实际工作中,任何沟通的成果都同时意味一项新的实施性工作的开始,双方要共同履行协议中约定的义务。如果一方违约,必定会失信于对方,那么以后的沟通就会变得非常困难。因此有效履约才是协议真正落实的表现。那么,如何推动有效履约呢?我们可以从以下三个方面着手。

1. 对外公开,让对方公开地予以承诺

什么叫公开?不一定是登报,就是把所达成的协议,让双方可信的第三方也知道。通常我们会在一些重大的外交场合,看到两个国家如果达成重大共识的时候会举行隆重的庆典,双方的商务代表会高高举起他们的酒杯碰杯,甚至这个过程会被电视直播,他们想要全世界都知道他们的谈判获得成功。为什么这样做?如此举措诚然有典礼和庆祝的意味,但同样重要的是让双方产生压力,因为这件事情已经被公众知晓,而"我们"有责任去履约。

> 现代人不怎么喜欢婚礼,认为婚礼基本上是一个大型的集市活动,各种夸张的、喧闹的,甚至不可理喻的桥段会在其中发生。但婚礼也有一个特殊的功能,就是双方如果喜结连理,要成为终身伴侣,举办婚礼其实是让这样的一个契约被更多人知晓。所以在西方的婚礼上,牧师会问:"乔治,你愿意娶玛丽吗?""玛丽,你愿意嫁给乔治吗?"在双方亲友的见证下,完成对对方生命的许诺,这样

的承诺,将更不容易违约。你想一想,盛大的婚宴其实给了丈夫与妻子更大的压力。在未来他们想要一拍两散的时候,会想到自己曾经做过如此隆重的承诺,将更有可能履约。

2. 开始执行,执行承诺中的一部分

任何一个协议已经签订完,如果这个完成的时刻针对某个细节或某个局部开始执行,哪怕就执行一点点,这样的合约将更有可能被完整履约。

如果你去过美发店就会发现,美发店的销售会不断推荐你办会员卡或折扣卡。这个时候,他往往会跟你说:"女士,我们的会员折扣卡截止到本周末,今天你来了,不妨交 300 块的押金,我把这个名额为你留住。"你或许担心,你会说,将来自己并不一定需要这样的优惠服务。销售人员会很体贴地说:"那没有关系,你交了这个钱如果最后你觉得不需要这项优惠的话,活动开始之前你可以随时过来,我们把 300 块退给您;如果后面您需要这项优惠服务,只需要补齐剩下的部分金额就可以了。"所以这不是法律意义上的押金,这实际上是你提前交纳的一部分费用。销售为什么要这样做?因为如果你在今天已经开始执行约定,哪怕履行的是你承诺的一个小小的局部,你在未来将更有可能完整地履约。

3. 积极讨论,共同商讨风险和方案

在签订合约达成共识的同时,协议双方如果能对未来可能出现的问题和风险进行一番讨论,这样的合约将更可能被履行。

比如,可以有针对性地讨论未来可能出现的障碍与意外:我们交货的过程中,会不会出现什么突发的问题呢?这些问题如果出现了,我们应该如何处理呢?怎么解决呢?如果解决不了,是什么样的原因让我们解决不了呢?如果解决不了,下一步应该怎么办呢?出现了问题,我们应该如何沟通呢?有什么代价呢?会导致什么责任呢?……这个过程本身就是在积极暗示一种履约行为,这种未雨绸缪的准备,会让双方更容易履约。

二、语言表达的误区

(一)君子言贵,沉默是金

人类文明发展了几千年,向来对"沉默"这一语言形态所能发挥的力量和意义有诸多赞誉。哲学家说沉默是一种成熟;思想家说沉默是一种美德;教育家说沉默是一种智慧;艺术家说沉默是一种魅力;科学家说沉默是一种发明。

实践也证明，在人际交往当中，沉默是一种难得的心理素质和可贵的处世之道，因此"沉默是金"便成为人们生活中一个不言而喻的真理。但也正如人们所言："真理往前一步就是谬误。"恪守沉默或者信奉沉默的人在享受沉默的正面力量时，也在无形中承受着沉默的反作用力。鲁迅说："不在沉默中爆发，就在沉默中灭亡。"生活已经教会我们用辩证的观点来看这个世界，那么面对沉默，我们是否应该考虑一下自身和周围的环境再进行选择呢？回答应该是肯定的。原因很简单，一个人一味沉默，别人便无法了解他，他当然也无法与外界正常沟通，变成了孤家寡人，生活自然失去滋味，他的世界也会因此变得越来越小。因此，沉默不是不说话或不想说话、不屑说话，而是一种境界，需要各方面因素的配合，才会具有金子般的价值。总而言之，如果说不沉默需要说话的艺术，那么沉默则更需要说话的艺术。所以，我们应慎重地对待沉默。

（二）一团和气，随声附和

每个人讲话都有其独特的方式，无论是其语言还是手势，都具有个人色彩。如欧美人擅长以夸张的动作表现自己内心的感受；东方人则比较含蓄、内敛，不会轻易把自己内心的感受一五一十地说出来。很多人都有一个共同的特点，即随声附和，只不过有的轻、有的重、有的隐、有的显而已。随声附和虽在多数情况下表达着一种善意的成全，却不能表现出独立的人格与见解，且很容易让人觉得虚假。一个喜欢用极端的形容词来强调自己想法或意见的人，是很少以附和的口吻来表示自己看法的。

许多人在交谈时常使用类似"我同意……但是我认为……"的习惯用语。其实在与朋友的交谈中，朋友想要听的是你个人的看法，而不只是你附和的回答。要让自己成为更独特的人就必须与一般人有所区别，尽量地表现出自己的看法。因此，不妨多应用些特殊或有个性的例子来表达自己的想法，不要总是附和别人的想法。即使遇到让你左右为难的问题或场面，用一些模糊语言回答也比随声附和要好。

（三）不苟言笑，板着面孔说话

在人际交往中，与别人谈话，无论双方意见或说法是否一致，都不能板着面孔，这是对双方交谈的一种不尊重，会招致对方的反感，谈话可能会不欢而散。在人际沟通中，与我们交往的人无非有两种：一种是熟悉的人，如亲人、朋友和同事；另一种是陌生人。和熟悉的人谈话，略微随意或许还可以得到理解和谅解；而和陌生人谈话，第一印象是非常重要的，它的好坏直接关系到谈话的结果，只有给别人一个好印象，才能顺利进行下一步交谈，甚至发展成良好的关系，取得交际的成功。

不同的言谈神态会引起对方不同的对待和回应。俗话说："人都是有感情的动物。"你尊重别人、热情待人，谁又会驳你的面子呢？与人交谈时一定要开朗、热情、主动，因为我们不是受到什么强迫才接近谁、喜欢谁，也不是因为这个人出类拔萃、有成就或有名气才去接近或喜欢这个人。亲切的话语和温暖的微笑能拉近人与人心理的距离。相反，整天摆着一副冷冰冰的面孔，无论对什么人都是无益的。

（四）自称"直脾气"而随意讲话

我们在与他人的交往中，常常会听到这样的话："我这人是个直脾气，说错了你别见怪。"乍一听挺真诚，其实仔细推敲起来，这句话不免包含了另外一种意思，即给自己说错话或可能说错话开脱。那么既然有开脱之嫌，时间一长，难免会被听者窥破。这样一来，即使你当时确实是出于真心，也还是会被对方误解，从而产生芥蒂。

因此，我们在日常谈话中，有时因为环境、氛围、心理等因素，有些话不便直接说出来，需要用婉转的语言来表达，这样就可以避免给对方造成不良刺激，破坏谈话的情绪。委婉和含蓄是紧密相连的，它并非花言巧语、含糊其词，既不是为了哗众取宠，耍什么花招，也不是语言不清，态度不诚恳，不让人弄明白意思。它一种富于智慧、独具魅力的表达技巧，是为某种需要而采用的办法。

案例聚焦

鲁迅赠书

鲁迅有一个叫川岛的日本学生，由于谈恋爱浪费了很多时间，鲁迅为了提醒他，在送他的书上写道："请你从'情人的拥抱'里，暂时伸出一只手来，接受这枯燥无味的《中国小说史略》……"鲁迅的赠言是含蓄的批评、幽默的提醒，不露声色而又意味深长。看到这样的赠言，他的学生必然会在一笑之余陷入深思和反省。

（五）只顾自我表现，对他人视而不见

人际交往中的说话，与站在教室讲台上讲课或是站在演讲台上演说有很大的不同，讲课和演说，只有一个人在说话，别人不能插嘴。而社交中的说话，彼此处于对等的地位，如果在这种谈话中，你一直滔滔不绝，那对方就没有说话的机会，完全是你说别人听了。这样你肯定不会受人欢迎，甚至会被别人疏远。如果一个商店的售货员，拼命地夸赞他的商品有多好，而不给顾客说话的机会，就很难做成这位顾客的生意。因为顾客面对他巧舌如簧、天花乱坠的介绍，顶多只把他看作一个"生意精"，很难因此购买他介绍的商品。所以，只有给顾客留有说话的余地，使顾客对商品有询问或批评的机会，双方有问有答才有可能做成生意。

我们如果能够给别人说话的机会，也就给别人留下了一个好印象，在接下来的交谈中才会更加顺利。

（六）好胜心强，喜欢与人争论

人际关系专家告诉我们：绝大部分的争论，都会使双方比以前更加坚持自己的立场和

观点。在争论中没有赢家。不管你是否在争论中占了上风，本质上你都输了。就算你在争论中把别人驳得体无完肤、一无是处，又能怎样？你可能会暂时高兴，但对方因自尊心受到了伤害，会对你产生怨恨的心理，并不会对你真正地心服口服。

因此，我们在做人做事时，要避免与他人发生争论。就像睿智的本杰明·富兰克林所说："假如你总是争论、辩驳，或许你偶尔能赢！可这种胜利是毫无价值的，因为对方内心的好感你是永远得不到的。"如果不能赢得对方内心的好感，那我们的争论是否也失去了某种意义呢？难道我们用尽脑筋、费尽口舌，就是为了要得到那种语言上、表面上的胜利吗？在争论中，有可能你是有理的，但如果你想凭争论来说服对方改变他的意见，那你就错了。

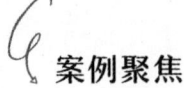

案例聚焦

谁赢了？

小王和小李是一对关系不错的朋友，小王的性格非常固执，无论犯了什么错误，也绝不肯认错。有一天，他们两人正在闲谈，无意中谈到一种叫砒霜的毒药，小王偏说没毒，认为有时吃了还可以滋补身体。小李觉得不对，认定砒霜就是一种毒药。小王见小李反对自己，想方设法为自己的观点辩解。他说医治某病的药"九一四"中就含有砒霜，但是注射到人的血管中去，人并不会中毒而死。还说一到冬天，乞丐露宿街头，无法抵御寒冷，靠吃砒霜来御寒。小李觉得小王说的只是偶然的现象，不足为据，更不能以此就判定砒霜没毒，因此仍然坚持自己的观点。结果，小王见小李始终不承认自己是对的，为证明自己没错，便想当场吃下砒霜进行试验，小李听后深恐小王举措，生怕其真的服下砒霜中毒而亡，所以小李竭力劝小王无论如何不能冒险。然而，小王为维护自尊心，最后还是吃下了砒霜，最终中毒而亡。小王死后，小李非常悔恨，心想当时如果自己不和小王争辩，小王就不会死。他认为，小王的死完全是自己造成的，于是整日闷闷不乐，从此一病不起。

上则故事或许有些夸张，但事实上，在我们身边，由无谓的争论而导致的悲剧每天都在上演，只是轻重不一、程度不同而已。在人际沟通中，避免无谓的争论是有百利而无一害的。

（七）语言冗长，长话不会短说

抓住要点，长话短说，是赢得听者喜爱的一件法宝，也是说话的一种谋略。当然，长话短说必须针对特定的对象，假如对方跟你并不是很熟悉，而你一上来就直奔主题，势必让人感觉唐突，其效果可想而知。一般来说，针对那些跟自己关系比较熟悉的人，或者是在一些比较正式的场合,如商业谈判、作报告、演讲等,如果我们在讲话时能够做到抓住要点、一针见血,就会很快地吸引听者,使他们迅速地进入状态。而一味长篇大论,则会显得冗长啰唆,让人昏昏欲睡,不得要领。

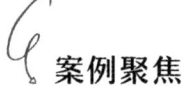
案例聚焦

一句话的开幕词

  德国著名诗人和戏剧家贝托尔特·布莱希特讨厌那些冗长单调而又没有多大效果的会议。一次,有人请他参加一个作家的聚会,并让他致开幕词。布莱希特公务缠身,不想参加,便委婉地拒绝了。但主办人并不罢休,他们想尽一切办法,直至布莱希特无可奈何地答应为止。开会那天布莱希特准时到会,悄悄地坐在最后一排。主办人看到后,把他请到了主席台就座。一开始,主办人讲了一通很长却没有什么实际内容的贺词,向到会者表示欢迎,然后,高声激动地宣布:"现在,有请布莱希特先生为我们这次大会致开幕词!"布莱希特站了起来,快步走到演讲的桌子前。此时,到会的记者们赶紧掏出笔和小本子,照相机也"咔嚓咔嚓"响个不停。不过,布莱希特却让某些人失望了,他只讲了一句话:"我宣布,会议现在开始!"由此可见,我们必须学会长话短说,最重要的就是说出我们要谈论的主题,其余的客套话尽量少说或不说,这样听者才不会感到厌烦,才能收到较好的交流效果。

三、语言表达能力的提高方法

(一)有效发送信息

  在沟通过程中,需要不断地发送和接受信息。这里的信息不仅包括一般意义上的信息,还包括思想和情感等信息。在发送信息的时候需要掌握以下技巧。

  1. 明确信息的接收对象

  沟通前,首先要明确与谁沟通会最有效果、最容易解决问题、最有效率。例如在推销产品时,首先要了解谁是负责采购的关键决策者,从而将其作为重点的公关对象。另外,信息接收者的个性、性别、年龄、文化层次和背景不同,其要求或需要解决的问题也会有所不同。为此应该采用不同的方法进行沟通,从而提高沟通的有效性。

  2. 确定恰当的发送内容

  初次交往的成败,往往取决于能否突破人与人之间的隔膜。因此,交往时的第一句话,便不是可有可无的寒暄,谈话内容是否具有吸引力、是否能引起对方的兴趣是沟通能否得以顺利进行的关键。我们要了解那些开场常用话题,做到抛砖引玉,使自己和他人在互动中引出更多的话题,从而打开沟通的局面。以下两类话题都可以作为开场常用话题:一类是聊时事、新闻等热门话题,可以从每天的微博、微信朋友圈上的热点话题中选取;另一类是聊天气、交通等当时当地的情况,这样的话题往往能轻松打开双方话匣。

3. 选择合适的信息传递时机

孔子在《论语·季氏》里说:"言未及之而言谓之躁,言及之而不言谓之隐,未见颜色而言谓之瞽。"这句话有三层意思:一是不该说话的时候说了,叫作急躁;二是该说话的时候却不说,叫作隐瞒;三是不看对方的脸色变化,贸然信口开河叫盲目说瞎话。

对于说话人而言,要想达到预期的目的,取得好的效果,不仅要选择符合时代背景、与彼时彼地的情景相适应的说话内容,还要巧妙地把握说话时机。如果该说的时候不说,就会因此错失良机。同样地,如果不顾听者的心情,不注意当时所处的环境和氛围,在不该说话的时候却抢着说,则很可能会引起对方的误解甚至反感。

此外,还要注意控制沟通时间的长短,时间过长容易造成双方沟通疲劳,使对方不能及时消化信息内容;时间过短则易造成沟通不充分,难以达到沟通的预期目标。

4. 批评的话什么时候说更合适

清晨,恰如一年中的春天,更宜以微笑和鼓励相赠,而不适合埋怨和批评,否则难免会影响对方一整天的精神状态。

上午,一般人们都在全力以赴地学习、工作,此时如果对其进行批评,难免会让对方情绪低落,影响学习、工作的动力和信心。

午后,人们精力不如上午集中,学习、工作效率一般不如上午,如果此时选择合适的语言、方式和环境对犯错者批评指正,也许能点醒他,促其改正。

晚上,人们正准备休息,这时如果批评对方,容易让对方难以入睡,也可能睡后噩梦连连、忧思过度,还可能伤了脾胃。

当然,上述说法有些绝对,如果想让被批评者心甘情愿地改正错误,就一定要考虑好时间、语言、方式和环境等因素。

(二)巧妙引入话题

1. 学会找话题

(1)话题从何而来?可以从所处环境周围的道具上寻找,如今天天气不错,适合外出活动;可以从这个人的身上找话题,如你今天的发型特别漂亮,非常适合你;还可以从那时那刻的状态中去找话题,如今天大家状态不错嘛,中午聚个工作餐如何?

(2)如何积累话题素材?可以在闲暇时准备一些真实的故事或事件素材,理清描述思路,带引话题;可以是你们双方的共同点挖掘的故事,并生动地表达或描述出来;可以是关于你自己的故事,比如谈内心感受,或者过往的趣事;还可以准备一个关于"吃"的故事,可以说是万能话题,没有任何人是可以避开"吃"这件事的。

（3）常用话题：一是全民关注的热点新闻；二是有趣的风土人情故事；三是兴趣爱好，如旅游、电影、综艺等。尽量不要聊自己个人相对隐私的话题，容易将自己的隐私暴露人前，使自己显得被动或不堪。

2. 懂得把握对话节奏

（1）了解交谈的正确节奏。通常是"说—问—说"这样的三部曲。每次提出问题的前一步和后一步，都要有些自我陈述；第一步的自我陈述，是让对方感受到你的真诚，放下戒备，参与话题；第三步的自我陈述，是给对话提供退路，或者转接到更有意义的话题中。

（2）学会基本问答技巧。尽可能使用开放式提问的方式，问出一个让对方能自由发挥的问题；当自己作为回答方时，尽可能做到对方一问，己方二答，给予对方更多的信息，引导话题继续或深入；整个对话还应保持认真倾听的状态，适时从对话中找出有用信息，进行话题内容的扩展。

（3）适时推进话题深度。尤其在聊到对方特别精通的领域时，可以以诚心请教的态度深化话题内容，挖掘更多有价值的信息。

3. 冷场时善于救场

（1）另起炉灶，引入新话题，同时要尽可能让新话题能一定程度"续航"。

（2）正反回应，引入更多相关信息。比如，正面回应："我也有同感。"反面回应："作为文科生的我，觉得你们这行很高深啊，不过我倒是很感兴趣的，觉得特别有意思。"

冷场时救场

（3）扮演苏格拉底，让原对话或话题有所升华。比如，直接问："为什么呢？""啊？那意思是不是……？""我不大明白你的意思，可以再解释下吗？"

任务二　校内社交常用语言沟通情境

一、自我介绍

巧妙得体的自我介绍，可以为双方进一步交往奠定基础，也可以显示一个人良好的交际风度。自我介绍可以在许多场合进行，如新学期开学时、新的班级里、社团活动中，甚至校园的任何角落等。

（一）自我介绍的基本程序和技巧

（1）先向对方点头致意，得到回应后再向对方介绍自己。

（2）自我介绍时，可以掌心向内，右手轻按左胸，但不能用拇指指向自己；表情要自然、亲切，注视对方，举止庄重、大方，神态镇定而充满自信，表现出渴望认识对方的热情。

（3）做自我介绍时，要注意把握时机，如初次见面的时机或对方有兴趣的时机。

（4）自我介绍的内容要繁简适度，态度谦虚，注意礼节。

（5）自我介绍时长一般以半分钟为宜，即使情况特殊也不宜超过2分钟。如对方表现出有认识自己的愿望，则可在报出本人姓名、专业班级、爱好的基础上，再简略地介绍下自己的家乡或其他个人特别之处。

（6）自我介绍要实事求是，既不能把自己拔得过高，也不必贬低自己。

（7）介绍用语要留有余地，不宜用"最""特别""第一"等表示极端的词语。

（8）如果我们想结识某人，就可以采取主动的自我介绍方式，例如："你好！我叫子豪，见到你很高兴。"以引起对方的回应。也可以采取被动的自我介绍方式，先婉转地询问对方："同学你好！请问我该怎样称呼你呢？"待对方做完自我介绍后再顺势介绍自己。

总之，自我介绍须表现得诚实和坦率，使对方愿意同你结识。

（二）居中介绍时的沟通

居中介绍即为他人做介绍，就是介绍者把一个人引见给其他人相识的沟通过程。善于为他人做介绍，可以使我们在朋友中具有更高的威信和影响力。充当居中介绍人员者，一般是与被介绍的双方都相识的人。

1. 介绍顺序

（1）居中介绍时，介绍者处于双方当事人之间。因此，介绍者在介绍之前必须先了解被介绍双方各自的身份及双方有无相识的愿望，或衡量一下有无为双方介绍的必要，然后再择机行事。

（2）介绍的先后顺序。同学之间的介绍属平级介绍，可以以当时情况而定，介绍同性同学相识时，可从任意一方开始；介绍异性同学相识时，应先将男生介绍给女生。若涉及师生之间、长晚辈之间的介绍，应先将年轻者介绍给年长者，介绍的顺序要坚持"受到特别尊重的一方有了解对方的优先权"的原则，这种介绍顺序的共同特点是"尊者居后"，以表示对"后来居上"的尊敬之意。

2. 介绍人的神态与手势

居中介绍者在为他人做介绍时，态度要热情友好，语言要清晰明快。做介绍时，介绍者应起立，行至被介绍人之间，在介绍一方时，应微笑着用自己的视线把另一方的注意力引导过来。正确姿势是抬起前臂，五指并拢伸直，手掌向上倾斜，指向被介绍者，但介绍人不能用手拍被介绍人的肩、胳膊和背等部位，更不能用食指或拇指指向被介绍的任何一方。

3. 介绍人的陈述

介绍人在做介绍时要先向双方打招呼，使双方有思想准备。介绍人的介绍语须简明扼要，分寸恰当，使用敬词；一般不介绍私人生活方面的情况等。

4. 对介绍的应答

一旦被介绍给他人，我们即应做出应答：一是如果坐着应起立，如不能起立，也应欠身表示；二是注视对方，面露微笑，以示对对方的尊重；三是挥手示意，这是对他人尊重的表示，也是互相致意和问候的一种方式；四是向对方打招呼，重复对方的名字。

（三）几种场合的自我介绍内容

1. 面试中，如何进行自我介绍

（1）时间宜短不宜长。面试时的自我介绍不要超过两分钟，因为面试官在借此考察你的逻辑思维和沟通表达能力。时间太长，他会怀疑你的理解能力、归纳总结能力和时间观念有问题。2~3分钟，一般语速可以说350~450字。

（2）基本情况简洁明了。用一句话介绍清楚姓名、毕业院校、所学专业，以及应聘岗位就足够了。比如"各位面试官好！我叫马奔，毕业于北京大学中文专业，我应聘的是内容总监岗位。"要注意下，如果名字中有生僻字，需要稍微进行说明，要给面试官一个方便好记的称呼。比如"各位面试官好，我叫黄漪，水面泛起涟漪的漪，您叫我小黄就行。"面试官马上就对你有了掌控感，有了掌控感，才更容易信任你。

（3）应聘原因清晰，意愿强烈。应聘原因通常比较安全有效的说法是"符合自身职业规划"，具体可以这样说："这个职位所能提供的发展平台，与我个人的职业规划高度匹配。同时，我也非常认可贵司的企业文化，希望有机会可以加入如此有战斗力的团队。"

（4）在有富余时间的情况下，可以再介绍1~2项个人爱好，但要注意，爱好一定要和职位有关。比如你应聘的是高端客户关系维护岗，你就可以介绍你业余时间喜欢打高尔夫球；如果你应聘的是自媒体内容岗，你就可以说喜欢读书、写文章，还运营自己的公众号。

（5）自我介绍中的所有内容，如果没有准备，就不要在话题中埋伏笔或埋话题引子，以免面试官深入询问时，应对不当。

（6）结束语礼貌而专业。可以说："因为时间关系，这是我简单的自我介绍。如果您对我的哪段经历想了解得更多，我可以就细节回答您的问题。谢谢您！"

（7）面试时的自我介绍可以准备两份，一份5分钟，一份1~2分钟，以防面试官让你做一个稍长的介绍。

2. 新入职，如何在周例会上做自我介绍

（1）清楚用意。入职之后，要明白周围都是将长期相处的同事，所以此刻的自我介绍目的不是"营销自己"，更不是"让别人觉得自己很厉害"，而是向大家展现一个真诚的你。

（2）提前准备。即使已经成功入围，被心仪的单位录用了，但依然要认真对待给同事们的自我介绍，正所谓有备无患。可以提前写好稿子，请身边熟悉的前辈帮忙，讲给他们听，让他们给反馈，以此优化自我介绍的内容。

（3）不要盲目罗列，要描述个人特质。介绍的内容要有特点或记忆点，可以以打造人设的方式来树立个人形象，给同事们留下一个深刻的第一印象。但不可浮夸，不可张扬，不可恶意搞笑或搞怪。

（4）语气要谦虚沉稳。新人最忌自大，即使你真的很优秀，也不要骄傲自满地显得自己高人一等。记住，在座的都是你的前辈，他们都是可以让你学习的人。把自己的姿态放低一些，别人会更愿意帮助你。

（5）表达对工作充满了热忱，对未来充满了期待，这是领导很希望看到的。但要真实，不要假大空，可以说说你真正喜欢这个岗位或者这个单位的一些细小原因，细节是最容易打动人的。

（6）展示健康的习惯或健康的爱好，如阅读、写作、运动、冥想，这会让人更愿意和你做朋友。如果没有这些爱好，也不要捏造，从现在开始养成就好。

（7）整个介绍内容逻辑要清晰，由表及里，由浅入深。也不要一味背稿，要留意听众的反应，可以增加一些眼神的交流和互动，适当时还可以加一点即兴发挥，效果会更好。

3. 社交场合，如何用自我介绍做人际链接

社交场合中的自我介绍，除了介绍本身，还隐藏着一个诉求，就是希望对方听过你的介绍之后，愿意跟你产生下一步的链接，也就是建立一段新的人际关系。

（1）引起听众关注。需要提前或现场快速挖掘出一些可能跟听众产生共同链接的点，会让听众更容易记住你。

（2）自我价值暴露。你越有价值，听众就更愿意和你链接。比如在自我介绍中表明自己是某方面的行家或专家，可以给某些听众提供一些重要信息或者链接。

（3）体现正向能量。人在发光时，会有两种情况：一是在描述自己内心的真实想法、感受或有趣的经历时；二是在描述自己真正喜欢或擅长的事物时。那种充满激情的状态，很容易使现场产生共振，让听众印象更加深刻。

（4）善用肢体语言，用笑容表达善意，用眼神表达关注，用得体的手语表现放松和包容的状态。任何人都愿意结交为人友善的人。

（5）在自我介绍结束之后，可以主动与想要链接的对象进行单独交流，礼貌地索要联络方式，进一步跟进。

（6）进一步跟进的时候，可以说："很高兴昨天在鸡尾酒会上见到您（或认识您），我们谈的……内容我非常感兴趣，希望还有再跟您见面的机会。"如果想更快速建立深入的链接，还可以直接说明情况："我很希望近期能邀请您共进午餐，针对……这个话题咱们可不可以再进一步聊一下。"

二、干部竞聘

竞聘演讲又称竞职演讲，是为了得到某一职位而进行的演讲。通过竞聘演讲，竞聘者

可以全面地展现自己的基本情况和素质,向观众营销自己。所以,竞聘演讲是竞聘者能否被聘用的重要依据。

(一)竞聘演讲的特点

作为演讲的一种类型,竞聘演讲具有口语性、时限性、临场性和交流性等演讲的一般特征,但由于它是针对某一竞争目标而进行的,所以也具有以下特点。

1. 目标的明确性

目标的明确性是竞聘演讲与其他演讲最主要的区别。一方面,竞聘者一上台就要鲜明地表明自己的竞聘目标,如厂长、秘书、经理等;另一方面,竞聘者选用的一切材料和运用的一切方法都是为了让观众投自己一票,从而使自己竞聘成功。其他类型的演讲则不同,不论是命题演讲,还是即兴演讲,尽管都有目的,但目标有一定的模糊性和概括性,都不太具体。

2. 内容的竞争性

在其他类型的演讲中,内容涵盖的范围非常广,演讲者可以谈天说地,谈古论今,但一般不是凸显自己的长处。而竞聘演讲不同,它的全过程就是让观众在竞聘者之间进行比较和筛选。竞聘者如果过度谦虚,不好意思阐述自己的优点,甚至说自己能力一般,就不可能战胜其他竞聘者。竞聘者们须各显其能,不管是讲述自身所具备的条件,还是讲自己的履职构想,都要尽可能地凸显出"人无我有""人有我强"和"人强我新"的优势,甚至把本来是劣势的某个方面转换成优势。竞聘者在演讲时不仅要考虑个人的情况,还要认真分析竞争对手的优劣势,通过比较选择对自己有利的条件和项目并加以表现,从而展示出自己更具有竞争性的方面。

3. 思路的框架性

思路是指竞聘者在演讲时的思维脉络。为了在规定的时间内演讲完,竞聘者要提前做好内容和思路的框架安排,梳理好演讲的逻辑结构,想清楚先讲什么,后讲什么,明确重点阐述的内容和可以一带而过的内容。竞聘者在演讲时所表达的内容要在同一个主题的框架下,突出重点,围绕一个中心,切忌重点过多、中心过多。竞聘者不要奢求在一篇演讲中就可以解决和说明很多问题。竞聘者可以通过画思维导图的方式在脑海中搭建演讲的整体框架,包括如何吸引观众的注意力,如何展现优势,如何论证案例,以及如何层层递进、有逻辑、有激情地安排演讲的内容。

(二)竞聘稿的写作技巧

一场成功的竞聘演讲离不开优秀的竞聘演讲稿。竞聘演讲稿是竞聘者在竞聘演讲之前撰写的准备用作口头发表的文稿。根据演讲稿的内容结构,竞聘演讲稿可以分为以下几个部分，每个部分都有特定的写作技巧。

1. 开头

竞聘演讲的时间是有限制的，所以演讲稿的开头要精彩有力。一般来说，竞聘演讲稿的开头如下。

（1）简洁的称呼。出于对观众的尊重，在竞聘演讲稿的开头应有一个简洁的称呼。例如，"尊敬的各位领导、各位评委、各位同事。"由于竞聘演讲较为严肃，所以不适宜用"女士们，先生们"来称呼观众。

（2）问候观众。见面问候是礼貌待人的表现，在任何场合都是必不可少的。问候的同时表示感谢，可以给观众留下谦恭的印象，提升好感度，拉近竞聘者与观众的心理距离。例如，"尊敬的各位领导、各位评委、各位同事，大家好！非常感谢各位给我提供了这样一个展示自己的机会。"

（3）用谦和的语气开始演讲。在向观众表示问候以后，竞聘者可以使用更谦和的语气开始演讲，同时表达获得支持的希望。例如，"在座的很多人对我已经比较熟悉了，但是今天我想让大家对我有一个更好、更全面的认识。希望各位领导、评委多多指教，更希望我今天的表现能让在座的所有人满意。"

（4）介绍个人情况。即使台下的观众都认识自己，竞聘者也要简要介绍自己的相关情况，如姓名、学历、职务、经历等，以取得观众的信任和认可。

（5）说明竞聘理由。一般来说，人们竞聘主要是因为自身条件符合岗位要求，希望在工作上有进一步的发展等。在开头部分，竞聘者只需用简练的语言说明竞聘理由即可，提出几个要点，点到即止，让观众有一个大致的了解，具体内容在主体部分再详细说明。例如，竞聘者要竞聘银行销售经理，可以像下面这样说。

"今天能够站在这里竞聘银行销售经理，我深感荣幸。为什么要申请这个职位呢？因为我热爱销售这份工作，把它看作一份事业，而不是一份工作。有一句话令我印象非常深刻：如果你想走得快，一个人走；如果你想走得远，一群人走。在加入公司5年后的今天，希望挑战自己，希望通过销售经理这个职位，带领销售团队在职场上走得更远。银行销售经理是业务营销、客户维护的重要力量，在业务的经营和发展中占重要地位。我希望凭借自己5年的经验竞聘这个重要的工作岗位，帮助本行提升销售业绩。"

2. 主体

竞聘演讲稿的主体部分一般包括以下几个方面。

（1）介绍自己竞聘的基本条件。基本条件是指竞聘者的业务能力、思想素质和工作态度等。在这一部分，竞聘者要说明自己为什么竞聘，有何优势。竞聘者在介绍自己的基本条件时要有针对性，要针对竞聘的职位来介绍自己的学历、经历、能力和业绩等，不必面面俱到。虽然竞聘者要尽可能地展示自己的优势，但并非对自身的不足之处闭口不言，而是适当说一说自己的缺点，但要强调自己改正缺点的决心和措施，且该缺点与竞聘的条件不冲突。

（2）具体阐述主题。竞聘者具体阐述主题时，要重点阐述自己对某些问题的理解和看法，并进行适当分析。需要注意的是，有自己的独到见解虽是好事，但竞聘者一定要客观分析，如果主观色彩太浓，会削弱观点的说服力，难以获得认同。

（3）表明自己任职后的打算。观众更关心的是竞聘者任职后的打算，因此竞聘者在演讲时一定要用简明扼要的语言表明自己的观点，紧紧围绕观众关心的热点和难点问题提出明确的目标和切实可行的措施。很多竞聘者在这一步说得不够具体。例如，"如果竞聘成功，我有以下计划：一是增强求实意识，不论何时何地都踏踏实实做事，老老实实做人，不做有损公司利益的事情；二是增强责任心，任何事情都认真去做，一丝不苟；三是增强协调意识，及时做好部门之间的沟通工作，确保工作及时完成。"这段话说得太抽象、太笼统。

要想竞聘成功，竞聘者就要举出具体的例子，说明自己未来的具体规划。例如，"如果竞聘成功，根据公司战略定位，我将计划开展如下工作：第一步，将销售目标数字化，分解成年度、季度和月度销售目标，并配有月度和季度考核指标，同时按月度和季度达成率给予销售奖金。第二步，将销售人员按区域划分，每个销售人员都有自己管辖的区域和销售目标，同时制定跨区域销售政策；针对跨区域协作，对销售人员按照不同的提成比例给予奖励。鼓励全方位销售，不丢失每一个客户。第三步，带领和督促下属建立和完善各自管辖区域，完成公司的年度目标，同时发展新客户，维护老客户。"

3. 结尾

一个好的结尾可以加深观众对竞聘者的良好印象，从而有助于竞聘者竞聘成功。结尾一定要精练、简洁，不能拖泥带水。竞聘演讲的结尾有以下两种方法。

一是表明对竞聘成败的态度，使观众感受到竞聘者的真诚，例如，"不管结果如何，我都会以这次竞聘为契机，发现不足，一如既往地做好我的本职工作，不断提高自己，完善自己。"

二是表明自己对竞聘职位的信心，例如，"我这次是毛遂自荐，但绝不是自卖自夸，我只是想向各位领导展示一个真实的我。我相信，凭借我的业务能力、踏实肯干和爱岗敬业的精神，我会以饱满的工作热情，奉献我的管理经验，把主管的工作做好。"

（三）竞聘演讲的技巧

好的演讲口才可以展现竞聘者的优势和潜力，提升观众的信赖感，使竞聘者在众多竞争对手中脱颖而出。要想做好竞聘演讲，竞聘者需要掌握以下技巧。

1. 用故事表达观点

讲故事具有容易引发观众共鸣、指明问题、明确给出解决方法的优点。虽然竞聘者在演讲时要有逻辑、有激情地表达自己的优势，但如果直接说出来就很容易给人自吹自擂的感觉。因此，竞聘者要搭配以往的成功案例，用一定的数据作支撑，并把自己的优势融入故事中，从而让人信服。

2. 简洁有力，充满自信

竞聘者在演讲前要做好积极的心理暗示，相信自己一定可以成功，克服紧张的情绪。

观众不仅能听到演讲本身的内容,还能看到竞聘者通过谈吐所表现出来的自信。竞聘者在演讲时不要说出"可能""也许"等模棱两可的词汇,因为这些词汇会展现出内心的不自信。

3. 展现专业性和价值

在竞聘时,竞聘者所阐述的内容属于自己工作的领域,所以竞聘者一定要事先做好功课,深入研究所在行业的专业知识,以表达对所在行业和职位的深刻理解,展现出自己的专业性和价值。

4. 见解独到,展示独创性

为了更好地展示个人的才能,每位竞聘者的演讲都要根据个人特点展示出独创性。因此,竞聘者在演讲时,不论是对个人基本情况的陈述,还是对工作的设想和安排,都要显示出个性化特征。只有具备一些独到的见解和创新的设想,观众才会有耳目一新的感觉。

5. 所选材料要符合实际

竞聘者在演讲时,所选择的材料应当既对自己竞争有利,又符合实际。竞争并不意味着比较谁擅长吹嘘,观众在听演讲时也在评估竞聘者的话是否可以在现实中发挥作用并取得效果。如果竞聘者在演讲时提到的管理措施只是凭空"画饼",如"我当选经理后,会给大家涨工资,给所有在职员工提供宿舍",观众一般是不会相信的,只有那种发自肺腑、切实可行的管理措施才是最受观众欢迎的。

6. 条理清晰地阐述措施

竞聘者在阐述自己的措施时要条理清楚,主次分明。为了让措施显得条理清楚,竞聘者可用列序号的方法讲述,如"第一点……第二点……第三点……"或"其一……其二……其三……",并且在点和点之间要用过渡语承上启下,使上下贯通,浑然一体。

7. 语言要准确

竞聘者在演讲时应恰如其分地表情达意。一方面,所谈的事实和所用的材料要符合实际、准确无误。例如,介绍个人学历时,不能把大专学历说成本科学历;在谈业绩时,不能把三次获奖宽泛地说成多次获奖,最好把在什么时间获得什么奖项说清楚,涉及数字时也要尽量具体。另一方面,竞聘者要注意说话的分寸,不要夸大其词,否则观众会产生逆反心理。

8. 注重肢体语言和仪容仪表

竞聘者在演讲过程中不仅要注重说的部分,还要注意自己的肢体语言和仪容仪表,这在很大程度上决定着他人对竞聘者的第一印象。因此,竞聘者在平时就要注重日常穿着、肢体动作和神态举止等方面的细节。

9. 提前演练,及时调整

竞聘者要事先写好演讲稿,通过写演讲稿理清思路,并提前熟悉场地,在家人或朋友面前多试讲几次，让他们听完后提改正意见，或者自己录音录像，发现问题后及时调整。

三、演讲辩论

（一）演讲

演讲又称演说或讲演。关于演讲的定义有很多。演讲者、听众、现实背景构成演讲的三个前提条件，既强调有声语言又强调体态语言是演讲区别于其他口语表达方式的关键，劝说和鼓动听众是演讲的主要目的（在古希腊，演讲曾被称作"诱动术"）。鉴于此，我们可以将演讲的定义表述为：演讲者在特定的现实背景下，运用有声语言和体态语言，对听众发表意见、抒发情感，以达到感召听众的目的的一种带有艺术性、技巧性的活动。

1. 演讲的基本特征

（1）从演讲的性质来看，它具有真实性的特征，不属于表演艺术的范畴。演讲的"演"和表演的"演"不一样，它更多的是说明演讲具有引申、阐释或者演绎的性质。演讲首先强调的是真实性而不是艺术性，演讲不是朗诵。

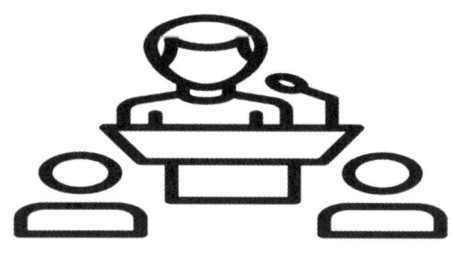

当然，演讲可以借用一些表演手法来增强效果，如相声般的幽默、故事般的悬念和诗歌般的激情等，但这些手法都要以不影响真实性为前提。

（2）从演讲的受众来看，它有听众不唯一的特征。其表现在"一人讲，多人听"，这与小组讨论和个别谈话不一样。讨论会上的发言、讲课、竞选、面对大众推销产品等都是演讲的形式，商务活动中的很多沟通方式也都是演讲。

（3）从演讲的表现形式来看，它是以口头语言为主、以表情和动作为辅的表现形式。演讲所表达的内容主要是作用于受众的听觉系统而不是视觉系统。

（4）从演讲的作用来看，它具有传播演讲者的观点和主张的作用。这和播音或者话剧等的作用不同，演讲者不管搜集了多少别人的资料，都要经过理解与加工，将其变成自己的观点和主张后再加以传播。

（5）从演讲的结构来看，它具有阐述的系统性的特征。演讲与谈话不同，谈话可以根据语境边想边谈，不强调前后谈话内容的连贯性、系统性；而演讲则是一人讲、多人听，演讲者从头到尾按顺序讲完。所以，为了使演讲层次清楚、中心突出，演讲的结构应具有完整性，演讲的阐述应具有系统性。

（6）从演讲的过程来看，它具有能够反馈听众信息的特征。当演讲者把信息传播给听众时，听众将会反馈给演讲者一些信息。现代演讲更加注重演讲者与听众之间的互相交流：一方面，演讲者根据听众的反馈，及时调整演讲内容和结构，短时间内输出最大的或最合适的信息量；另一方面，听众也会更有效地接收演讲者传达的信息。

2. 演讲的方式

在正式场合发表演讲，演讲方式的选择非常重要。演讲者要根据不同的场合、听众、性质、目的来选择不同的演讲方式。常用的演讲方式主要有以下几种。

（1）即席型演讲。即席型演讲是指没有任何准备的即兴演讲。对没有预先准备的问题的回答也可以归为这一类。即席型演讲除了解决临时的需要，很难有其他突出的优势，如果可以选择，最好不要采用这种方式。虽然一些演讲者会在即席型演讲中以机敏的口头表达给听众留下深刻的印象，但是多数演讲者往往会给听众留下负面的印象。通常这种演讲方式需要演讲者具备相当丰富的专业知识和娴熟的演讲技巧，才能使演讲精彩而成功。而且，即使一个领域的专家同样也可能在他擅长的领域做出很不专业的即席型演讲。

（2）提纲型演讲。提纲型演讲是演讲者利用前期准备的内容提纲进行的演讲。提纲可以和幻灯片的大纲一样详细，也可以非常简略。很多商务演讲都是这种类型的。提纲型演讲通常会利用提纲提示所要表达的内容，但是演讲者必须选择合适的词语来表达自己的思想。这要求演讲者要有良好的心理素质、有相当丰富的演讲经验。

（3）读稿型演讲。读稿型演讲就是演讲者按照已经写好的演讲稿向听众宣读。其优点是，从观点到细节在演讲稿中都做了预先的设置，演讲时很少会出现临时组织措辞而不流畅或说漏嘴的情况；在限定时间的演讲中，这种方式也能让演讲者通过预先设定演讲稿的长度使自己在规定的时间里讲完预定的内容。而其缺点也是十分明显的。演讲者一味读稿，缺乏与听众的交流；听众有可能会对演讲失去兴趣，场面可能会冷淡、枯燥；如果演讲中偶尔出现小小的失误，听众可能会怀疑演讲稿是否由别人代写，甚至会对演讲者的能力产生怀疑。这种方式适用于政策性强或法定性强，或者内容重要、场合严肃的演讲。

（4）记忆型演讲。记忆型演讲就是演讲者把记住的演讲稿内容表达出来，逐字逐句地背诵演讲稿的内容也被归为这一类。记忆型演讲也有很多缺点，除非演讲者非常专业，否则记忆型演讲所表现出的缺点会远大于它的优点。在记忆型演讲中，忘记某些关键词是非常尴尬的事情，往往会让演讲者慌乱不堪。因为演讲是按照一定的顺序进行的，忘记一个关键词，可能就会出现"卡壳"的现象。记忆型演讲也可以变得非常有效，前提是演讲者的准备时间长、记忆力好，演讲稿短且追求演讲现场效果，如应聘时自我介绍、到新单位的就职讲话等。

3. 演讲的准备

一场成功的演讲必然是做了充分准备的演讲。卡耐基曾经说过："只要按照正确的方法，做周密的准备，任何人都可能成为杰出的演说家；反之，无论年龄多大或者经验多么丰富，如果没有做适当的准备，都有可能在演讲中漏洞百出。"

（1）明确目的。作为演讲者，首先必须考虑：什么是你想与听众沟通的？你是只想向听众简单地传递信息，还是要说服听众、激励听众或娱乐听众？什么是你想要达到的目的？什么才是最佳的表达方式？在你开始演讲的准备工作之前，你需要确定演讲的目的。如果你的演讲目的是报告或描述，你应该了解听众目前的知识水平和认识水平。如果你的演讲目的是教育或解释，你应当集中精力于知识面的宽度和广度，以及解释的逻辑性，并借助于图表来演示。如果你的演讲目的是激励或说服，你应集中精力思考如何改变听众的信念、态度和行为，注重吸引听众的注意；了解听众的需要和兴趣，满足听众的需要并激发听众做出适当的反应。如果你的演讲目的是娱乐，这种演讲就要讲究艺术性，要强调感召力和鼓动性，演讲要能够适应听众的口味和情境，做到别具一格。

（2）评估自己。作为演讲者需要了解自己：我的长处是什么？我持什么态度？我的自信心如何？我如何给听众留下好印象？演讲者需要集中精力发挥自己的长处。如果演讲者的声音洪亮、发音清晰，就应该充分利用这些条件；如果演讲者富有幽默感，不妨紧扣主题讲一个简短的幽默故事。此外，演讲者积极的态度、活力和激情将增强演讲的感召力与说服力。演讲时，演讲者应该充满自信，克服对演讲的恐惧心理，采用让自己觉得自在的演讲方法。这有助于控制自己面对听众时的紧张情绪。

（3）了解听众。要想使演讲为大部分人所理解，演讲者在演讲前要对听众有充分的了解。演讲者可以通过向自己提出下列问题来设法了解听众，如有多少人会来听我今天的演讲？听众的年龄层次如何？听众的知识、职务层次如何？听众对演讲主题的熟悉程度如何？听众对演讲主题的兴趣如何？听众中是否会有人产生抵触情绪？我与听众的熟悉程度如何？

4. 演讲者可以着手做的工作

（1）为了更好地解答这些问题，可以获取一份听众名单并了解他们的职务。
（2）了解听众所在组织的有关背景信息。
（3）在演讲前与听众交谈。
（4）从他人处了解听众的心理特点和参与意识。
（5）运用问卷调查方式。

5. 环境方面的准备和适应

在开始演讲之前，一定要了解演讲的环境。因为在不熟悉环境的情况下，很可能自己准备的材料、工具、辅助手段无法使用，从而影响演讲的效果。例如，可能你习惯采PowerPoint（PPT）作为辅助演讲的工具，结果由于环境中没有多媒体设备，你就无法按照原来的设想展开演讲，甚至因为心理准备不足而不知如何下手。在演讲中非常重要的环境因素是房间和讲台的布局，以及视觉辅助仪器的配备。在房间的安排上，你应该考虑座位的安排、窗户的位置、灯光的配置等因素。在座位安排上，一般来说，听众与你的距离越近，越易引起共鸣；半圆形布局好于传统的"教室形"布局。在窗户位置的考虑上，既要使空气新鲜，又要防止穿堂风。在灯光配置上，要了解开关的位置，并避免使用位于演讲者背后的灯光。在视觉辅助仪器的配备上，要检查和了解投影仪的状况和使用情况，检查粉笔的数量、颜色和黑板擦。在讲台布局上，要考虑移动空间、麦克风和椅子的情况（如果需要坐着讲话）。

6. 材料的准备

演讲材料指的是为演讲提供内容、表达主题的事物和观念。确定好演讲的目标和主题后，演讲者要做好下面四步工作。

第一步，整理思路。要利用足够的时间对主题进行思考，并与周围了解或熟悉这个主题的人交流看法。要养成随时记录自己灵感的习惯，这些灵感可能是突然冒出来的，要用简单的文字记录下来，便于在设计提纲和内容时加以整理。

第二步，查阅和收集资料。只有掌握充分的资料，在演讲中才能做到游刃有余；否则，难免捉襟见肘。杂志、报纸、书籍、网络都是有效的资料来源。平时要有意识地多看些资料，丰富自己的知识库和信息库。

第三步，筛选材料。在筛选材料时应参考以下三个标准：要选择最能服务主题的材料；要选择最能满足听众心理需要和涉及听众切实利益的材料；要选择适合演讲的材料。

第四步，设计演讲提纲。演讲提纲主要包括开头、主体和结尾。

7. 提升演讲效果的技巧

大多数人，甚至相当多的名人在大庭广众面前都会产生紧张情绪。其表现是面红耳赤，说起话来声音颤抖变调，心里发慌。发表演讲经常是在一些较大的场合，出现演讲焦虑是很正常的。一般在以下情况下会出现演讲焦虑：一是认为自己处于注意力的中心；二是认为自己与众不同；三是以前有过演讲失败的经历；四是缺乏演讲经验。常用的克服焦虑的方法如下。

一是选择熟悉的题目进行演讲。选择一个你已经演讲过的题目或从事过相关研究且十分感兴趣的题目，往往会有助于演讲顺利开始。例如，知名企业家对于经营企业方面的演讲往往是得心应手的。

二是选择一个能够打动自己的题目进行演讲。当一个题目令演讲者非常感兴趣，或者令演讲者感到非常重要时，他就会"沉醉"其中，或者非常急切地想把自己的观点告诉听众，这种情绪会感染整个会场。

三是要充满自信。既然被请去演讲，就说明演讲者在这方面是值得信赖的，演讲者在这个问题上是有发言权的。

四是不要把听众看作来取笑自己的"捣蛋鬼"，而要把他们看作自己的朋友。从一开始就要寻找那些对你微笑、点头，仔细倾听你讲话的听众，首先面对他们讲话，就能克服紧张情绪。待紧张情绪消除后，再转向其他听众。

五是预演。预演就是上台前的试讲。这是正式演讲前最后的准备工作。预演可以减轻紧张情绪，可以帮助演讲者发现紧张的根源，促使其做进一步的准备。

六是允许紧张的存在。要告诫自己，任何人演讲都会有紧张感，适度紧张是正常的。这样你就会忽视紧张的存在，而专注于演讲的内容。

在长期的教学与演讲中，演说家达勒·卡内基总结出克服恐惧的最好方式就是要在公众面前做一次又一次的演讲，克服一个又一个的恐惧，直到让自己形成一种乐于演讲的习惯。

8. 表达技巧

(1) 有声语言表达技巧。

发声技巧。古希腊的亚里士多德在《修辞学》一书中指出"什么时候说得洪亮，什么时候说得柔和，或者介于二者之间；什么时候声音高，什么时候声音低，或者不高不低；……都是关系到演讲成败的关键问题"。演讲时，明朗、浑厚的中低音比较受人欢迎；演讲者的语速以每分钟200字左右为宜。同时，演讲者还应注意加强声音的共鸣，这样能使声音变得洪亮、圆润，传送得远，蕴含感情。

巧用重音。在演讲中，根据表情达意的需要，可有意突出某个词或词组，从而和其他词或词组形成对比，这种技巧便是巧用重音。有的时候，读得比其他词轻也能起到突出的作用。演讲者主要根据自己的目的、理解、心境、感情等综合因素使用重音。

停顿的技巧。停顿有语法停顿、逻辑停顿和心理停顿。前两种是根据语法和逻辑结构来处理语言的手段，其目的是保证语意清楚明确、重点突出。而心理停顿则是演讲停顿技巧中最常用的一种。心理停顿清楚明确、重点突出，是有意安排的，停顿的时间比语法停顿、逻辑停顿长，听众可以明显感受到它的效果。具体来说，它有以下作用：第一，给演讲者和听众物理思路，体会情感的时间，从而达到"沟通同步"；第二，有利于内容的进一步展开，推动主题；第三，体现设问和暗示的作用；第四，用于引起听众的好奇、注意，令演讲产生悬念。

把握节奏的技巧。节奏，即说话时由于不断发音与停顿而形成的强弱有序和周期性的变化。在日常生活中，大多数人一般不会考虑说话的节奏，其实，说话时不断变化节奏对避免单调乏味是相当重要的。演讲节奏是指在感情表达需要的前提下，该快则快，该慢则慢，做到"快有章法，慢有条理"。当演讲者要表达急切、愤怒、兴奋、激昂的感情时，快速的连珠炮般的讲话，能使听众产生一种亢奋感和紧迫感，并因此振奋或产生共鸣；当要表达悲哀、痛苦等感情时，则要放慢节奏，使听者产生一种深邃感。

轻快型：适用于致欢迎辞、宴会祝词、友好访问辞等较为随意的场合。

持重型：适用于理论报告、纪念会发言、严肃会议开幕辞、工作报告等较严肃的场合。

舒缓型：适用于科学性演讲和课堂授课等场合。

紧促型：适用于紧急动员报告或声讨发言等场合。

低抑型：适用于追悼会等具有哀伤气氛的场合。

高扬型：适用于誓师会、动员会、批判会等场合。

单纯型：适用于做简短演讲的场合。

复杂型：适用于内容复杂、费时较长的演讲场合。

语气语调的运用技巧。语气语调在演讲中也具有重要的作用。实践证明，即使是没有实际内容的声音形式也可以沟通感情。在演讲中"气徐声柔"可以表达爱；"气促声硬"可以表达憎；"气沉声缓"可以表达悲；"气满声高"可以表达喜；"气提声凝"可以表达惧；"气短声促"可以表达急；"气粗声重"可以表达怒；"气细声黏"可以表达疑。除了语气以外，语调的运用也可表达不同的感情。一般来说，平调表示严肃、平淡、压抑、悲痛；升调表示疑问、反问、愤慨、呼唤；曲折调表示讽刺、暗示、欢欣；降调表示感叹、请求、肯定、赞扬。

（2）体态语言表达技巧。

善用表情和眼神。面部表情是表现人的思想感情最复杂、最准确、最微妙的"晴雨表"。演讲中演讲者的表情贵在自然，切忌拘谨木然、神情慌张或故作姿态。演讲者的面部表情应随演讲内容和情感的变化而变化，一笑一颦、一展一蹙都要与演讲的内容合拍。演讲表情中最重要的是眼神，所以演讲者在演讲中要尽量看着听众说话，多和听众进行目光接触。

善用姿态和手势。不少演讲家提倡在演讲中使用站姿。站立的姿态，一般提倡双腿略微分开，前后略有交叉，身体的重心放在一只脚上，另一只脚则起平衡作用。这样既便于站立，也便于移动，身体也可以自由转动。长时间的演讲可以采取坐姿与站姿相结合的方式。一般来说，运用坐姿可以使演讲显得随和，适合于不那么正式的演讲。手势是身体姿态中重要的表达手段。在演讲中，自然的手势可以帮助演讲者平静地陈述和说明；有力的手势可以帮助升华情绪；柔和、平静的手势可以帮助抒发内心炽热的情感。在演讲中，手势的运用要有变化，要服从内容的需要，符合听众的习惯，简单明了，适当有节。

9. 控场技巧

虽然演讲活动大都在充分准备的基础上进行，但出乎意料的因素总是难以避免。在突发情况下，当机立断酌情控场与应变，就显得十分重要与必要。要善于捕捉听众各种细微的情绪变化和反应，做出准确的判断和迅速的反应。当会场上出现不安和骚动时，演讲者应冷静、沉稳，要有一种震慑全场的气概，始终保持充分的自信，以毅力和韧性控制一时的骚动。在一般情况下，绝大多数听众是通情达理的；至于个别听众的问题，演讲者要分清问题的性质、原因和责任，采取适当措施，把意料之外的突发问题消灭在萌芽状态。有时演讲者也可以采取视而不见的办法，见怪不怪，其怪自败。

演讲内容多而时间少。拖延时间是演讲大忌，在这种情况下，演讲者应果断压缩内容，省略某些事例，妥善使用概括语，注意保持整个演讲体系的完整性，切忌虎头蛇尾，草草收兵。

发生失误。演讲者发生失误以后，最重要的是处变不惊，其次是果断采取应急措施，及时调整自己的演讲。

对听众当场提出口头质疑的处理。遇到这种情况，不管是善意质询还是恶意诘难，演讲者都要头脑冷静、保持清醒、切忌感情用事，要灵活处置，保证演讲顺利进行。演讲者有时也可以抓住这一时机，深入地阐述自己的观点。

发现听众反应冷漠，缺乏合作。演讲者应迅速冷静地分析可能的原因，根据实际情况调整演讲内容，切不可敷衍了事。

对听众持对立观点的处理。在这种情况下，演讲者应在一开始就努力缓和对立情绪，创造宽松、和谐的气氛，便于逐步阐述自己的观点，最终说服听众。

10. 视觉辅助手段

除了非正式的商务演讲，视觉辅助手段对其他所有演讲都是必需的。有效的视觉辅助手段能够起到吸引听众、使听众集中注意力的作用。常见的视觉辅助手段包括书面材料、书写板、活动夹纸板、幻灯机、投影仪、多媒体设备等。利用视觉效果作为辅助手段会给听众留下专业化的印象。与未使用视觉效果作为辅助手段的演讲相比，使用了投影仪的演讲通常会被认为是"准备充分，更专业化，更具说服力，更可信和更有趣的"。

一项调查结果显示，在演讲中被听众记住的概率上，运用多媒体（计算机制作的图片和动画）比仅使用幻灯片要高5％，比只用语言描述要高16％。值得指出的是，视觉效果的作用在于突出演讲的主旨，而不是细节。

除了重视运用视觉效果，演讲者还应注意检查关系到视觉效果的其他视觉辅助设备，如演讲场所的灯光效果、电源插头、麦克风、讲台位置情况以及演讲场所的物理布局等。

（二）辩论

1. 辩论的意义和听众

辩论，是指彼此用一定的理由来说明自己对事物或问题的见解，揭露对方的矛盾，以便在最后得到共同的认识和意见。但现实中，大多数的辩论都可以归纳为是一种"决定权在他方"的争辩。比如，辩论比赛中，有人会认为，正方与反方相互对峙，最终却如此固执，正方没有办法说服反方，反方也没有办法说服正方。双方只关心立场，不关心真相，完全没有接纳与包容的善意、妥协与理解的可能。基于这种认识，你可能会对辩论失望。

然而，你如果理解了辩论的本质在于影响第三方，第三方才有决定权，这个认识误区应该就可以得到快速消除。在辩论中，正反双方并不在意对方，因为他们应该非常清晰地知道自己和对方的分歧是根本性的，对方无法改变，也不必改变，就好像法庭上的控辩双方。所以你要影响和改变的不是对方，而是第三方，就像在法庭上，第三方就是法官。

2. 准确把握住论点的特点

从类型上看，我们通常将辩论分为两种：第一种是价值辩论；第二种是政策辩论。

（1）价值辩论。

先来看看典型的价值辩题，例如这些话题：

　　大学生上学期间做兼职 利大于弊 VS 弊大于利
　　超级英雄的出现对世界是 好事 VS 坏事
　　事业比家庭重要 VS 家庭比事业重要

所以，价值辩论也可以称之为"偏好之争"——正方是萝卜，反方是白菜，没有一方拥有绝对真理，双方都在介绍、宣导、推广、营销他们的偏好，以获得你的支持。余秋雨先生曾说，辩论双方其实都心知肚明，自己的观点是片面的，所以辩论，其实是想把自己的片面掩饰好，与此同时，不断揭露对方的片面。

如何进行价值辩论型辩题的辩论？比如，"事业和家庭何者更重要"这个辩题，通常我们会讨论，它的起点，对于正、反方而言分别是事业、家庭，终点是更重要。如此一来，我们对这个辩题的思考，仅仅局限在"事业、家庭、更重要"这七个字上，思维的延展空间会非常有限，可以介入这场争论的素材量和可能性就会被这几个关键词锁死与限制了。

而我们可以利用延长线思维来重新构成对这道辩题的思考与表达的边界，我们可以讨论"什么人会问'事业和家庭何者更重要？'这样的问题？是空想事情的人还是真正做事的人？"但凡一个理智的真正做事的人，总是希望家庭和事业能两全最好，若不能两全，一定是在具体情境中作出具体的选择，一定是具体问题具体分析。只有没事可做，天天想事的人，才会在抽象的世界里漂浮，在概念的空间里盲目，才会被这样的抽象问题围困。

（2）政策辩论。

政策是什么？政策当然可以是一个公共政策，涉及国家、社会、社区，但它也可以是一个行动议题，就是该做还是不该做某一个具体行为。比如说，衣服买还是不买，房子换还是不换，工作辞还是不辞，老板怼还是不怼……所以，在这里，政策辩论中的"政策"二字不应该被狭义地理解为公共政策。应该把"政策辩论"理解成一种优化沟通思考路径的整体方法。该方法通常分为四个步骤：需、根、解、损。

  需：需求性，我们有没有麻烦、痛苦、滋扰，以至于需要采取一个新的行动或对策，此为确定麻烦。

  根：根属性，即产生这个麻烦、痛苦、滋扰的原因是什么，此为寻觅原因。

  解：解决力，这个新的行动能够在多大程度上解决我们现在面对的问题，此为评估效应。

  损：损益比，损害和益处——这个政策它的好处、坏处、利好、利空各是什么，此为衡量得失。

辩论对沟通的价值，不仅仅是训练口才，更重要的是延宕思维，优化决策。让清晰的眼睛，窥见本来混沌世界中的脉络——用优化决策的政策辩论，用"需根解损"审视自己的行动和决策，你才可以看问题更加通明，因此，才能把沟通进行得更加透彻。

3. 内容延伸要有法

辩论中，常使用"意义形塑"的方法进行概念偷换，从而起到把整个辩论的话语场带往自己所真正期待的前进方向，让己方论点更有"说服力"。

这里，要例举"奇葩说"里的一次辩论。曾经有道辩题叫作"应不应该刷爆卡买包"。其中一方的立场是应该刷，我们能想到的理由大概是开心、快乐、爽、好包会升值，但坦率地讲，这些观点都在常识的射程之内。而当时辩手花希是这么说的：

  "我们今天在讨论的是：人应不应该在自己还没准备好的时候去为一些自己喜欢的东西付出一些代价。我觉得是应该的。

  是因为人生很吊诡的地方在于，你非常心动的时刻，往往都是在你还没准备好的时候遇到的。当你准备好一切，你却很难再找回当时心动的那个瞬间了。所以贵的其实不是那一个包，是我心动的那个时刻。

  我小时候呢，特别喜欢看美少女战士。当时我就特别想买齐那一套美少女战士的DVD，但是呢作为一个小学生，我没有那么多钱，我的钱都拿去买了练习册，然后每天认真学习，我就错过了那一套DVD。

  可就在我那天逛商场的时候，我真的看到了美少女战士重制版DVD。可我站在那的时候，我再也找不回小时候那种想把它买回家的冲动了，因为我现在可能会看一些更好看的东西。

我在未来的时间里可能还会挣很多很多的钱，但是我不太确定，我还能有多少次的动心。刚才滟滟姐说千金难买她乐意，可是大家知道这是为什么吗？是因为时光一去不复返。

今天对方所宣扬的是一种踏踏实实，稳步求进，这一辈子不高不低，但是很平稳地过去的价值观。但是我方这边可能宣扬的是一种有起有伏的，可能会让你在短时间内不开心，但是在低谷的时候我会想，至少我曾经仰望过高山。

所以今天，我要做一件我在《奇葩说》上从来都没有做过的事，就是我想对我喜欢的人说一些话。TA在我眼中是所有美好东西的代名词，我能想象到的所有美好的东西，TA的身上都有。我在TA面前是那么不堪，我什么都没有准备好，我觉得我跟TA在一起我想都不敢想。

今天你为了得到一个包，也许你会刷爆你的信用卡，但是我为了得到那个人，我可能要刷爆我的自信，刷爆我的安全感，甚至刷爆我的自尊。可是，我就是要得到TA啊，因为你知道吗？这个世界上没有什么，比让你喜欢的人喜欢上你，更让人开心的了。

你遇到过那些你想追不敢追的，你都去追了，那些你追到之后也许会跑的人，你都去追了，那么一个你明明买得起的包，你干吗不买呢？"

这是一段完整的表达。这段表达，利用了人们对过去、现在、未来的感性感知，击中人们心里的某些柔软的部分，或是关于心动，或是关于争取，或是关于成长，或是关于低谷时的勇气与韧劲，或是关于青春当中那些不自信和彷徨……无论是什么，已使之沉浸和思考，成功地让听众全然忘了所讨论的辩题本身——要不要刷爆卡去买一个奢侈品的包包。

这便是意义形塑。意义形塑的方法不仅仅在辩论当中被使用，在文宣、对话、设计、市场营销和广义的大沟通领域，都是一种常见方法。它不是去了解对方的诉求，相反的，它要从零到一地去创造、去凝固、去建构对方的需求。

四、毕业答辩

（一）了解答辩流程

普遍高校的答辩流程如下。

（1）答辩开始，老师宣布答辩规则和流程，然后学生按照顺序依次答辩。

（2）学生向老师分享最终版毕业论文。

（3）学生向老师问好，并在规定时间内进行答辩自述（1~5分钟）。

（4）老师针对论文进行提问，学生作答。

(5) 答辩委员会对论文质量及答辩情况进行讨论并同意表决。
(6) 答辩委员会主席宣布答辩结果，答辩结束。

（二）答辩前的准备

1. 读透文章，写好答辩叙述提纲

首先，不仅要对自己的论文有深刻的、全面的、准确的理解，还要尽可能理解论文主题延伸出的概念，了解一些与论文相关的新闻时事、学术热点等，结合自己的论文能有一定的思考，评委很可能会提到有关学术前沿动态的问题。其次，答辩叙述提纲中要清楚所写论文的构思、论点、论据、论述方法以及研究进展和结果等。最后，注意应多次仔细查阅论文中有无自相矛盾、谬误、片面或模糊不清的地方，以及格式等问题。尤其是论文格式，一定要按学校的规定来写，细节地方要反复检查，答辩考官第一眼看的就是论文格式是否规范。

2. 规划论文答辩陈述，做好问答准备

首先，准备一个简洁清晰的开场白，主要包含对现场答辩评委的问候和感谢、简单的自我介绍，以及对自己导师的谢意。注意，在介绍时，不能透露自己导师姓名。其次，简要介绍所写论文内容，根据你的论文目录大纲，重点陈述摘要、正文主题、结论，突显所写论文背景（目的及意义）、论文结构、结论三大板块。最后，可以提前进行一些常见的问答准备。评委的提问基本会围绕你的论文展开，只要你对你的论文足够熟悉，对整个论文的脉络框架、方法和结论做到心中有数，一般不需要过多的担心，保持良好的心态就好。

  常见的问题及策略如下。
  （1）为什么选择这个课题？
  ——结合个人原因与论文写作两个方面展开陈述，语言清晰，逻辑分明。
  （2）选题的研究意义和目的是什么？
  ——结合现实情况说明本课题的意义与目的。
  （3）立论依据（主要理论基础）是什么？怎么获取的？
  ——用准确的专业术语指出理论基础，可结合具体内容陈述。
  （4）该项研究有什么创新之处吗？
  ——突出论文的"创新点"，通过与已有成果结论的对比说明自己论文的创新之处。
  （5）全文的各部分之间的逻辑关系如何？采用了哪些与本专业相关的研究方法？
  ——先明确指出所使用的研究方法，再结合具体内容讲述，切忌"空洞干瘪"，也不能冗长。
  （6）你是怎样开展调研或实验的？
  ——结合具体的现实情况展开论述，语言平实，不要绝对化。

（7）论文的核心概念是什么？

——用自己的语言高度集中概括论文的核心，做到准确简洁的同时也必须做到全面。

除此之外，评委可能还会问一些与专业有关的问题，所以需要你好好准备专业知识，在论文中的理论基础（涉及基本概念和相关理论）那一部分要多下点功夫了，不能出现基本概念界定不清晰的错误。

3. 制作答辩PPT（十张左右），答辩前多次模拟演练

第一，封面涉及的基本信息要全面，包括论文题目、个人信息。

第二，中间部分罗列主要内容（选题原因或意义、具体内容、结论）。内容要简洁明了，条理清晰。尽量每页不超过十行字或一张图，只列要点，阐释部分口头叙述，避免放大段文字。文字要清晰、简洁易看，设计要简约朴素。可穿插使用一些能说明论点的图表来表达你的观点。

第三，最后一页简要的写总结和感谢。

在正式答辩前，多计时演练几遍，注意控制时间和自述与论文观点保持一致。

4. 调整好心态，保持微笑

不要害怕答辩，也不要抗拒评委提问，评委提问不是刁难，一是为了考量，二是为了提升你的论文质量。对此既要有自信面对，又要谦虚接受，无论怎样保持微笑，总会有好运。对论文中的某个点，答辩评委提出了质疑和不同的看法时，根据你的研究方法做出回应，表示会进一步改进，避免情绪过激。

各位老师，上午好！

我叫……，是……级……班的学生，我的论文题目是……在这里我向我的导师表示深深的谢意，向各位老师不辞辛苦参加我的论文答辩表示衷心的感谢，并对三年来我有机会聆听教诲的各位老师表示由衷的敬意。下面我将本论文设计的目的和主要内容向各位老师作一下汇报，恳请各位老师批评指导。

首先，我想谈谈这个毕业论文设计的目的及意义……

其次，我想谈谈这篇论文的结构和主要内容。

本文分成……个部分。

第一部分是……这部分主要论述……

第二部分是……这部分分析……

第三部分是……

最后，我想谈谈这篇论文存在的不足……

这篇论文的写作以及修改的过程，也是我越来越认识到自己知识与经验缺乏的过程。虽然我尽可能地收集材料，竭尽所能运用自己所学的知识进行论文写作，但还是存在许多不足之处，有待改进。请各位考官老师多批评指正，让我在今后的学习中学到更多。

任务三 职场社交常用语言沟通情境

一、求职面试

面试的方法和技巧因人而异，种类有很多。而最为关键的是，在参加面试时，应聘者的衣着打扮要整洁、大方、得体，要注意非语言沟通以及提升自己在面试中的说服力。

（一）重视求职面试过程中的非语言沟通

非语言沟通是指沟通主体通过语言沟通以外的其他方式与沟通客体交流意见和情感的过程，它具有补充、替代、调节和强调语言沟通的功能。在应聘者参加面试的过程中，非语言沟通技巧在强化应聘者的语言沟通表达能力，给招聘人员留下良好印象方面起重要的作用。

1. 衣着打扮

心理学研究表明，在应聘面试的最初 7 秒内，应聘者的外表，尤其是衣着，会给对方留下深刻的印象，并将在很大程度上决定应聘者最终能否被录用。招聘人员可能并没有有意识地总结或分析这种印象的合理性、准确性、科学性，但这种最初 7 秒的第一印象往往"先入为主"，使之往往对后来有悖于第一印象的信息加以否定，而把与第一印象一致的信息储存起来。

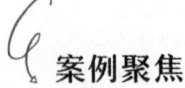
案例聚焦

职场切忌"扮嫩"

　　某年夏天，美国一家跨国公司来国内寻找代理人，某猎头公司向该公司推荐了一位年轻有为的女强人。在见面那天，该女士精心挑选了一套面料较薄、色彩柔和的大摆连衣裙前往；美方代表一见她，顿时露出不悦之色，因为对方不愿意让看上去像一个"小女孩"的人来负责自己公司的业务。

　　这个案例告诉我们，若想在应聘中面试成功，应聘者必须注意自己的外表和衣着，要在最初的 7 秒内给招聘人员留下良好的印象。衣着和仪表往往能表现一个人的气质、性格和风度，还能体现一个人的文化素质和审美鉴赏力。因此，得体的着装打扮不仅能体现应聘者朝气蓬勃的精神面貌，表达应聘者的诚意，还能反映出求职者的个人修养。而仪表往往左右着招聘人员的第一印象，所以应聘者在面试前应特别注意自己的着装打扮。例如，国家机关要求工作人员着装整洁、端庄；涉外单位要求工作人员着装漂亮、明快；工商企业要求工作人员着装朴素、大方等。就一般情况而言，应聘者在面试时应该衣着整洁而端庄，打扮稳重而得体。

2. 目光接触

眼睛是心灵的窗户，它能表达用语言难以说明的情感。而且不同的目光接触方式可以传递不同的信息，目光接触有利于双方的语言同步。黑格尔曾指出："眼睛是最能充分流露灵魂的器官，是内心生活和情感的主体性的集中点。"

在面试中，运用眼神进行交流时，特别要注意以下几点。

一是要保持与招聘人员的目光接触。目光上的接触表示自己对对方所说的内容感兴趣、在认真听取对方的发言，更为重要的是显示了对对方的尊重。

二是要注意目光接触的时间。一般来说，谈话刚开始时和谈话结束时目光接触的时间应长一些，谈话中间视情况而定。这样既能引起招聘人员的重视，又可以稳定自己的情绪，消除紧张心理，使自己更好地发挥出应有的水平。

三是要注意眼神的变化。在面试中不要始终以一种眼神去看招聘人员，要随着面试的内容变化，交叉运用多种眼神，从而使招聘人员知道你一直在注意他的讲话，以给他留下较好的印象。在交谈中，要避免目光飘忽不定或左顾右盼，以免给招聘人员留下"心不在焉"和"没有礼貌"的印象。

3. 面部表情

面部表情可以传递复杂的思想和情感信息，是人的内心情感的外在表现，也是传递思想、信念的桥梁，它往往是交流双方观察最频繁也最集中的一个方面。尤其在面试中，面试官的眼光都聚集在应聘人身上，面部表情的细微变化都会被清晰洞察。

当招聘者在介绍用人单位的基本情况及基本要求时，应聘者应表露出感兴趣的态度，从而使对方心情舒畅地侃侃而谈。在向招聘者介绍自己的基本情况和求职意愿时，应聘者应表露出诚恳的态度和希望得到对方指导的神情。在交流中，应聘者应尽量保持微笑，这样会让招聘者感到热情和亲切，并赢得其好感和信任。

4. 姿势

姿势属于身体动作的一部分，强调的是全身不断的、协调的变化，它在非语言沟通中极为重要。例如，在面试中，应聘者根据讨论的内容，运用手势、身姿等辅助语言，有利于更完整地表达自己的想法。

应聘者在运用姿势语言时要注意以下几点。

一是在交谈过程中,身体要略向前倾,表明自己对对方的谈话很在意,很感兴趣。

二是要注意采用开放性的姿势,尤其是在坐下交谈时,双脚适当分开,但不宜分得过开,而且双手也应该采用开放之姿,以表示积极的态度和直率的性格。

三是注意在沟通中与对方保持面对面,使对方感到被尊重,也便于自己随时观察对方的面部表情,根据对方发出的非语言信息调整自己的语言和非语言动作。

不恰当的非语言沟通会给对方留下不良印象,如手势变化过于频繁,会给人以手舞足蹈、略显轻浮之感;侧身朝向对方表示轻蔑、不尊重。谈话时的小动作,如压指节、挠后脑勺、抓头发,都是不文明的举动,应聘者对此应引起足够的重视,切不可忽视这些小细节,以免"一着不慎,满盘皆输"。

(二)增强面试中的说服力

面试中的说服力一方面来自相对优秀的个人履历,另一方面还展现在应聘者的整体气质上。所以,在面试这种相当重要的口头沟通中,为了提高说服力,应聘者有必要特别关注以下几个方面。

1. 自信

自信的人,往往比自卑者更受欢迎。自信而不骄傲的应聘者往往比缺乏自信的应聘者更容易求职成功。一些大学生对于求职一事总是忧心忡忡,缺乏自信心。明明是自己中意的职位,可一看到应聘者众多,就打起退堂鼓,连试一下的勇气都没有。求职要靠应聘者自己去"自我介绍,自我选择,自我推销",明明在平时是能说会道的小伙子或姑娘,可一到招聘者面前,就变得面红耳赤、手足无措,回答招聘者的简单询问时也手忙脚乱、语无伦次。这些都是应聘者缺乏自信的表现。如果一个人缺乏自信,就说明他对自己缺乏正确、全面的认识,以致在应该有信心时也表现得缩手缩脚。作为一名应聘者,应当正确认识自己的能力,认识到自己在专业技能方面所独有的长处,认识到自己更适合某些工作岗位。

2. 推销不过头

应聘者要相信自己,但不要夸大自己的能力。有些人认为自我推销就是要把自己往好里说,符不符合实际,被录用以后再说。这是不可取的,因为用人单位不只是根据求职者自身的介绍就决定录用与否,而是要经过一定的调查和一系列的考查,如笔试、试用期等,最后才做决策。招聘人员如果发现应聘者在自我介绍时自吹自擂,往往就不予录用。个人应当增强自信心,但这与自吹自擂、言过其实完全是两回事。有自信心,就会恰到好处地表现自己的长处,而吹嘘实际上是心虚的表现。

3. 重"硬件"不轻"软件"

面试过程中,应聘者要重视向招聘者展示自己的"硬件",如学历学位证书、英语和计算机证书、各种奖励证书、科研成果等。这些"硬件"表明了应聘者过去所付出的努力和取得的成绩,以及应聘者在过去有能力做好某件事且比很多人做得更好,故在正常情况下可推知应聘者现在和将来也有这种潜能。应聘者的"软件"一般是指应聘者视野拓展本身所具有的能力、技能、品行等。这些"软件"不是应聘者一时兴起"临面试中的常见问题时抱佛脚"就能获取的,更多的是靠平时的锻炼和积累。在面试中,应聘者不仅要向招聘者展示自己的"硬件",更应让招聘者知道自己所具备的"软件"。"软件"的展示不光是口述就能解决的,更应在整个面试过程中,从应聘者自己的言语、行为、姿势、态度、精神风貌中一一展现。

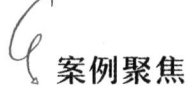

案例聚焦

执着的小马

某校市场营销专业毕业生小马前去应聘推销员。一早他就准备好了求职信以及能证明他大学期间成绩优异的各种证书,满怀信心地去面试了。到了面试办公室,他敲门进去后看到三个男子正跷起二郎腿,斜躺在沙发上闲聊。

"请问这是×公司的招聘办公室吗?"小马很有礼貌地问。

"你搞错了,这不是×公司的招聘办公室。"一个男子侧着身答道。

小马一愣,出门看看房间号,又走了进来:"对不起,招聘启事上写的应该就是这里。"

"哦,现在还没到面试的时间呢。"另一个男子答道。

"那我可以坐在这里跟你们一起聊聊天吗?"小马问道。

"别等了,人已经招满了。"又一个男子说。

"可是招聘启事上的截止时间是明天。请听听我的自我介绍,给我一个机会,也许我会给你们一个惊喜。"小马坚持用简短的语言给自己争取机会。

"行!"那三个男子相视一笑。

小马后来被录用了。而在他之前,有数十名应聘者被几句话就打发走了。原来这几个招聘人员是在用这种方法考查应聘者是否具备判断力、自信心和锲而不舍的推销素质。

4. 结束面试

为了避免一些不该出现的情况,面试后应聘者应该注意以下几个问题。

(1) 及时退出面试的房间。当招聘者宣布面试结束后,应聘者应礼貌地道谢,及时退出面试的房间,不要再做补充,也不要再提什么问题。如果应聘者认为确实有必要,可以事后写信说明或进行回访,但不能在面试结束后拖泥带水,影响其他人的面试。

(2) 不要过早打听面试结果。一般情况下,招聘者每次结束面试后都要进行讨论和投票,然后由人事部门汇总,最后确定录用人员名单,这个过程可能要 3~5 天,甚至更长的时间。应聘者在这段时间内一定要耐心等待,切不可四处打听,更不要托人"刺探",急于求成往往会适得其反。

(3) 学会感谢。面试结束后,即使对方表示不予录用,应聘者也应通过各种途径表示感谢。如果是电话相约面试的,可再打一个电话表示感谢;如果是托熟人相约面试的,可通过熟人表示感谢;如果是写信相约面试的,则可再写一封简短、热情的信表示感谢,使自己的求职善始善终。要注意,面试后表示感谢是十分重要的,它能显示应聘者良好的个人修养。但据调查,十个应聘者中有九个往往不会表示感谢。如果你没有忽略这个细节,则你会显得"鹤立鸡群",格外突出,说不定会使对方改变初衷,也说不定会有补缺的机会。

(4) 做好两手准备。面试往往是应聘者被用人单位挑选,或被录取,或被淘汰。无论结果如何,应聘者都要有所准备。面试后的一段时间内,应聘者最好不要到外地出差或游玩,当必须外出时最好向招聘单位事先说明,以表示自己的诚意。

(5) 让用人单位知道你的诚意。虽然面试后不能过早地打听面试结果,但也不是说面试后就不闻不问,只等着别人通知你。特别是在竞争激烈的情况下,而自己的"硬件""软件"又和别人差不多,在适当的时候主动联系招聘单位,表示出热情和诚意,那么成功多半是属于你的。

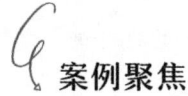

案例聚焦

看见我的诚意

某大型房地产公司欲招聘部门经理。这家公司规模大、资金雄厚、待遇优厚,其招聘广告在报纸上登出后,立刻收到了几百份应聘材料。经材料筛选、初试、复试、领导会商,A 和 B 脱颖而出,他们被告知在一星期内等通知。

对比两个人的情况,从"软件"来看,A 和 B 实力相当,难分高低;从"硬件"来看,A 有一方面略占优势,该公司招聘的职位专业刚好与他在大学所学专业对口,且他具备丰富的工作经验;B 的专业不完全对口,但他的经验也很丰富。

在等候通知期间,A 信心十足,静候通知。B 则主动与该公司的人事主管通过两次电话。在第一次电话中,B 对该公司提供给自己面试机会诚恳地表示谢意,并感谢人事主管的关照和帮助,祝他工作愉快、顺心。在第二次电话中,B 说明公司对自己有强烈的吸引力,表达了经慎重考虑后十分想为公司效劳的愿望。B 打的两次电话,虽每次都只是寥寥数语,但言辞恳切。

一星期后,B 接到了被录用的通知。

同一个面试问题并非只有一个答案，而同一个答案并不是在任何面试场合都有效，关键在于应聘者掌握了规律后，对面试的具体情况进行把握，有意识地揣摩面试官提出问题的心理背景，然后投其所好。

面试常见问题分析

二、商务谈判

现代商业社会，企业无时无刻不处在与其他企业构成的竞争与合作的环境之中。因此，谈判成了企业在经营管理中不可避免的活动。它是决定企业运作，以及企业与供应商、分销商和消费者关系的一个重要方面，也是决定企业经营成败的重要一环。掌握商务谈判中一些普遍适用的基本手段和策略，有助于企业在商务谈判中处于更加主动的地位。

（一）商务谈判的定义

所谓谈判，是指利益相关当事者为了实现各自的利益目标，运用各种互动手段进行的自愿、平等的协商过程。商务谈判是指为实现商品交易目标而就交易条件进行相互平等协商的活动。

商务谈判中，无论是基于赢得尽可能大的利益空间的考虑，还是基于尽量缩小企业损失的目的，都离不开对谈判技巧的运用。谈判是现代社会无时不在、无处不有的现象，人们之间相互交往、改善关系、协商问题等都要进行谈判。在商业经营活动中，交易双方要想做成交易并获得理想的经济利益，除了谈判外别无选择。商务谈判是不同经济主体之间进行合作的重要途径，谈判双方的合作不取决于任何人的主观意志，而取决于人们在自愿平等的基础上进行的有效的沟通和利益的共享。

（二）商务谈判的相关概念

1. 谈判协议最佳替代方案

谈判协议最佳替代方案这个概念由费希尔和乌里提出，指的是替代当前多个谈判方案中最好的方案。如果除目前的谈判结果之外，其他比较好的可能性微乎其微，那么谈判者就应该尽量将谈判促成而不是放弃。一个人对谈判协议最佳替代方案的估计决定了这个人的谈判底线或临界点，在这一点之上，任何谈判条件都超越他的期望，都是他可以接受的。谈判协议最佳替代方案事实上决定了一个人在谈判中的目标。一个人的谈判协议最佳替代方案越优，底气越足，他就越能掌握主动权，越有回旋余地，越有讨价还价的资本。相反，他的后路就越少，越被动，越容易被对方牵着鼻子走，越没有可能与对方讨价还价。

2. 谈判双方的立场与利益

谈判双方坐到谈判桌上之前，对自己的立场一般都有明确的认知。这里的立场指的是己方想要达到的谈判结果。例如，把合同签下来，并确定一个好价钱，最低价格不能低于每件300元人民币；或者谈工资，要求年薪10万元人民币，这就是所谓的立场。利益则是隐藏在立场背后的原因。如你为什么要把合同签下来，是为了完成领导交给你的任务？是因为产品是你研发的，不到每件300元不足以支持研发费用？是为公司创造收益，还是为了显示你是一个谈判高手？或者为什么要求年薪10万元，是证明你的实际价值，还是因为你的同学都拿这样的年薪？是因为这个公司给的平均年薪就是这个数，还是因为你维持家庭的开销要求你必须达到这个年薪水平？这些原因就是谈判者的根本利益所在，也就是谈判者最关心的内容。谈判的时候，关注谈判者的利益比关注其立场对达成良好的谈判有更加明显的作用。

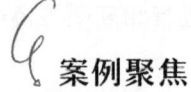

案例聚焦

认识利益与立场

假设你家里有两个孩子，你是他们的长辈，你今天回家，推开门发现两个孩子正在厨房里，拼命争抢一只橘子。

以下反映你会选择哪一类？

第一类反应："你们俩是不是要打闹？是不是要争吵？那就都别吃！"

第二类反映："哥哥应该让弟弟，因为要关爱幼小嘛！"或者说："弟弟应该让哥哥，中国的传统不是有'孔融让梨'的美谈吗？"

第三类反映：直接拿一把刀，把橘子从中间公公正正切开，然后一人一半。

解析：首先建议你不要采用第一类反应的模式。因为无论两个孩子如何争抢这只橘子，最终他们都或多或少会得到一些利益。而因为你的到来，两个人利益完全归零。你不是利益创造者，你是利益的终结者，请不要成为这样的人。其次，第二、三类反映也太草率。请思考还有其他什么更好的处理方式。

3. 讨价区间与成交的可能性

在买卖双方的谈判中，买方的谈判底线是自己愿意出的最高价格，而卖方的谈判底线就是自己愿意接受的最低价格。而在薪资谈判中，雇主的谈判底线是自己愿意出的最高工资，而雇员的谈判底线就是自己愿意接受的最低工资。讨价区间就是谈判双方谈判底线的重合区域。讨价区间可正可负，也可能为零：当谈判双方的谈判底线有重合区域时，称为其讨价区间为正；当谈判双方的谈判底线没有重合区域时，讨价区间就为负；讨价区间为零指的是谈判双方的谈判底线只在唯一的点上重合。

（三）商务谈判的原则

商务谈判的原则是指在商务谈判中，谈判各方都应当遵循的指导思想和基本准则。商务谈判的原则是商务谈判内在的、必然的行为规范，是商务谈判的实践总结和制胜规律。

1. 自愿原则

商务谈判的自愿原则是指作为谈判主体的当事各方，不是屈服于某种外来的压力和他人的驱使，而是出于自身对利益目标的追求和互补互惠的意愿来参加谈判的。谈判各方具有独立的行为能力，能够按照自己的意愿在谈判中就有关权利义务做出决定。同时，只有自愿，谈判各方才会有合作的要求和诚意，才会进行平等的竞争，才会互补互助、互谅互让，最终取得各方满意的谈判结果。

2. 平等原则

平等原则是指在商务谈判中，不论各方经济实力的强弱及组织规模的大小，其地位都是平等的。贯彻平等原则，要求谈判各方互相尊重、以礼相待，任何一方都不能把自己的意志强加于人。只有坚持这种平等原则，商务谈判才能在互信合作的气氛中顺利进行，才能达到互助互惠的谈判目标。

3. 互利原则

互利原则是指谈判达成的协议对于谈判各方都是有利的。要想坚持互利，就要重视合作；没有合作，互利就不能实现。谈判各方只有在追求自身利益的同时尊重对方的利益追求，立足于互补合作，才能互谅互让，争取互惠"双赢"，从而实现各自的利益目标，最终获得谈判的成功。

4. 求同原则

求同原则是指在谈判中面对利益分歧时，谈判各方要从大局着眼，努力寻求共同利益。谈判各方要承认利益分歧，认识到正是由于需求的差异和利益的不同，才可能产生需求的互补和利益的契合，才会形成共同利益。贯彻求同原则要求谈判各方在商务谈判中善于从大局出发，通过妥协寻求协调利益冲突的解决办法，构建和增进共同利益。

5. 效益原则

效益原则是指商务谈判不仅要节约谈判成本，重视谈判自身的效益，还要重视谈判项目所产生的社会效益和经济效益。

6. 合法原则

合法原则是指商务谈判必须遵守国家的法律、政策，国际商务谈判还应当遵守有关的国法和双方国家的有关法律、法规。商务谈判的合法原则具体体现在三个方面：一是谈判主体合法；二是谈判议题合法；三是谈判手段合法。

(四)商务谈判过程

商务谈判过程一般包括准备和计划、开局、阐述和辩论、结束和实施四个阶段。

1. 准备和计划

谈判开始前需要做一些准备工作。这些准备工作主要包括确定谈判目标、收集对方的谈判信息、选择谈判人员和确定谈判协议最佳替代方案等。准备工作做得越充分对谈判越有利。

(1) 确定谈判目标。谈判目标包括顶线目标、底线目标和现实目标。顶线目标是指谈判所能取得的最好结果,通常也是对方能容忍的最高限度。底线目标是指谈判的最低要求。现实目标是谈判可以争取或让步的范围。

(2) 收集对方的谈判信息。谈判信息就是指与谈判有关的各种数据与资料。对方的谈判信息主要包括冲突的性质与原因、对方参与谈判的人员、对方对谈判的理解、对方的谈判目标与要求、对方对己方谈判目标的态度与反应、对方坚守自己立场的程度、对方最重要的利益是什么等。如果是组织间的商务谈判,还需要了解市场、技术、金融、法律等方面的相关信息。

(3) 选择谈判人员。谈判的过程是双方谈判人员沟通、互动的过程。因此,谈判的成败与谈判人员的素质和谈判技能密切相关。谈判人员应具备以下素质:良好的职业道德;良好的心理素质,如勇于决断、充满信心、敢于冒险、沉着应战等;具备较强的沟通能力;掌握与谈判有关的专业知识。

(4) 确定谈判协议最佳替代方案。谈判协议最佳替代方案决定了谈判协议中双方可接受的最低价值水平。只要在谈判中所得到的对方提议优于己方的谈判协议最佳替代方案,谈判就不会陷入僵局。反之,如果己方的提议不能让对方感到优于他的谈判协议最佳替代方案,就很难获得谈判的成功。因此,在谈判之前确定己方并了解对方的谈判协议最佳替代方案,将有利于在谈判中占据主动地位。

2. 开局

谈判双方刚进入谈判场所时,难免会感到拘谨,尤其是谈判新手在重要的谈判中往往会产生忐忑不安的心理。为此,必须讲求入题技巧,采用恰当的入题方法。

(1) 迂回入题。为避免谈判时单刀直入、过于直接,影响谈判的融洽气氛,谈判人员可以采用迂回入题的方法。如先从题外话入题,从介绍己方谈判人员入题,从"自谦"入题,从介绍本企业的生产、经营、财务状况入题等。

中日货车
故障索赔谈判

(2) 先谈细节,后谈原则性问题。围绕谈判的主题,谈判人员可以先从洽谈细节入题,条分缕析,丝丝入扣,待各项细节问题谈妥,也就自然而然地达成了原则性的协议。

(3) 先谈一般原则问题,后谈细节问题。一些大型的经贸谈判中,由于需要洽谈的问题千头万绪,双方高级谈判人员不应该也不可能介入全部谈判,往往要分成若干等级进行多次谈判。这就需要采取"先谈一般原则问题,再谈细节问题"的方法入题。一旦双方就原则问题达成一致,那么,洽谈细节问题也就有了依据。

(4)从具体议题入手。大型商务谈判总是由具体的一次次谈判组成的。在具体的每一次谈判会议上,双方可以首先确定会议的具体商谈议题,然后从这一具体议题入手进行谈判。

3. 阐述和辩论

谈判双方表明各自对相关问题和利益的看法,包括:对问题的理解,即谈判应涉及哪些问题;双方的利益,即双方希望通过谈判各取得哪些利益;双方的首要利益;双方对谈判的态度等。双方对对方的立场、观点、条件等展开分析、论证与辩论。这一阶段不一定是对抗性的,实际上是双方就有关问题进一步交流信息与意见的过程,如问题的本质是什么、该问题为什么对双方都很重要、双方最关心什么、如何达到对方要求等。

4. 结束和实施

结束和实施阶段主要是将已达成的协议正规化,并为实施协议和监控协议执行制定出所有必要的程序,包括签订协议、落实协议、谈判总结等。

(1)签订协议。为确保谈判双方都能充分理解达成的协议,对谈判结果一一进行记录是最佳的方式。并且,在签订协议前,双方组织谈判人员应逐一核实协议的所有条款,尽量使协议内容明确,避免使用模棱两可的语句。

(2)落实协议。在谈判协议中应包括一项落实协议的条款,该条款应明确规定做什么、何时做、谁来做等。

商务谈判的策略

(3)谈判总结。在谈判结束后,应做高效总结,包括:对谈判结果是否满意;谈判人员中谁是高效的谈判者;哪些策略与行动是有效的;哪些策略与行动阻碍了谈判进程;谈判中时间利用得如何;谈判中是否了解对方最关心的问题;谈判是否达到了对方的目的;谈判前的准备工作是否充分;此次谈判有哪些方面值得以后学习,有哪些方面需要吸取教训等。

(五)商务谈判的语言运用技巧

商务谈判过程的实质就是谈判者运用语言进行磋商并谋求一致的过程。而在谈判中如何把思维的结果用语言准确地再现出来,则反映了一个谈判者的语言能力。说话方式不同,常常结果也会不同。

1. 谈判中的语言运用要注意客观性

从谈判卖方来看,谈判中语言的客观性主要表现在介绍的己方情况要真实;产品报价要切实可行,既要努力谋求己方利益又不能损害对方的利益;确定付款方式时要充分考虑是否双方都能接受。从谈判买方来说,谈判中语言的客观性表现在介绍己方的购买力时不要夸大事实;评价对方产品的质量、性能要实事求是,不可吹毛求疵,任意褒贬;讨价还价要充满诚意,如果提出压低价格,要有充分依据。

2. 谈判中的语言运用要有针对性

针对不同的谈判对象、不同的谈判内容和不同的谈判场合应运用不同的谈判技巧；针对不同的谈判者在文化程度、知识水平、接受能力、风俗习惯上的差异应采用不同的语言表达策略；针对同一谈判者的不同需求，恰当地使用有针对性的谈判语言或着重介绍产品的质量、性能，或侧重介绍己方的经营状况，或反复说明产品的价格合理等。

3. 谈判中的语言运用要有逻辑性和论辩性

谈判中语言的逻辑性是指谈判者的语言表达要符合思维规律，表达概念要清晰，判断要准确，推理要严密，要充分体现客观性、具体性和连贯性，论证要有说服力。谈判的艺术在某种程度上就是辩论的艺术。只有对谈判议题进行辩论，才能拓展题的外延和内涵，使议题更加明晰，进而更容易有针对性地找到解决问题的方法。

三、会议主持

会议是组织沟通的主要形式之一。各个企业均耗用大量时间进行会议沟通，而作为会议主持应该掌控会议节奏，使会议圆满顺利进行。

（一）清楚会议的流程和议程

1. 会议的准备

（1）为什么开会？要明确召开会议的理由，如果有别的方式可以替代开会，并且能达到预期的效果，就没有必要开会；如果会议成本大大超过了潜在收益，也没有必要开会。如果会议的日程定了，但是关键人员来不了，会议是否还需要组织召开？开会的原因就是问题或者任务必须通过会议的方式解决和落实，或者通过会议能够更有效率地解决和落实问题或任务。

    可以通过提出以下问题来确定是否需要开会。
    是否有必要召开会议？有没有其他更好或者更简易的方式来实现既定目标？
    会议的目的是什么？是信息共享还是动员激励？是解决问题还是作出决策？
    会议的总目标是什么？什么是最好或者最坏的结果？
    是否制订了应变和应急计划？

（2）开什么会？明确会议目的和目标只是一个大方向，为了提高会议效率，还需要设定相关的议题。议题设定的原则主要有三个。第一，议题适当、紧扣目标。凡是与会议目标无关的议题都不要列入会议的议程，以免分散主题，拖延时间，也可避免引起不必要的麻烦。第二，各项议题之间最好存在有机的联系，且按合乎逻辑的顺序排列。第三，应明确各项议题所需的讨论时间，让与会人员做到心中有数。

(3) 在哪里开会？确定好会议的主题和议题之后，要相应做好会议的辅助性工作准备，包括一些后期保障工作。注意事项如下：首先，选择合适的会议场所，环境适宜、干净整洁；其次，检查有关设施，调试会议设备，避免造成会议的"硬伤"；再次，根据会议性质，恰当安排座位，可以结合需要确定桌牌的放置位置；最后，如果没有特殊情况，会议地点确定后不要随意更换。

(4) 什么时间开会？会议时间的选取应注意以下几个方面：第一，要有充足的准备时间，除非是处理突发事件，充分准备是召开会议的必要条件；第二，要考虑与会者的工作时间、日程安排；第三，除非特殊情况，会议时间应控制在两个小时之内；第四，应尽量明确会议的起止时间，在会议通知书上进行说明，并提醒与会者准时参加。

(5) 谁来参会？参会者的选取，应遵循的原则主要有以下几个。首先，确定选取与会人员的总体原则是少而精，有关人员必须参加，无关人员尽量不请，以确保会议质量。其次，具体人员安排方面，要根据会议类型的不同而有所区别。例如，信息型会议应该通知所有需要了解该信息的人；决策型会议需要邀请能对问题的解决有所贡献、对决策有影响的权威人士，以及能对执行决策作出承诺的人参加。最后，慎重选择会议主持人。会议效率在很大程度上取决于会议的主持人，既可以选择领导者担任会议主持人，也可以由经验丰富、富有主持技巧的人来担任会议主持人，但会议主持人必须是与会议有关的人。

2. 会议的过程

会议组织者应当安排好会议程序，并抓好过程管理。严格按会议程序组织，掌握好会议进度，才能高效率地召开会议并取得好的效果。一般而言，会议的过程可分为以下四个阶段。

(1) 开始阶段。主持人宣布会议开始，说明召开会议的目的及要求，介绍与会的重要人物，提醒与会者注意相关的会议事项。

(2) 讨论或报告阶段。与会者在主持人的引导下分别针对会议目标提交报告、发表意见或交流讨论。所有的交流，都应当指向会议目标，一定要避免经常性跑题或者陷于情绪性争辩。这个阶段特别考验会议主持人的引导交流技巧以及局面控制能力。

(3) 总结阶段。在与会者充分讨论后，主持人应对各种意见加以归纳、总结评价，以便达成共识，作出决策，切忌议而不决，浪费时间。

(4) 结束阶段。在宣布散会前，主持人或会议秘书应再次确认会议结论，以取得与会者认同；散会时，主持人应向与会人员致谢。

(二) 学会赏识和授权

1. 会议主持中的"赏识"

"赏识"是看待这个世界的一种积极视域。从积极的视角去看待世界，你会发现跟你发生对话的人的身上，实在有太多的东西可以被我们赞许、可以被我们赏识，从而建立起对方对你的好感，甚至起到优化现场氛围的作用，使整个会议环境和会议节奏显得更加和谐。作为会议主持人，不仅需要连接会议的各个环节和各个话题，还需要连接参会的各方来宾，其中也包括发言者。从邀请来宾发言到高度提炼发言者的主要阐述内容，这不光考验主持人的归纳总结能力，还考验主持人处理人际关系的能力。邀请来宾发言最好事先沟通，得到来宾同意或认可，甚至可以对发言的内容或方向进行略微探讨，一是可以相互纠偏，二是可以提前做好归纳总结的准备。在发言者发言结束时，要引导全场鼓掌以示鼓励或认可，无论发言内容是否精彩，都应当对发言者表示感谢。若发言内容既专业又精彩，要第一时间表达对该内容或该发言者的赏识。

哈佛大学的心理学家、哈佛国际谈判项目创始人丹尼尔·夏皮罗说，在对话的过程中，也许除了对方与我们相冲撞的立场，所有其他的部分，我们都可以称赞对方。我们可以称赞对方的想法，比方说我们可以认同他的逻辑，我们可以同情他的感受，我们可以称赞对方的行为，感谢他为解决问题已经付出的时间，并且作出的努力。所以在真正的沟通过程中，在可以赞许对方的时候，我们其实都应该给对方施加赞许。

2. 会议主持中的"授权"

"授权"是指在会议过程中，采用授权性的话语习惯，让参与会议的来宾对会议现场，尤其是交流沟通环节，也能多多少少施加某种控制。如果发言者在整个话语场当中对局势完全没有控制，对方就会感到非常不舒适，甚至不会喜欢这位主持人。

比如，你刚刚讲完话，某一位领导来做总结，他说："小王刚才讲的我们概括一下，无非就是三点……"注意，"无非"这两个字就非常刺耳。他冒犯了你什么？他把自己抬得非常高，然后把你的东西占为己有，所以你对自己内容的那种控制和驾驭就被冒犯了。这种话语习惯让人非常不舒服。

那如果不这样讲，我们在对话的过程中能够多多少少给对方一些局势的控制，这种话语应该怎么表达呢？比如，我们可以这样说："小王刚才讲得非常好，内容非常清晰，把近期阶段的工作给我们都做了非常系统的总结。"首先表达认可和赏识。然后接着说："我把他的内容给大家再做一个简单的梳理，当然如果我讲的有什么遗漏，小王你稍后还可以给大家作补充。"此时，发言的小王在整个话语场中就获得了一部分对话语局势的继续掌控权，这会让对方感觉更好。

四、述职汇报

述职报告是述职者本着实事求是的原则就自己任职以来履职的成绩、问题、经验、教训以及今后的打算，向本单位领导和同事所作的演讲，是职场中人人都应掌握的一门演讲艺术。

（一）述职报告的特点

1. 限定性

述职报告的限定性表现在以下三个方面。

（1）述职报告的内容和材料要限定在述职人自己的职责范围内。因此，述职人要围绕岗位职责和目标展开演讲。如果述职人不按照岗位职责和目标演讲，述职报告就容易成为一般性的工作总结和工作汇报。

（2）述职报告的内容和材料必须限定在述职人一定的任职期限内。

（3）述职报告的时间是受到限定的，一般为15～20分钟。

2. 客观性

述职人的演讲内容要客观真实、实事求是。由于述职人工作的固定性和观众的固定性，述职人和大多数观众属于同一单位，双方长时间共事，彼此相知，如果述职人演讲的内容存在虚假信息，很容易被发现。因此，述职人不要夸大自己的业绩，以虚充实，编造成果，而应当有一说一。

3. 严肃性

述职报告的场合非常庄重，上级领导特别重视，同事也到场监督，这就要求述职人必须严肃、认真地对待述职报告，不能视其为走过场。另外，述职报告能力是各级领导的基本功，是一个人德才学识的综合表现，可以树立自我形象，进一步实现自我价值。如果不能成功演讲，是否称职的答案也就可想而知了。

4. 总结性

述职报告能否引起领导和同事的共鸣，关键在于能否把所做的工作上升到理性层面去认识。例如，成功后要讲清成功的原因，总结出经验供他人参考；如果失败了，就要讲清楚失败的原因，总结出教训和需要规避的地方，让他人少犯类似的错误。

5. 鉴定性

一般来说，述职人在演讲完以后就要回避，然后同事配合上级领导进行分组讨论，鉴定述职内容的正确性和客观性，然后把鉴定的报告和述职人的述职报告一并交给上级主管部门审核和评估，以作为升职、降职、调整、留任等决定的重要依据。

（二）述职报告的技巧

在做述职报告时，述职人要掌握以下的演讲技巧。

1. 务实少虚

务实少虚是指多讲述实际的东西，少说理论的认识。领导和同事在听述职报告时在乎的是述职人做了哪些事，是否实现了任职期间的目标，获得了哪些效益。因此，述职人一定要在"实"上下功夫。

2. 通俗易懂

演讲的观众个性不同、情况各异，要想让所有观众全都听懂演讲的内容，演讲就必须具有通俗性。即便是专业性、学术性很强的内容，述职人也要尽可能明晰准确、口语化地讲述。

3. 语言精练

一般述职报告的时间在15~20分钟，要在这有限的时间里把自己一定时期内的主要成绩和经验教训较完整、系统地表达清楚，就必须语言精练。因此，述职人在演讲时要准确措辞，详略得当，不啰唆，不重复，不带口头禅。

> 有的述职人在讲到自己的工作过程时会这样说："我在平时工作中会与各部门打交道，做好协调工作。在自己的部门里，我会严格要求下属执行公司的制度，如不能迟到、早退，工作期间不要闲聊，不能玩手机，不能频繁请假等。在生产过程中，我会带领下属查看产品工艺、产品质量、制造成本和产量等指标。在我的带领下，部门的全体员工都恪尽职守，在自己的岗位上尽心尽力。"
>
> 这样说显得啰唆，可以改为："在日常工作中，我会做好各部门的工作协调，严格要求下属执行各项管理制度，调控生产过程中的各项工艺、质量、成本、产量等指标，大家责任明确，各司其职，各尽其能。"

4. 总结规律

虽然述职报告要求务实少虚，但"虚"的内容也必不可少。述职报告不能只把已经发生过的现实简单地罗列出来，还必须对搜集来的现实、数据和材料进行认真的归类、整理、分析和研究，从而找出其中的规律，得到公正的评价。如果不能把感性的现实上升到理性的规律的高度，述职报告就无法作为未来行动的向导。述职报告是否具有理论性和规律性的认识是衡量述职报告好坏的重要标准。当然，述职报告中规律性的认识是从实际出发的认识，实践性很强，不需要很高的思辨性。述职报告的目的是总结经验教训，使未来的工作能够在前期工作的基础上有所进步和提高。

（三）述职报告的注意事项

述职人除了要掌握基本的演讲技巧，做述职报告时还要注意以下事项。

1. 服饰要得体

述职报告的场合是十分严肃的，在这样的场合下服饰如果不得体，无论如何都不会引起他人的好感与尊重。服饰是一个人气质和涵养的外化，所以述职人一定要穿戴整齐、服饰整洁，展现出良好的职业素养和专业感。

2. 保持平和的心态

发表述职报告固然要有激情，但过于激动和兴奋，或者表现得沮丧和消沉都是不可取的。述职人如果露出得意扬扬的神情，在演讲时大喊大叫，甚至做出撸起袖子的动作，就会给人留下浅薄的印象；述职人如果低垂着头演讲，声量还很低，就难以让观众产生信赖之感。

3. 淡化"我"的身份

有些人在述职报告时总是"我"不离口，如"我认真学习了领导的讲话""我带病坚持工作，轻伤不下火线""我帮助年轻后辈提高业务水平"……这种讲述方式会让人听起来很不舒服。述职人讲述的自然是自己的事情，因此要注意把"我"的身份淡化一些，尽可能省略主语"我"，也可用"自己""大家"代替"我"，或者在讲述完以后加一点谦虚的词语，不给观众留下"把功劳归于自己"的坏印象。

4. 平实、有趣

述职报告的语言一般以平实为主，但也不应失去情趣，否则演讲会变成"催眠曲"，让观众昏昏欲睡，效果不好。

5. 保持良好的语言节奏

人们在写述职报告时会不经意地按照论文的逻辑来写，使语言过于书面化，再加上如果述职人不熟悉演讲内容，比较生硬地对着演讲稿来读，就会让整个演讲变得生涩、无趣，很难获得好的效果。一般来说，述职人要列出简要的提纲，然后用自己的语言把提纲中的重点列出来。有时述职人可以对着演讲稿来讲，但在演讲时不要埋头复述演讲稿，而要保证与观众的眼神交流，并在说话的语气和节奏上强调内容重点，如工作成果中的数字，从而引起观众的关注。

项目小结

本项目主要讲述了语言表达的能力要求、校内社交常用语言沟通情境、职场社交常用语言沟通情境三部分内容。语言表达的能力要求包括语言表达的基本步骤、有效提问、积极倾听、及时反馈，以及语言表达误区和表达能力提高的方法；校内社交常用语言沟通情境包括自我介绍、干部竞聘、演讲辩论、毕业答辩等主要情境；职场社交常用语言沟通情境包括求职面试、商务谈判、会议主持、述职汇报等主要情境，通过对特定环境下语言沟通特点的了解和学习，掌握言辞和语句使用技巧，在沟通中成人达己，为营造良好的个人形象奠定基础。

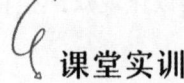
课堂实训

一、思考讨论题

1. 面试时应该如何做自我介绍？请提炼要点，并试着为自己写一个用于面试的自我介绍。
2. 商务谈判的过程是什么？商务谈判的语言技巧有哪些？

二、技能训练

有两个堂兄弟曾为一块宅基地发生纠纷，二人被迫来到地方政府的纠纷调解室，但二人一说话就免不了争论，一度争得面红耳赤，甚至毫不留情地打起来了。调解员小李却不着急，她微笑着给原告倒了一杯水，被告见状把水杯打翻了。她又给被告倒了一杯水，结果也被原告打翻了。小李默默地找来拖把，把地上的水渍拖干净。看到小李的举动后，双方的争吵声渐渐平息了下来。

这时调解员小李微笑着问他们："你们来调解室是干什么的？"双方都答道："当然是来解决问题的。""既然知道是解决问题的，那我们来研究一下具体的解决方法吧。"小李的一席话点醒了双方，他们渐渐回归理性，最后，闹了数年的纠纷竟然在一朝之间通过调解化解了。

请用学过的知识分析上述案例。

项目六 职场沟通

项目目标

【知识掌握】
1. 了解职场环境,并认识职场中的常见角色及其特点。
2. 掌握与不同级别同事相处之原则。

【技能要求】
1. 掌握与不同级别同事沟通交流的技巧。
2. 掌握与客户沟通交流的技巧,有效说服客户和处理客户异议。

【素质提升】
1. 树立正确的职场观念,以解决问题、完成工作为导向,养成良好的职业习惯。
2. 培养优质的职场情商,塑造良好的职业形象。

案例导读

我的职场第一年

我的第一份工作是在一家大型的外包呼叫中心担任呼出代表。我之所以会选择这份工作,是因为我希望可以接触到更多不同类型的人;同时因为我很喜欢和人聊天。

上岗以后,我发现实际工作与培训全然不是一回事。培训师之前所教的一切,似乎都是多余的,用户根本不给你说话的机会,更不用提相互沟通了。工作上的困难让我感到无所适从,一次又一次的打击使我陷入了一个恶性循环当中。我开始怀疑自己的选择和判断是否正确,内心也开始动摇,而同事的不断离职更是让我陷入前所未有的迷茫中。终于,在入职后的第三个月时,我提出了辞职。

交辞职书时,主管和我进行了一番谈话。她很关心地询问我最近是不是感到压力很大,我告诉她这份工作不适合我。她问我何以见得,我告诉了她这份工作不适合我的理由。她说,做呼出代表,最关键的就是健谈与热情,而这两点我都有,所以从我进公司,她就留意我了。看我若有所思,主管接着说:"你现在最大的纠结,不是你没有完成指标,而是你为什么不是最优秀的那一个。"她又说:"很多成功都不是一蹴而就的,需要的是长时间的自我积累与不懈坚持,你正在变得越来越好,千万不要放弃,否则太可惜了!"听了主管的话,我开始重新审视自己的决定:究竟我是被所碰到的困难吓倒了,还是我本身的能力不行?我在改变,困难不是不可解决的,既然如此,我为什么要退缩呢?于是,我决定留下。

在那之后,我的表现果然如同主管所说的那样一天比一天好,又过了三个月,我成为公司的正式员工。

思考与讨论:
(1) 谈谈你对案例中主管和"我"的谈话的看法。
(2) 这个案例给了你怎样的启发?

任务一 与上级的人际沟通

一、与上司相处的原则

上下级关系的本质是相互依存、相互成全,上司需要通过下属的努力来达成自己的管

理目的,下属则需要通过上司的支持和提携来实现自己的职业发展目标。上下级关系最终会发展成什么样的格局,不仅仅取决于上司,也取决于下属。如果想有一个良好的上下级关系,就必须主动去发展并"经营"这种关系。在与上司的相处中,除了要遵守工作中人与人相处最基本的原则,还要注意一些特殊原则。

(一) 主动进行沟通

在职场中,管理者由于身份、地位等原因,很难对下属有过多的关注。而且大多数管理者都习惯单向沟通,即等着下属来找他沟通,却很少主动跟下属沟通,除非是有什么问题。在这种情况下,上司难免会对下属缺乏了解。也就是说,上司希望并喜欢下属主动去跟他沟通。主动沟通者更容易与上司建立并维持良好的人际关系,更可能在人际交往中获得成功。如果在工作中遇到了问题,却不主动与上司沟通,那么问题不仅得不到解决,还会变得越来越严重,从而给工作带来不良的后果。因此,在工作中要想有所作为和提高,就必须积极主动地与上司沟通。

（二）注意沟通的技巧

在同上司交流之前，一定要明白交流的目的，并做好充分的准备。在交流过程中，要尽量避免冗长无味或意思重复的陈述；表达要完整，关键环节应详细讲解，不太重要的地方可以简略带过；最好是使用商量的语气。在听上司讲话时，要做到全神贯注，不要遗漏和错听讲话内容，如果没有听清，一定要再次询问。

（三）多提改善建议

职场上常提意见的下属有两种：一种是什么都看不惯，总喜欢提意见，然后把问题抛给上司；另一种是在提出意见以后，还能提出相应的改善方法、思路或建议。从领导的角度来看，善于提建议是一名好员工应当具备的素质之一，因为只有忠诚于企业、有强烈主人翁意识、善于思考的员工，才会积极地为了自身和企业更好的发展而提出有价值的建议。需要指出的是，下属要学会站在领导的角度来看问题，这样下属的想法和建议才会更加全面和成熟。

（四）适度展现自我

做好自己的本职工作是获得提拔的一个非常必要的前提，而适度展现自我则是取得成功的途径。一个过于迁就、盲从大流、毫无主见的人，在公司中会没有存在感，而且会越来越平庸。忙碌的上司不会无缘无故地注意到普通的下属，下属应在适当的时候表现自己，让上司看到自己的能力。

二、与不同性格的上司沟通的技巧

每个人都有自己的性格特征、爱好特点、心理需求，上司也不例外。在了解如何与不同类型中的上司相处之前，要先了解他们不同的性格特征和爱好，尤其是心理需求。这样才能在与他们交往的过程中区别对待，运用不同的沟通技巧，获得更好的沟通效果。

（一）与命令型上司相处的技巧

一般来说，命令型上司最重要的心理需求是保持威严。在和这种类型的上司相处时，应注意以下五个方面。

1. 以工作为中心

命令型上司对工作非常认真，往往在工作中投入很大的精力，如果下属在工作中经常谈论工作以外的话题、做工作以外的事情，他们会很不满意。因此与命令型上司相处时，下属要时刻记得以工作为中心。

2. 把决策权交给上司

命令型上司希望一切都在自己的掌握中，因此下属必须尊重命令型上司的决定，由他们掌握决策权,尽量不要越俎代庖替上司做决策。

3. 请示汇报要及时

命令型上司非常希望能够了解每个下属的工作,因此,下属遇事应及时请示、汇报,这样才可以得到这种类型上司的赏识。

4. 掌握言辞的分寸

命令型上司非常注重工作时的上下级关系。他们认为只有上下级关系清晰,才能将命令顺利地传达到位,才能高效完成任务。而上下级关系中应当注意的就是对言辞分寸的把握,下属在清楚地表达自己意思的同时,还要体现出对上司的尊重。

命令型上司习惯发布指示却不喜欢做太多的解释,下属在接受任务时,应多想该怎么做。这样不仅能赢得上司的赏识,同时能更好地理解自己将要做的工作。

(二)与教练型上司相处的技巧

一般来说,教练型上司的心理需求是认可和尊敬。因此,在和这种类型的上司相处时,要经常与他进行语言沟通。

教练型上司非常愿意帮助并指导下属,以使下属发现自己的能力和弱点。因此面对教练型上司,下属应该多寻求他们的支持和帮助,这样的请求上司往往会欣然接受,下属也能借此提升自己的能力。同时,下属还要向上司积极表达自己的感谢,只要是上司提供的帮助,哪怕本在上司的职责范围之内,也应该向他表示感谢。

(三)与支持型上司相处的技巧

一般来说,支持型上司的心理需求是尊重和轻松。因此,在和这种类型的上司相处时,应该注意不要无视上司的热情。由于这种类型的上司关注下属多于关注工作,所以他们与下属之间的隔阂并不大。相比于其他类型的上司,支持型上司是比较好相处的。

1. 大胆表达意见

支持型上司喜欢以讨论的方式来谈工作问题,会给下属留有更多的发挥空间,提供更多的锻炼机会。因此下属在支持型上司面前一定不要太谦虚,而要勇于表现和承担,将自己的想法大胆、详尽地说出来。当下属竭尽全力出谋划策时,支持型上司会对此感到满意,认为自己的领导方式起到作用,从而进一步坚定自己的人性化管理方式,这样上下级之间的沟通就会更容易。

2. 促进私人交往

支持型上司是四类上司中唯一公私不太分明的一类。他们常常花很多时间来处理与下属的关系,希望能够了解下属的生活,以便更好地帮助下属。因此,同这种类型的上司进行私人交往应适度,要使公私两方面的关系都能得到协同发展。

（四）与授权型上司相处的技巧

一般来说，授权型上司最关注的是团队绩效和个人成就。他们会通过适当授权来激发下属的主动性和积极性，希望下属能参与工作计划和目标的制订，鼓励团队合作和个人发展。因此，在和这种类型的上司相处时，最重要的一点就是要发挥主观能动性。

1. 积极建言献策

授权型上司会通过适当授权、鼓励下属参与决策，授权供下属发挥主动性和创造性的空间，进而使下属的责任感、义务感和对工作的控制感得到提升。授权型上司喜欢与下属打成一片，拉近与下属的距离。因此下属对工作要积极主动，在和授权型上司谈论工作时，要少问怎么做、多问做什么，同时要积极建言献策。

2. 主动承担任务

授权型上司非常重视下属独立工作的能力，鼓励下属自我影响、自我管理、自我控制，要求下属能够独立解决问题。把任务交给下属就不希望下属事事请示，更不希望下属把任务推回给上司，这样会干扰上司的工作，令他失望。因此，下属在接受任务时，一定要认真倾听上司的讲话，问清楚他的要求、工作性质、最后的期限等。当上司要求下属做超出自己经验和技术范围的工作时，下属最好向上司言明完成任务所需要的帮助，而不应该害怕去完成，要明确地表示："对不起，我做不到。为完成这项任务，我需要帮助。"

三、说服上司的技巧和相处禁忌

说服上司是一门艺术。由于上下级之间地位以及职务的差异，下属说服上司跟说服同事以及竞争对手大不相同。

（一）了解上司的观点

要想得到上司的赏识并说服他，就必须想方设法了解上司的观点，其中最有效的方法是"察言观色"。既可以是直接观察，即观察上司的一言一行，以熟悉上司的处世方式，分析上司的思维方式，进而了解上司的性格特征。还可以是间接观察，即观察上司所欣赏的人和喜欢的事物，通过了解上司所欣赏的人和喜欢的事物来了解上司的性格特征。通过把直接观察和间接观察结合起来并加以分析，就会对上司有个比较全面的了解，而对上司的了解是下属做事情的依据。

（二）站在上司的角度想问题

要想和上司互动成功，就应该多站在上司的角度来考虑问题，学会换位思考。一方面理解上司的苦衷，当上司失误时要给他以台阶；另一方面要协助上司解决他没有考虑到的问题或者感到棘手的问题，从而使自己获得更多的晋升机会。总之，下属能站在上司的角度，设身处地地为上司着想，那么上司自然也会乐于与这样的下属沟通。

（三）准备充分应对上司的质疑

一般来说，上司都喜欢有备而来的下属，因为与这样的下属沟通交流，能谈及深层次的问题，也容易达成共识。同时在沟通中，上司也能汲取下属思想中的一些精华。因此，下属要说服上司，就必须做好前期的准备工作。这些准备工作包括以下几点。

（1）多设想一些上司可能会问到的问题，并提供多种对策。

（2）完整地把握事态和相应数据，分析问题要有理有据，尽量避免含糊不清或凭经验判断。

（3）表现出你对解决此问题的立场和决心，从而让自己的话更有说服力。

（4）表达简明扼要，重点突出，争取用较短的时间把事情讲明白。先讲结果，即要达到什么目的，再做重点分析。

（四）与上司相处的禁忌

要想与上司和谐、愉快地相处，除了要充分了解上下级关系中的难点，还要懂得与上司相处的各种禁忌。

1. 谈论非工作话题

应该始终记住，上下级关系是建立在工作的基础上的，和上司搞好关系的目的，是为了促进各自的工作，创造更好的业绩。下属应该注意控制非工作性谈论，即在工作时间避免谈论工作以外的话题。下属要以自我发展为重，尽量不要把私人情感过多地带到工作中。要想发展同上司的友谊，还是用业余时间比较合适。

2. 情绪波动

人们在日常生活中都有这样的体会：心情好时，做什么事都得心应手；心情糟时，做什么事都不顺利，这就是情绪对人的影响。所以，要想不被情绪左右，就要做情绪的主人。在工作中，不管上司对你说什么或者做什么，作为下属都要努力做到平和对待，可以通过上司的言行猜测他的意图，但绝不可以把自己的猜测等同于他的本意。上司的表扬，不一定是真的赏识下属，也许只是那天他心情好而已；上司的批评，也不一定就意味着讨厌下属，也可能只是那天他心情很糟糕罢了。所以，作为下属要始终保持清醒的头脑，不要随着上司言行的变化而情绪波动。

3. 过分苛求上司

心理学家常将"过分苛求"比作一把"双刃剑"，它不仅会给对方带去痛苦，也会给自身带来伤害。在上下级关系中，过分苛求会让下属总是关注上司，而不是关注自身，从而丧失自我反思的机会、丧失自我进步的动力。过分苛求会让下属极端地关注细节，而不能从整体看待上司，以致总是抓着上司的缺点不放，而看不到上司的优点。作为下属要理解上司也是个普通人，不是十全十美的人，也会有瑕疵，从而用宽容代替苛求。

4. 防御性沟通

防御性沟通指人们急于保护自己，以致不能倾听对方在说什么，没有机会思考如何解决问题。导致下属产生防御性心理的原因有很多，例如有些上司比较偏向于使用评价性陈述，因为这种陈述通常会涉及对下属的判断，如果这种判断是消极的，作为下属就可能会做出防御性反驳；有些上司总是企图控制他人，他们相信自己总是正确的，任何其他意见都不值得一听，这时下属就常常会对自己的观点进行辩解，并在心里拒绝接受。作为下属必须主动寻求消除防御性心理的方法，主动忽略上司言行中的刺激因素，多从自身做起，改善同上司的关系。

5. 逃避责任

大多数人在"有利"与"不利"两种形势的选择中，都会选择趋利避害。通过各种"免责"行为，暂时逃脱责任，避免承担额外的心理压力。逃避责任有两种比较常见的表现形式。一是没有坚定的立场，对上司的意见照单全收，如果工作不顺利，就怪上司领导不力，把自己的过错、失败都归因于客观方面。二是过度自责，当出现问题时，承认是自己的过错，在上司面前不停地检讨，却不想方设法去弥补损失、吸取教训。这只是表面上的承担责任，实际上也是在逃避责任，希望通过自责逃过别人的责备、逃避承担自己的错误所导致的不良后果。

工作中出现错误并不可怕，可怕的是不敢承认错误，而是找借口推卸责任。一个人害怕承担责任，不能积极寻找解决问题的方法，就无法改正错误并更好地完成任务，从而难以提高自己的工作能力。其实，承认错误并改正错误，也是负责的表现。

6. 掌握不好分寸

与上司相处要注意掌握分寸。作为下属一定要记住彼此之间是上下级关系，任何时候都不能忽视这一点。① 不能同上司关系过密，让人感到不同寻常，可能会导致其他同事的不信任。② 不能同上司的关系太过疏远，这样会让我们在他们心目中变得无足轻重，也不利于我们工作的开展。③ 不能把上司当作敌人，同他们对立起来，要尽量客观地对待上司，他们地位高，责任也大，面对压力可能会表现出一些不太好的情绪，但其实很少会真正地针对下属个人。

任务二 与平级的人际沟通

一、与平级的沟通要点

与同事相处得如何，会直接关系到自己工作、事业的进步与发展。如果同事之间关系融洽、和谐，人们就会感到心情愉快，从而有利于工作的顺利进行，更好地促进事业的发展。反之，如果同事之间相处不好，人们就会感到心情不悦，在工作中会被这种不好的心情影响，从而导致工作出错或滞后。我们应注意以下要点，就可以帮助我们与同事更好地相处。

（一）学会尊重

同事之间虽然朝夕相处、彼此熟悉，但也不可随随便便、不拘小节，相互尊重是同事间和睦相处的重要原则。只有相互尊重，才能相互认可、相互接纳。

1. 尊重人格

人格是一个人道德品质的核心。所以，每个人维护自身的人格尊严就成了维护自身形象的关键。当涉及同事人格问题的时候，一定要慎之又慎、三思而行，不能信口开河。

2. 讲究批评的艺术

人们都喜欢玫瑰花，而不喜欢玫瑰花上的刺。批评正如花上的刺一样，稍不留心就会把别人的自尊心刺伤，不但达不到预期的效果，反而会引发对方的不满情绪和对抗心理。所以，批评同事时态度要客观公正，就事论事，语气平和，委婉含蓄，试着多体谅对方，采用开导的方式，这样才会更容易让人接受。

3. 尊重他人，要从小事、细节做起

与同事相处，切忌不拘小节。在日常工作中，往往会因小事上的疏忽，而使同事产生误解或者不快，当事人却全然不知。因此，我们一定要尊重同事。

（二）相互体谅

每个人都有说话、做事不妥或者出错的时候，且一般都会感到不好意思，甚至觉得颜面尽失。这样的尴尬场面，如果能给同事一个台阶下，不但能获得同事的好感，而且还能与之建立起良好的人际关系。

1. 切忌尖刻地批评别人

批评的目的是帮助对方成长，而不是打击对方的自尊心。所以一定要在维护对方自尊的基础上进行批评，帮助其认识所犯错误及其根源和危害。当同事遭到失败时，不要去责备他，因为他已经十分自责了。相反要给予同事鼓励和赞赏，这样不但能使他重新振作起来，还能大大增强其自信心，这是对他最好的安慰，也会使同事之间的关系更加和谐。

2. 主动帮同事解围

同事因为工作关系走到一起，是利益共同体，所以要有集体意识和大局意识，学会主动帮同事解围，而不是互相拆台。比如，当同事出现小差错时，要及时给予提醒；当同事

需要帮忙时，如果时间允许、能力所及，可给予协助。主动帮助同事解决困难，会给彼此带来好感，有利于团结。

（三）适当吃亏

在职场中，同事之间难免发生磕磕碰碰，常常会遇到一些利益上的冲突，但一般都不会太过严重。如果双方都过分计较的话，就会造成矛盾扩大化，以致将来很难共事。在涉及利益冲突时，要把握以下几个原则。

1. 容人之过，谅人之失

当遇到矛盾和冲突时，只要不是原则问题，就应该宽容些。"人非圣贤，孰能无过。"如果你能设身处地地理解对方的心理和行为，就会发现那些错误和缺点并不是那么令人难以接受。得理而能饶人就是厚道，厚道能让自己的路越走越宽；无理而又损人是霸道，霸道会让自己的路越走越窄。所以，原谅别人就是给自己留有余地。

2. 大事清楚，小事糊涂

对原则性问题要心中有数，不能含糊；而对生活中无原则性的小事，则不必斤斤计较。生活中的种种矛盾很难避免，如果一个人遇事总是过分计较，一味地追究到底，硬要讨个"说法"，烦恼和忧愁便会先"说法"而来，不利于身心健康。

（四）平等待人

同事当中既有身处优势的佼佼者，也有身处劣势的平庸者；有的人头脑比较敏锐，有的人则比较木讷；有的人容貌美丽，有的人则其貌不扬。在工作成绩、现实表现和自身能力等方面，每个人也都存在差异。我们要平等对待每一个人，不能因为某种差异而对他人"另眼相看"。在与同事相处中，为了一己之利，势利地搞起小团体，势必会遭到其他同事的反感和厌恶。

（五）求同存异

求同存异需要换位思考。当工作中与同事发生分歧时，我们要多站在对方的立场上去考虑问题，了解他人内心的想法，了解他人的苦衷，发现自己的不足，让我们与同事相处得更加和谐愉快。

二、平级沟通的注意事项

同事之间就工作而言是一种合作关系，从个人发展和利益上讲，又存在竞争关系。竞争与合作就像手心与手背一样，是事物的两个方面。在现代社会，人与人之间的合作越来越密切，而在工作中失去与同事的合作，一叶孤舟是难以远航的。因此，同事之间在竞争中讲团结、讲合作，以赢得共同发展非常重要。

（一）性格不同

每个人都会遇到许多性格不同的同事。有的人开朗，有的人内向，有的人果断泼辣，有的人优柔寡断，正是这些性格上的差异可能导致同事之间产生矛盾。例如，有些沉着冷静的人，可能就看不惯咋咋呼呼的人；有些果断泼辣的人，就和优柔寡断的人合不来。

（二）思想观念不同

不同的文化背景、文化素质和道德水平，不同的外部环境、生活阅历等都会造成人们在思想观念上的差异，而思想观念的差异则会给人际交往带来诸多障碍。因为即使对待同一事物，不同观念的人也会有不同看法，以致在沟通和交流中很难达成一致，很难友好相处、顺利合作。

（三）能力差距

能力差距会造成同事间难以相处。一方面，能力差距使得同事间的目标、理想以及对事物的理解程度大不相同，而这必然会影响彼此的正常交流。另一方面，能力高者可能会看不起能力低者，从而伤其自尊，同事关系逐渐恶化；而能力低者也不愿与能力高者相处，怕给自己带来太大压力，有时甚至会产生嫉妒心理，使同事之间产生矛盾。

（四）竞争关系

在工作中，同事之间一般是和平共处、相安无事的，如有需要还会互帮互助，有些同事之间的关系甚至会达到比较亲密的程度。但是工作时间长了，尤其是在名利面前，难免会出现一些竞争，很多人可能会在竞争中产生矛盾、冲突和争斗，甚至还有人会钩心斗角、不择手段，从而影响同事间的正常交往。可以说，竞争使得同事关系复杂化、尖锐化。

三、平级有效沟通的方式和相处禁忌

同事也是有血有肉有情感的普通人，工作中要用真心对待同事。当然，同事毕竟是特定环境下的朋友，与普通意义的朋友有所不同。同事之间往往存在既合作又竞争的关系，很多时候还会出现利益冲突。因此，处理好与同事之间的关系，需要一定的技巧。

（一）办好日常的小事、杂事

初到一个新工作环境的年轻人，常常会被要求做一些很普通、很平凡的小事或琐事。领导和同事往往就是先通过这些零星小事、杂事和日常工作来观察职场新人的能力和水平的。因此，刚走上工作岗位的年轻人，一定不要不情愿做小事、琐事，而要努力做好每件小事、琐事，并从每一件小事、琐事中得到锻炼和提高，逐渐显现自己的真才实学和能力。

（二）赢得同事的配合

同事可以变成朋友也可以变成师长。与同事建立亲密的关系，会使自己的工作和生活受益无穷。在工作中要想赢得同事的配合，就要做到以下几点。

1. 默契感的培养

主动与同事交往，不仅有利于快速了解同事，也有利于同事间默契感的培养。和同事之间的默契感，实际就是一种心理上的感觉。要想加深同事间的了解，需要长时间观察和接触，了解对方的性格、脾气、爱好等。只有对彼此了解，大家才能形成一个有凝聚力的工作团队。

2. 同事间的帮助

在单位里，同事间是需要互相帮忙的，要想得到别人的帮助，首先要帮助别人，而且帮助的人越多，得到的帮助就会越多。例如，同事事情很多忙不过来，这时，你就可以说："看你这么辛苦，我现在事情不多，要不要我帮你啊？"这样一来，同事一定会非常感激，相信以后如果你有需要帮助的时候，同事也会伸出援助之手。

3. 同事间的欣赏

美国总统亚伯拉罕·林肯曾经说过："人人都喜欢赞扬。"每个人对自己的优点或者取得的成绩，都希望得到别人的承认，听到别人的赞美。实事求是的称赞是同事间融洽相处的润滑剂，有时候它起到的作用超乎想象。赞美同事要掌握下面几个技巧。

（1）赞美的时机。在众人面前称赞同事，有助于增进同事间的友谊，消除成见。此外，还应该在领导面前夸奖同事，使领导及时了解情况，加深对被夸奖同事的印象。

（2）赞美的场合。不管是在同事面前赞美同事，还是在领导面前赞美同事，都应该选择在公开场合，尽可能地扩大影响，如在公司的会议上或者大家一起聊天的时候称赞同事，都会达到很好的效果。

（3）赞美的内容。在同事和领导面前称赞同事提到的应该是重要的、有价值的事，这样会使同事满心欢喜，愉快接受。这种赞扬必须是实事求是的、真诚的。

4. 工作之余多联系

工作中虽是同事关系，生活中却可以成为好朋友。和同事处好关系很重要的一点，就是在工作之余多走动，多联络感情。比如，同事过生日时可以送个小礼物，同事生病时可以打电话问候或是到医院去探望，以表达你对同事的关怀之情。如果你去外地出差，除给家人带礼品外，也要给同事带点土特产。把同事培养成亲密朋友，可以让你的工作更加顺利，还会让你发现工作不再仅仅是赚钱的手段，而且是收获友谊的途径。

（三）积极面对竞争

现代社会是一个竞争激烈的社会，因而具备竞争意识是优秀员工不可缺少的素质之一。正确的竞争意识就是：竞争与合作之间并不相悖，而是相辅相成、相得益彰的关系，即竞争中有合作，合作中有竞争。面对竞争，我们应该做到以下几点。

1. 报以积极、正确的态度

进取的职工期望获得赏识、重用和晋升的机会，使得同事之间天然地存在着一种竞争关系。对此，我们要有正确的认识，有竞争是好事，能够使我们有更好的发展。

2. 竞争中不忘合作

每个人的能力都是有限的，要把事情做得更出色，有时候仅凭个人的力量是办不到的，如果善于与同事合作，就能够弥补自身能力的不足，达到原本达不到的目标。所以，同事间的合作是必需的。与人合作，要善于取人之长，补己之短。合作的氛围往往会让人高效率地工作，其乐融融的环境则会让人忘却困难和劳累，因而我们应努力地团结起来，去争取更大的成功。

3. 化解矛盾，共同进步

人与人相处久了，必然产生一些矛盾，关键是要巧妙地化解，学会自我反省、查找自身原因，应主动沟通以免矛盾升级。是自己的错误就勇敢承认，即使是同事做错了，也要和颜悦色向同事说明，不能因为对方一时疏忽就和其针锋相对，如果对方确属胡搅蛮缠则可置之不理，也就是采用冷处理的方式对待。

（四）与同事相处的禁忌

同事之间的相处存在一些禁忌。忽视了这些禁忌，同事之间的关系就容易出现问题。

1. 拉帮结派

由于每个人的性格、爱好、年龄等存在差别，同事间交往频率也难免有差异。但我们绝不能以个人的好恶界限，在单位里面拉帮结派，那样会破坏同事间团结合作的关系，导致同事间关系紧张。另外，也不要因为趣味相投而搞小团体，其他同事会对这种人避而远之，最后会被大家孤立。

2. 口无遮拦

同事间切忌口无遮拦，随便乱开玩笑。倘若同事遭遇不幸或烦恼，仍然像往常一样开玩笑就很不妥当。开会的时候气氛严肃，一般不能乱开玩笑。

3. 少论是非

没有人喜欢自己的秘密被公之于众，也没有人希望自己被流言蜚语所困扰。在工作中，要尽量多做事，少说话，不打探他人隐私，说他人闲话。工作之外，也不要对同事评头论足。

4. 推卸责任

同事间合作最忌讳的是出了问题就往别人身上推。一个推卸责任、缺乏勇气的人会失去领导和同事的信任，就算以后努力弥补，也很难改变给人们留下的不良印象。

5. 争论不休

每个人都希望有更多的人认同自己的观点，也希望别人赞同自己的看法，但是每个人的性格、志趣、爱好并不完全相同，对于一些事情的看法就会"仁者见仁，智者见智"。当与同事出现意见不合时，没有必要非得争个长短，即使是原则性的问题也要允许别人保持意见，千万不要为了说服别人而喋喋不休，甚至争得面红耳赤。

任务三　与下级的人际沟通

一、与下级沟通的原则

上级领导在处理与下属的关系时，应做到以下三点：有利于调动下属的积极性，获得下属的拥护与支持；有利于团结、凝聚下属的合力，实现共同的奋斗目标；有利于事业的发展。

（一）公道正派

领导者对下属要坦诚相见，时时关心和体察下属的困难，处处营造相互理解、相互帮助的和谐环境。把下属团结在自己的周围，让下属感到受尊重，这样沟通就能变得自然顺畅。

（二）知人善任

领导者对下属要知人善任，用其所长、避其所短，最大限度地挖掘下属的潜能，把每个下属都放在最能发挥其长处的岗位，以便充分调动其积极性和主观能动性，体现其人生价值。

（三）信任理解

"用人不疑，疑人不用"，领导信任是对下属最有力的支持。领导者要相信下属对事业的忠诚，不要束缚他们的手脚，要让他们创造性地开展工作；要相信下属的工作能力，给他们充分授权，使他们遇事不推诿，大胆工作，勇于负责；要理解下属，当他们在工作中遇到困难，甚至走弯路时，领导者要帮助他们克服困难、总结经验，鼓励他们继续前进。

（四）关心下属

有人说"管理就是严肃的爱"，良好的管理离不开对人性的满足。员工和管理者一样，除了工作之外，还有家庭的温暖、朋友的友情。领导者在管理中要尊重和关心下属，以下属为本，多点"人情味"，尽力解决下属日常生活中的实际困难。例如，当员工情绪低落时，领导者要设身处地地理解员工的感受；当员工抱怨时，领导者要仔细调查了解原因等。好的领导者须做到能让下属真正感觉到温暖，从而激发其工作积极性。

（五）积极沟通

除一些特殊情况，尤其是涉及特别敏感的公司机密之外，领导者应向下属传递尽可能多的、完整的信息。当涉及一些对下属有消极影响的消息时，要精心安排消息的发布时机，但千万不能让下属等待的时间过长，否则就会产生各种各样的猜测，甚至会人人自危。只有保证沟通的顺畅，才能消除下属因为不了解情况而产生的各种猜想。

（六）保持距离

孔子说过："临之以庄，则敬。"这句话用在工作中意思就是，领导者不要和下属过分亲近，而要与他们保持一定的距离，这样就可以获得他们的尊敬。与下属关系过于密切，往往会带来许多麻烦，导致领导工作难以顺利进行。所以领导者与下属保持距离，既可以避免在下属之间引起嫉妒和紧张，还可以减少下属对自己的恭维、奉承等行为，有利于树立并维护领导权威。

二、下达指令的技巧

一个团队是否关系融洽、氛围积极、工作效率高，其组织者和协调管理者所发挥的作用至关重要。一个高素质、优秀的管理者必然是一个善于沟通的人。沟通研究专家勒德洛重点提道：高级管理人员往往花费约80%的时间以不同的形式进行沟通，普通管理者则只花费约50%的时间用于沟通。

（一）工作指令要准确传达

作为团队的管理者，要将上级的工作指令（政策、计划、规定等）准确地向下传达，不能只做"传声筒"，而应采用恰当的沟通手段发出指令。这时就必须掌握准确而完善的传达指令的5W2H分析法（又叫七问分析法）。5W即谁传达指令（who）、做什么（what）、什么时间（when）、什么地点（where）、为什么（why），2H即怎么做（how）、多大的工作量（how much）。用这种方法去分解、明晰指令各个方面的内容、步骤和要点，将指令变成容易接受和理解的信息。这样安排工作，下属不仅接受起来快，也不会茫然无措，沟通效果自然较好。

(二)布置工作任务要及时确认

许多领导者错误地认为,在工作过程中,只要提出要求或者发出命令,下属就能够准确理解。因此,他们很少仔细考虑过怎样才能准确地传递信息。所以,往往从一开始,下属对领导者提出的要求或者发出的指令在理解上就有偏差,下属与领导者之间对结果界定的标准不一致,必然会导致工作做得很辛苦,任务却完成得不是很好的结果。有效的沟通是指令的传递者和接收者对信息的理解程度完全一致。因此,领导者在给下属布置一项任务后,要确认下属对任务已充分理解,以免出现理解偏差,从而保证下属可以准确完成工作任务。

(三)调动积极性要充分授权

授权就是领导者为了有效地进行管理控制和避免事必躬亲,将其部分权力授予下属,并以此作为下属完成任务所必需的客观手段,这样有利于激发下属的积极性和主动性。领导者要使自己摆脱烦琐的事务,集中精力思考和处理更重要的全局性问题,就要大胆充分地授权。

授权与单纯的分派任务不同。分派任务只是让下属按照吩咐去做,这时下属是被动的。而授权则是把整个事情委托给下属,同时交付足够的权力让其做必要的决定。例如,领导者派某个下属去印一个小册子,就要相信他能把工作做好,那么封面、附图等问题最好是让下属自己做决定。由于受被授权者的能力、经验、理解等因素的制约,在执行过程中可能会出现某些偏差,领导者可以辅以必要的督促检查,以便及时发现问题并加以修正和弥补。

海豚式管理

三、赞扬、批评下级的技巧与相处禁忌

(一)学会真诚地赞美下属

鼓励和赞美能满足人们的自尊心,所以要重视赞美的作用。适当地赞美下属,这是领导有效的管理方法之一。

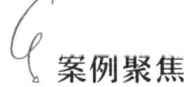
案例聚焦

厨师的暗示

有一位厨师擅长做烤鸭,然而他的经理却吝于赞美他,这让厨师感到很难过。有一天,一位客人发现烤鸭只有一条腿,就向经理投诉。经理很生气地让厨师解释这是怎么回事,厨师笑着说:"咱们店的鸭子本来就是一条腿啊!"经理自然不信,两人一起来到后院,只见鸭子都趴在地上休息,只有一条腿露在外面,经理一拍巴掌,鸭子吓得连忙跑了。经理生气地说:"它们不都有两条腿吗?"厨师很镇静地说:"经理,那是因为你鼓掌,它们才露出另一条腿的!"这时,经理才明白了厨师的意思。

每个人都需要赞美、需要精神鼓励,一个人在完成工作后总希望能尽快了解自己工作的结果和质量,如果收到的是积极、肯定的反馈,那他工作起来就会更有信心。一番赞美会给人带来满足和愉快的情绪体验,给人以鼓励和信心,让人保持之前的行为,继续努力。同时,人们需要通过尽快地了解反馈信息,对自己的行为进行调节、巩固,发扬好的方面,克服、避免不好的方面。如果反馈不及时,时过境迁,这时的赞美就没有太大的作用了。

一般而言,高层次的需求是难以满足的,而赞美之词却能部分地给予对方满足。这是一种有效的内在性激励,可以令人保持行动的主动性和积极性。当然,作为鼓励手段,它应该与物质奖金结合起来。行为科学的研究指出,物质鼓励的作用,将随着使用的时间而递增,特别是在收入水平提高的情况下更是如此。

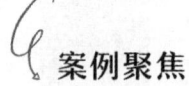
案例聚焦

金香蕉

在福克斯波罗公司的早期,急需一项重大的技术改造。有一天深夜,一位工程师拿了一台确实能解决问题的原型机,闯进了总裁的办公室。总裁看到这台机器非常精妙,简直令人难以置信,便思考着该怎样给予工程师奖励。他把办公桌的抽屉都翻遍了,总算找到了一样东西,于是他躬身对那位工程师说:"这个给你!"他手上拿的竟是一根香蕉,然而却是他当时能拿得出手的唯一奖励了。自此以后,香蕉演化成小小的"金香蕉",即一种特制的别针,以此作为该公司对员工做出科技成果的最高奖赏,由此可以看出福克斯波罗公司对及时赞美的重视。

及时表扬是一种积极强化手段,它可以使下属很快了解领导对其行为的反应,有利于巩固成绩,促其向前发展。而有些领导却喜欢不动声色地观察别人的成绩,加以"存储",然后在适当的时候才"提一提"或奖励一下,但其效果已经减弱了一大半。精明的领导都善于用赞美去激励下属,使下属为我所用。所以,多多赞美你的下属,你将发现自己会因此而受到更多人的爱戴。

(二)批评下属要讲技巧

对待下属要奖惩分明,下属表现出色时,要及时表扬,当他们犯了错误时,就要批评指正。但批评下属时要注意维护他们的自尊和干劲,尽量避免引起对方的反感情绪。批评员工时,领导者应意以下几个方面的问题。

1. 不要在大庭广众之下批评下属

人人都爱面子,如果你在大庭广众之下批评下属,让他颜面扫地,那么即使你批评得很有道理,他心中必定也不服气。

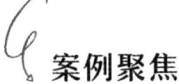

被顶撞的连长

有一位连长脾气暴躁,一次组织新兵训练时,他发现某排动作迟缓,准备工作做得乱七八糟,就把排长叫出来骂了一通,没想到那个平时沉默寡言的排长居然在众人面前顶撞了他一句:"训练普遍有问题,你凭什么只盯着我们排?"事后,两人聊了一次,那个排长说:"上次我工作做得是不太好,如果你是在私底下骂我,那我绝对没得说,可你不应该在那么多人面前骂我呀!丢了面子,以后我还怎么管新兵?"

批评下属是为了让他纠正错误,所以你必须选择他能接受的方式。如果你在人多的地方大声批评他,那就不是为了督促他改正错误,而是为了发泄你的怨气。

2. 批评也要根据情况区别对待

有的员工由于本身的原因,常常缺乏干劲,工作没有主动性。对于这种情况,你需要调动他的主动性,指责他也是无济于事,主动性必须从其内心激发出来。对他的批评只能是隐晦的,表面上要进行激励。这样才能使员工产生一种责任感,而责任感恰恰是做好工作的前提。如此一来,员工必定能心服口服,愉快地接受你的批评,因为他的努力得到了承认,他的积极性得到了肯定。

3. 用称赞代替批评

人们在受到批评时,都会感到不痛快。但也有一些特殊的人,挨了批评却很"潇洒",任你怎样批评,他只是听之任之,我行我素,依然如故。

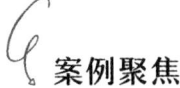

赞扬使人进步

有位女经理,精明强干,手下的一帮干将也都十分出色。但前不久,她的秘书因为迁居别处而调走了,接任的是一位刚刚毕业的女大学生。这位新来的女大学生,做事又慢又马虎,常常将印出的资料不加整理便交出去。转眼三个月过去了,她还是老样子。而且,这个女孩对于任何批评,都只当作耳边风。后来,那位女经理决定改变批评方式,只要一发现她的优点就称赞她。没想到,这个办法竟然很快奏效了,仅仅十几天,那个女孩就变好了很多。

可见,批评对这种员工来说无济于事,相反,利用称赞反而能使他们改掉毛病,进而提升你所领导的部门的工作业绩。

4. 批评时不要大发脾气

有可能下属所犯的错误令你非常生气,但你千万不要在批评他时大发脾气。这样做会使你在下属面前失去自己的威信,并且会给下属造成你是在针对他的感觉。

在批评下属时,要注意语气和语句。批评下属时的语气很重要,如果流露出怨气就不好了。批评的时候不要怒形于色,摆出怒气冲冲的样子,否则很容易引起对方的抵触情绪。如果你真的很生气,建议先把事情放一放,让自己冷静下来之后再做处理。批评时的语言要简短而充满善意,不要拐弯抹角、长篇大论。要主动伸出援助之手,让对方知道你们不是对立关系,你是真心实意地想帮他改正不足之处。

任务四　与客户的人际沟通

一、与客户沟通的原则和方法

(一)与客户沟通的原则

销售人员与客户在沟通时应把握一些基本原则,以使双方沟通更有效,更迅速达到目的,避免因沟通不当而影响相互之间的关系。

1. 尊重

尊重是友谊的桥梁,尊重体现在与客户沟通上,销售人员要有"客户至上"的思想。一个优秀的销售人员会理解和尊重客户的需求,站在客户的立场为客户着想,力求在每一次与客户沟通的过程中都主动给予客户足够的关注。

2. 了解

了解客户的需求是很重要的,只有懂得换位思考,站在客户的角度,才能有针对性地给客户推荐最适合他的产品。如果是长期合作的客户,还要了解其身份、秉性、价值观、特点和偏好等,确保可以用其喜好的方式与之沟通。

3. 真诚

销售人员在与客户交流的过程中，一定要坦诚相待，让客户感受到你是真心实意为他们着想，全心全意为他们服务，而不会欺骗他们。销售人员要把客户当成朋友，当客户遇到困难时，要伸手相助；要把客户的事当成自己的事，积极为客户排忧解难，取信于客户。

4. 守信

守信就是讲信用，讲信誉，信守承诺，忠实于自己承担的义务，答应了别人的事一定要去做。在与客户的往来中，答应的事情一定要办到，否则会影响诚信度，降低客户对你及公司的信任感。在市场经济社会中，信用是一种能为人们带来物质财富的资本。

（二）与客户沟通的基本方法

在销售过程中，销售人员必须将语言与非语言两种方式结合使用，才能与客户进行有效沟通。

1. 了解客户的相关信息

销售人员必须提前了解客户的相关信息。这些信息包括客户的姓名、性别、职位、大致年龄、联系方式、兴趣爱好等。了解了这些信息，有助于销售人员正式拜访客户时与客户进行更好的沟通和交流，进而促成商务合作的达成。

2. 做好相关资料的准备

在拜访客户时，如有必要，销售人员还要带上陪同人员和相关资料，包括公司宣传资料、个人名片、笔记本电脑、记事本、公司的合同文本、产品报价单等。另外，销售人员还要对公司提供的产品类型、单价、总价、优惠价、付款方式、合作细则、服务约定、特殊要求等情况了然于胸。

3. 制订沟通策略

一般来说，第一次沟通最重要的目的在于建立和加强与对方的联系，因此应当根据客户的特点、需求与兴趣来选择话题。同时销售人员还要充分考虑在沟通过程中客户可能提出的疑问，并为每一个疑问做好几种不同的应答准备，以便在实际沟通中能根据具体情况灵活应对。

4. 选择或商定合适的沟通时间和地点

对于销售人员来讲，不管是电话销售、客户预约，还是登门拜访，要想取得预期的沟通效果，就一定要选择一个方便、合适的地点与客户沟通。时间则可以根据客户的情况来安排，但应避开临近客户上下班、吃饭或有其他重要事情的时间段，以免客户不能集中精力或是以此为借口匆忙结束沟通。

5. 明确沟通的底线

在沟通前，销售人员需要明确自己的底线，即自己能够接受的最低条件。在沟通中销售人员要反复试探对方的底线，沟通空间只能建立在彼此的心理底线之上，否则拥有再好的沟通技巧也难以达到很好的效果。

二、有效接待、拜访、说服客户技巧

人和人之间、社会组织之间、个人与组织之间，总少不了相互接触，常见的接待与拜访可分为事务性的、礼节性的和相对私人的三种。我们与客户的接触，主要以事务性接触为主，而事务性接触又有商务洽谈和专题交涉之分。不管哪种，都应遵循待客和做客的礼节，以便达到交流信息、沟通情感、增进友谊、推动共赢的目的。

（一）讲究应酬艺术，礼貌应对接待

1. 预做准备

古人云："有朋自远方来，不亦乐乎？"这说明广交朋友、礼貌待客是中华民族的传统美德。迎访包括迎客、待客两个方面。如何礼貌地迎宾待客，总的原则应是主随客便、考虑周全、讲究礼仪、关怀备至，使来访者有宾至如归之感。无论是接待哪一类的来访者，特别是应邀而来的客人，主人事先都应做必要准备，这包括做好室内外的卫生和室内的布置，"洒扫门庭以迎嘉宾"；备好待客的用品，如糖果、香烟、饮料、水果和点心等。如留客人吃饭，主人还得预备丰盛可口的饭菜；如有小朋友同来，主人还需预备一些玩具和儿童读物。为了向客人表示敬意，主人还要特别注重自己的仪容仪表。

2. 热情迎候

"在家不会迎宾客，出外方知少主人"。如来访者来自外地，主人应按事先约定的时间专程前往车站、火车站或机场迎候，接到客人后应致问候，并说一些简短的欢迎词。如果是久未见面的朋友，主人在见面时可以说"久违、久违"；对初次登门的客人，主人应到门口或楼下迎接，见面时可以说"久仰、久仰"；未及亲迎的，可以说"失迎、失迎"或"有失远迎"等以示歉意。

3. 待客以礼

客无亲疏，来者当敬。在接待中，主人对客人来访应热情欢迎。接客人进屋，应主人

在前，客人在后；进客厅后，为了表示对客人的敬意，主人应请客人在上座就座。所谓上座，即指较为尊贵的座位。室中的上座有：比较舒服的座位，较高一些的座位，宾主并排就座时的左座（接待外宾时一般为右座）和面对正门的座位。客人一旦落座，主人就不要再劝其换位。客人如果是老友，主人可以不拘礼节，随便一些反而显得亲密无间；客人如果是师长，主人则应注重礼节，不可轻率、随便。如客人不期而至，则主人无论有多忙多累，都应立即停止手中的工作，热情接待。有的人对不速之客冷眼相向，或边跟客人聊天边看电视、看报纸、织毛衣，这是极不礼貌的。

如在同一时间接待多位客人，应注意待客有序和一视同仁。客人进屋后，主人应处处体现对客人的恭敬与欢迎。客人落座后，主人应热情献茶或奉上水果、饮料；与客人谈话时，主人的态度要诚恳热情，不要频频看表，也不要显出厌倦或不耐烦的样子。万一主人有急事要办，应向客人说明并致歉。

4. 礼貌送客

在人际交往中，好的开场就像一束美丽的鲜花令人愉快；精彩的告别就像一杯芬芳的美酒令人回味。否则，送客时如有失礼之处便会造成热情迎宾、冷淡送客的不良后果，给客人留下不好的印象。当客人要走时，主人应婉言相留，这应是情感的自然流露，并非客套与多余。当客人起身告辞并伸出手时，主人方可出手相握，切不可在送客时先"起身"或先"出手"，否则会有厌客之嫌。

迎客时主人应走在前面，送客时应让客人走在前面。主人送客，一般应送到门外或楼下，目送客人远去时，可挥手致意，并道以"欢迎再来"。和上司一起送客时，要比上司稍后步。客人来访，常备有礼品，主人应表示谢意，说声"让您破费了"或"让您费心，真不好意思"等，绝不可若无其事，显出理所当然或受之无愧的样子。

（二）优雅礼貌拜访，不做无礼之客

1. 事先预约，不做不速之客

拜访友人，务必选好时机，事先约定，这是进行拜访活动的首要原则。一般而言，当我们决定要去拜访某位客户时，应先打电话与被访者取得联系，约定宾主双方都认为比较合适的会面地点和时间，并把拜访人数和拜访意图告诉对方。一般应避开吃饭和午休的时间，晚上拜访时间不宜太长。在对外交往中，未曾约定的拜会属失礼之举，是不受欢迎的。因急事或事先并无约定而必须前往时，拜访者则应尽量避免在深夜打扰对方；如万不得已非得在休息时间约见对方，则见到主人时应立即致歉，并说明打扰的原因。

2. 守时践约，不做失约之客

宾主双方约定了会面的具体时间，作为拜访者应履约守时，如期而至。拜访者既不能随意改变时间，打乱主人的安排，也不能迟到或早到，准时到达才最为得体。如因故迟到，拜访者应向主人道歉；如因故失约，也应事先诚恳而婉转地说明。在对外交往中，我们应严格遵守时间。日本人安排拜访时间常以分钟为计算单位，在瑞典，如迟到10分钟，对方就会谢绝拜访。准时赴约是国际交往的基本要求。

3. 登门有礼,不做冒失之客

无论是到别人的办公室还是家中去拜访,客人一般都要坚持客由主定的原则。如果是到别人的家中拜访,客人在进入主人住所之前,应轻叩门或按动门铃。尤其是初访时,一定要待开门者相让后,方可进入。若是主人夫妇同时相迎,则应先问候女主人。若不认识出来开门的人,则应问:"请问,这是某某先生(女士)的家吗?"得到准确回答后方可进门。进门后,当主人向你介绍家人时,你都要面带微笑,热情地向对方点头致意或握手问好;见到主人的长辈应恭敬地问安,并问候主人家中的其他成员;当主人请你落座时,你应道声"谢谢",并按主人示意的座位入座;若带有鲜花、水果、书籍等礼物,你可在进门之初送给主人;主人上茶时,要起身双手接迎,并热情道谢;喝茶时要慢慢品饮,果品要小口细嚼,烟要少抽或不抽,如要抽烟应先征得主人和女士的同意;必要时,应主动告辞;如主人家中养有狗或猫,不应表示害怕、讨厌,更不应去踢它、赶它。

4. 举止文雅,不做粗俗之客

古人云:"入其国者从其俗,入其家者避其讳。"人们常说"主雅客来勤",也可以说"客雅主喜迎"。在拜访做客时,谈话应围绕主题,态度也要诚恳自然,如有长者在,亦应用心听长者谈话。在客户家里或办公室,不要乱脱、乱扔衣服;与主人关系再好,也不要翻动主人的书信和工艺品。未经主人相让,不要擅入主人的卧室、书房,更不要在桌上乱翻或在床上乱躺。他人低语私聊时,切记不要侧耳偷听。

5. 适时告辞,不做难辞之客

"串门勿久坐,闲话宜少说",初次造访以半小时为宜,一般性拜访以不超过1小时为限。造访目的达到,见主人显得疲乏,或意欲他为,或还有其他客人,就应适时告辞。假如主人留客心诚,执意强留用餐,我们在饭后应停留会儿再走,不要吃完便走。辞行要果断,避免口动身不移。辞行时要向其他客人道别,并感谢主人的盛情款待,出门后应请主人留步。

(三)取得客户信任,高效说服客户

在充满竞争的市场中,产品本身的差异化已经很小,这时销售人员须意识到,竞争的核心往往不在于产品,而在于销售人员自身是否懂得"推销产品"。首先要"推销自我",必须赢得客户的信任。客户只有对销售人员产生了信任,才有可能达成交易。因此要做好以下两个方面。

1. 打造专家形象

打造专家形象,因为只有专业的才更值得信任。销售员既要对自己所销售产品有充分了解,如原材料、生产过程及生产工艺技术,产品的性能、产品的售后保证措施等,又要掌握和产品相关行业的信息,如市场开发、维护、终端布控、品牌推广、经销商团队管理、财务管理等知识。专家型的销售人员之所以受到客户的欢迎,主要在于他们不但能利用专业知识为客户提供专业的服务,还能提供更多的增值服务。

小张是某企业的销售人员,很多经销商对小张的评价是这样的:"和他沟通的时候,他讲得头头是道、条理清晰,内容丰富多彩,似乎对市场开发、维护、终端布控、品牌推广、团队管理、财务管理等知识无所不知,我简直怀疑他不是一名销售人员,而是一名销售专家。"

2. 具备专业能力

客户购买产品的前提是对销售人员专业性的认可。客户往往会通过了解销售人员以往的经历,来判断其是否能协助自己解决当前的问题。所以在向客户介绍自己的经历时,要包含以往经验、知识、交往的人群等因素,如果没有那么多经历,那就通过提供切实的解决方案来展示自己的专业性,也一样会获得客户的信任。

和客户说"行话",就是要通过精确的专业性"提问"与"介绍"让客户相信销售人员的专业能力。例如,如果问"你们的采购业务是如何开展的?"这样的提问非常笼统,客户一听就会认为你不懂采购;如果问"据我所知,影响采购计划准确性的关键要素包括采购物品的准确性、采购数量的准确性、采购提前期的准确性,你是如何控制这几个要素的?"这样问会让客户觉得你是个内行。

3. 了解客户兴趣

销售人员在成功获得客户的信任后,便进入了解客户兴趣的销售阶段。将客户分类,并掌握他们的心理需求是这一阶段的工作重点。在与客户进行销售沟通之前,销售人员十分有必要花费一定的时间和精力对客户的特殊喜好和品位等进行了解。在沟通过程中,销售人员可以通过询问和认真的观察与分析了解客户感兴趣的话题,从而做到有的放矢。

根据年龄的不同,可以将客户分为老年客户、中年客户和青年客户;根据价值属性的不同,可以将客户分为长期客户和临时客户、低价值客户和高价值客户;根据行为属性的不同,可以将客户分为驾驭型客户、表现型客户、平易型客户和分析型客户等。每一类客户都有其特殊的兴趣偏好,心理特征不同、喜好不同、需求不同,消费心理就会有所不同。有的客户在购买产品时,心里首先想到的就是:买这个产品,我可以得到舒适还是美丽。有的客户购买产品,是为了满足某种心理需求,比如,有的客户购买奢侈品,纯粹是为了证明自己是个很有品位、富有的人。无论面对的是哪一类客户,销售人员都要了解客户的兴趣点并对症下药,只有这样才能达到良好的沟通效果。

三、处理客户异议的沟通技能

客户都害怕上当受骗,因而对销售人员提供的产品或者服务表现出疑虑也是非常正常的。特别是当客户遇到产品的单价过高、数量较大、购买风险较大,而自己又对产品不太了解的时候,这种疑虑就越发严重。

疑虑既是成交的障碍,也是成交的信号。客户在购买过程中,很有可能提出各种各样的购买疑虑。正确对待和妥善处理这些疑虑,是销售人员必备的技能。

（一）做好应对客户异议的准备

在销售过程中，客户提出异议或疑虑的范围是十分广泛的。销售人员不仅要做好应对客户异议或疑虑的精神准备，还要认真做好具体的准备工作。这些工作包括：充分而正确地了解自己的产品、性能、优缺点、价格、交易条件、使用和维修保养方法及企业的销售政策；了解市场动态，掌握同类产品的行情和竞争对手的情况，以及自己所销售产品的供求趋势等。

（二）分析客户真正的疑虑

面对客户提出的疑虑，销售人员必须借助自己的知识与经验进行深入分析，找出隐藏在疑虑背后的真正原因，了解客户提出疑虑的真正意图，从而采取相应的对策。其中，最简单的方法就是反问。例如，如果客户说："你的产品是不错，可我现在还不想买。"销售人员可以这样反问客户："既然您承认这产品很好，为什么不想现在就买呢？"通过反问的方式，可以了解客户已提出的疑虑中没有透露出来的信息。在与客户的沟通中，销售人员了解的情况越多，就越有可能发现客户疑虑背后隐藏的真正动机。而客户提出的疑虑越多、越具体，就越能说明他的兴趣、关注点和顾虑，这有利于销售人员发现解决问题的关键所在，从而采取相应的策略。

（三）有的放矢地处理异议或疑虑

在销售过程中，客户总有各种的异议或疑虑，因而对产品的购买犹豫不决。在了解客户产生异议或疑虑的根源、对客户的各种心理障碍进行全面分析后，销售人员就可以采取正确有效的方法来化解了。

1. 消除疑虑

客户存在疑虑，说明其需要得到保证。如果销售人员能给有疑虑的客户"吃"一颗"定心丸"，那么一切都会变得简单起来。所以，销售人员要提供相关资料，以证明产品确如所说的那样能让客户受益，满足其需求。比如，客户对产品性能、售后服务等重要方面有疑虑，这时提供案例或权威机构的认证就能有效地消除客户的疑虑。对于客户通常并不十分坚持的异议，特别是一些借口，采用"借力法"可以很好地消除客户的疑虑。其基本做法是，当客户提出疑虑时，销售人员可以回复："这正是我认为您要购买的理由。"也就是说，销售人员要将客户的反对意见直接转换成其必须购买的理由。

客户：我收入少，没有钱买保险。

销售人员：正是因为你收入少才更需要购买保险，以获得保障。

"借力法"使得销售人员能借处理异议而迅速地陈述产品能带给客户的利益，消除客户的疑虑。

2. 消除误解

在销售过程中，误解是很常见的。客户对产品的误解程度各不相同，有些客户对产品的误解已经到了相当深的地步。对于这类客户,销售人员不可过于急躁,应该首先了解客户产生误解的原因,比如客户是否曾经有过不愉快的购物经验、是否从哪里听到产品不好的消息等。当了解到误解产生的原因之后,销售人员还需要通过各种方式了解客户的需求,比如客户过去使用过的产品不能满足其哪些需要、产品具有哪些特点才能满足其需求等。只有对以上信息有了充分了解之后,销售人员才能针对具体问题采取相应的方法,最终消除客户对产品的误解,达到销售产品的目的。

3. 承认产品的缺点

产品就同人一样,没有十全十美的。所以很多时候,与其遮遮掩掩,不如坦诚以待更能赢得理性客户的认可。一旦客户认为你所陈述产品的一些缺陷中并没有其所在意的问题,就会更快做出购买的决定。现在很多销售人员在说起产品的优点时头头是道、天花乱坠,千言万语讲不完,可一旦被问到该产品究竟有什么缺点和问题时,却是哑口无言,或者干脆回答"没有缺点"。然而,当客户听信了销售人员的"美言",高高兴兴地把产品买回家后,却发现该产品有致命的缺点,那么他还会对你有好感吗?他还会再相信你,再买你的产品吗?因此,销售人员在面对客户时不妨做"老实人"。这种策略的应用会为你赢得客户的更多信任,从而提高成交率。但要注意,运用此策略是有前提的,那就是暴露给客户的产品缺点一定要属于"瑕不掩瑜"的情况。如果其产品缺陷正是客户所忌讳的,那简直就如同撞在了枪口上,你自然就不会有好的销售业绩了。在客户看来,产品存在缺点本质上是由于其不能满足自己某方面的需要。若真是如此,销售人员应承认并欣然接受,而不是强行争辩。销售人员要站在客户的角度去认识和理解,使自己清楚产品的缺点对客户意味着什么,然后以总体利益去说服客户。在淡化和弥补缺点的过程中,可以运用补偿法给客户提供一些补偿,并在客户关键购买因素上多做文章,其要点就是突出产品的优点对客户的重要性。

客户:你们的产品价格太高了。

销售人员:价格是有点高,但一分价钱一分货,我们的质量也是最好的。对于贵公司来说,性能稳定不是更重要吗?

项目小结

本项目主要讲述了在职场环境中与上级、平级、下级以及客户这四类人群的沟通技巧,并重点强调了处理这四类关系的原则和常见情境的应对方法。通过对特定人群的语言沟通特点的了解和学习,掌握面对不同对象的言辞和语句的使用技巧,培养优质的职场情商,塑造良好的职业形象。

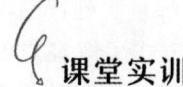
课堂实训

思考讨论题

1. 与客户沟通的基本方法是什么？如何有效接待、拜访、说服客户？

2. 肖贝是个职场新人，她春节出国到泰国旅游，买了不少礼物准备回来分给亲戚好友。但是现在她也很犹豫，要不要把礼物分给公司所有同事们，还是只把礼物分给领导或熟悉一点的同事，或者分给自己所在部门的同事？

项目七　典型服务行业的沟通技巧

项目目标

【知识掌握】
1. 了解典型服务行业沟通的必要性、内容和形式。
2. 熟悉典型服务行业的礼仪规范和服务对象不满意的常见原因。
3. 掌握典型服务行业矛盾处理的沟通技巧。

【技能要求】
1. 能够运用礼仪知识和沟通技能对服务对象进行优质服务。
2. 能够建立和维护与服务对象的关系,具备特殊情况应变能力。

【素质提升】
1. 树立服务社会的意识和真诚奉献的精神。
2. 培养学生良好的协调能力和团队合作精神。
3. 培养学生的健康积极的职业态度,实事求是、严谨理性的职业素养。

案例导读

一百分的服务

元宵节是中国传统的节日,餐厅里座无虚席。门外大雪纷飞,只见一家老小一起进来,领班许小姐忙上前问候。

"晚上好,欢迎各位光临。请问先生贵姓?"许小姐熟练地问道。

"我姓韩,订了3月5日的两桌晚餐。"韩先生答道。

"可今天是3月4日,您订的是明天的晚餐。"许小姐提醒着。

"没错,我订的是元宵节的晚餐。我查看了,3月5日是元宵节。"韩先生十分着急地辩解着。

"今天确实是3月4日,并且是元宵节,请看日历。"许小姐耐心地解释说。

"哎呀,我可能搞错了!但我们一家老小已经来了,外面又在下大雪,你看能不能把预订改在今天?"韩先生急得直挠头。

"今天的预订都满了,让我想办法看能不能解决。请大家先到休息室去休息一下吧。"许小姐把他们安排好,忙去帮他们联系。最后终于把他们安排在一个小宴会间里。

"请您老坐在这里。"许小姐把年长的老人请到了主座。接着按顺序和韩先生的意愿分别将客人们安排入座,并让服务员为小朋友拿来了加高椅子和果汁。

"不知大家对这里是否满意,坐得是否舒服。如果没有问题,我就请服务员为大家点菜。"临走前,许小姐又问。

"太感谢你了,你帮我们解决了问题,避免了明天再来,又为我们找到这么好的地方,你的服务简直是一百分!我们要向饭店写封表扬信。"大家也纷纷对许小姐表示谢意。

思考与讨论:
(1) 领班许小姐的服务有什么技巧?
(2) 你能做得比许小姐更周到吗?

任务一 餐饮服务行业沟通技巧

服务行业不仅是一个地区文明程度的体现,更是代表了一个地区、一个行业的形象,在客观上展示着人们的精神风貌。作为第三产业的服务业是不同于其他行业的特殊产品,它把物质文明与精神建设融为一体,是一个包含两个文明在内的完整服务过程。它通过满足劳动者物质生活与精神生活需要的服务,特别是从提高劳动者技能和精神文化素养上,保证劳动力再生产的合理实现。良好的服务可以促进良好的社会风气和人际关系的形成,反之就会引发矛盾和争执,损害行业利益,不利于社会和谐。因此讲究礼貌、礼节,注重个人言行举止,加强沟通交流,对于提高服务水平至关重要。

一、餐饮服务行业的人际特点和服务问题

(一) 餐饮服务行业的人际特点

餐饮业是社会的缩影,是人与人进行"高接触"的行业。进入了餐饮行业,就不可避免地要与各行各业、形形色色的人打交道,因此也就不可避免会遇到错综复杂的人际关系问题。而如何处理人际关系,对餐饮管理者的经营,对个人的生存与自我发展,都有着重要的影响。在餐饮第一线的服务人员,不但要和自己的同

事相处，还要直接面对成千上万食用他们的食品、接受他们服务的顾客，直接面对着他们对餐馆的服务与产品的即时评价。就企业而言，人际关系处理得好，能促进餐饮服务质量和管理水平的提高；就个人而言，每天都能从人与人的交往中获得心理上的满足。而人际关系如果处理不好，不仅对工作不利，而且会给个人带来烦恼。

1. 一次性

餐饮服务只能一次使用，当场享受，只有当客人进入餐厅后服务才能进行，当客人离店时，服务也就自然终止。

2. 无形性

餐饮业在服务效用上有无形性，它不同于水果、蔬菜等有形产品，可以从色泽、大小、形状等判别其质量好坏。餐饮服务只能通过就餐客人购买、消费、享受服务之后所得到的亲身感受体会来评价其好坏。

3. 差异性

餐饮服务的差异性一方面是指餐饮服务是由餐饮部门工作人员通过手工劳动来完成的，而每位工作人员由于年龄、性别、性格、素质和文化程度等方面的不同，他们为客人提供的餐饮服务也不尽相同；另一方面，同一服务员在不同的场合，不同的时间，或面对不同的客人，其服务态度和服务方式也会有一定的差异。

4. 直接性

一般的工农业产品生产出来后，大都要经过多个流通环节，才能到达消费者手中。如果产品在出厂前质量检验不合格可以返工，在商店里你认为不满意的商品可以不去购买，而餐饮产品则不同。它的生产、销售、消费几乎是同步进行的，因而生产者与消费者之间是当面服务，当面消费。

（二）餐饮服务行业的服务问题

1. 工作程式化

程式化问题在工作中是很显而易见的，也是最容易忽视的。对于一个餐饮服务员来说，每天的工作是烦琐而机械的。在这种情况下，当面对顾客时，一系列的服务程序也往往是"本职反应"。服务过程中，酒杯空了要及时添加，但若看见杯空就一次次只顾自己添，而不问客人是否还需要，这样本是很好的服务也会被打折扣；或者当两位客人谈话投机，坐靠得很近时，服务人员一次次从中阻隔，虽是为其添酒上菜，做自己分内的"工作"，但更突出地反映了服务人员工作的程式化。服务的流程化作业毫无感情和交流，很容易让顾客产生距离感和压抑感。

2. 服务理念淡薄

以工作为中心而不是以顾客为中心。"顾客是上帝""坚持顾客总是对的"，这两句话深刻形象地表明了服务工作以顾客为中心的服务宗旨。然而,现在大多数的服务人员都很难真正做到以客人为中心,满足顾客需求,尤其是在工作特别繁忙的时候表现最为明显。餐厅忙得不可开交时,常会出现顾客预定没能落实、菜品质量卫生等问题。向服务人员询问说明问题时,常会得到这样的回答:"预定我不负责,不了解情况,你问别人吧"。这种只顾自己工作,全然不顾客人的做法,是遭客人投诉的导火线。

3. 知识面不广

餐饮从业人员应具有广阔的知识面,这是个人专业素质直接的体现,也是餐饮服务水准基本的体现。餐馆从业人员需要熟识员工守则、礼貌礼节、职业道德等基础知识,更要掌握好岗位职责、工作程序等专业知识,对哲学、美学、习俗礼仪、民俗宗教、周边旅游景点、交通有一定了解。现在的客人也逐渐趋向多元化,各个知识层面、不同文化素质修养的顾客都汇聚而来。虽然服务人员与客人是"短时间"的接触,但在这有限的相处交谈中,具有多面的知识对于工作能更得心应手。只有我们丰富了自己才能更容易与客人沟通,有更多更广的话题可以交谈。

4. 沟通生硬缺乏技巧

餐饮对客服务最直接的沟通方式就是语言。许多人在工作中有时不是有意要得罪客人,而往往是语言表达不当,在无意中得罪了客人。与客人保持一定距离,不因熟而讨好客人,服务得特别殷勤。过于亲密会让客人对你的服务无言以对,反而留下不好的印象。

二、餐饮服务行业的接待礼仪

现代餐饮业的竞争日益加俱,注重服务礼仪、提高餐饮服务水平是取胜于竞争对手,获得竞争优势的重要手段。服务礼仪是餐饮服务的质量评价标准之一,是餐饮服务水平的重要体现。

(一)餐前准备服务礼貌礼仪

1. 引座服务

餐厅领位是餐厅服务流程中的第一个环节,同时兼有服务和礼仪两种职能。餐厅领位员在餐厅门口负责迎接、引座和告别客人服务。基本要求是:着装整洁、仪容美观、仪表大方、微笑服务、热情待客。

2. 斟茶服务

待客人入座后,应为宾客斟茶递香巾。上茶时将茶杯放在托盘里,轻轻放在餐桌上。放茶杯时,切忌以手指接触茶杯杯口。需要续茶时,应右手握壶把,左手按壶盖,将茶水慢慢倒入杯内,注意不要将水倒得太满以免外溢,约占水杯的3/4即可。分发香巾时要放在小碟内,用夹钳递给宾客。

3. 点菜服务

值台员要随时注意宾客要菜单的示意,适时地递上菜单。递送的菜单应干净、无污损。递送菜单时要注意态度恭敬,不可将菜单往桌上一扔或是随便塞给客人,不待客人问话,即一走了之,这是很不礼貌的举动。如男女客人一起用餐时,应将菜单先给女士;如很多人一起用餐,最好将菜单递给主宾,然后按逆时针方向绕桌送上菜单。客人点菜考虑时,值台员不要催促,或是以动作(如敲敲打打等)来显示不耐烦,可站在一旁,站立姿势要端正,距离要适度,不要双手环抱于胸前或叉腰,也不要手扶桌面或椅背,脚不能蹬在椅子上,切忌手搭在椅子上、脚蹬在椅子上摇晃,使客人有如坐针毡之感。

(二)席间服务礼貌礼仪

1. 斟酒服务

服务人员在为客人斟酒时,要先征得宾客的同意,讲究规格和操作程序。凡是客人点用的酒水,开瓶前,服务员应左手托瓶底,右手扶瓶颈,商标向客人,请其辨认。这主要包含着三层意思:一是表示对客人的尊重;二是核对选酒有无差错;三是证明商品质量可靠。斟酒多少的程度,要根据各类酒的类别和要求进行。斟酒时手指不要触摸酒杯口或将酒滴落到宾客身上;应先给主宾,再给主人斟酒,然后按顺时针方向依次绕台斟酒。如果是两名服务员服务时,应一个从主宾开始,另一个从副主宾起,依次绕台斟酒。

2. 上菜服务

服务人员在餐厅服务时,应做到"三轻":即走路轻、说话轻、操作轻。取菜时要做到端平走稳,汤汁不洒,走菜及时,不拖不压。从餐厅到厨房要力求做到忙而不乱,靠右行走,不冲、不跑,不在同事中穿来穿去,走菜时要保持身体平衡,注意观察周围的情况,保证菜点和汤汁不洒、不滴。将菜盘端上来放到餐桌上时不能放下后推盘,撤盘时应直接端起而不能拉盘。餐厅操作要按规程要求,斟酒水在客人的右侧,上菜从客人的右侧,分菜从客人的左侧,而餐中撤盘则从客人的右侧。上菜时要选择操作位置,上菜的位置要在陪座之间,一般不要在主宾或主人之间。上菜前,在菜盘中放一幅大号的叉、匙,服务员双手将菜放在餐桌的中央,同时报上菜名,必要时简要介绍所上菜肴的典故、食用方法、风味特点等,然后请宾客品尝。但要注意说话时切不可唾沫四溅,以免有煞风景。有的风味食品如需要较为详细介绍,应事先征得客人的同意。服务人员每上一道新菜,须将前一道菜移至副主人一侧,将新菜放在主宾、主人面前,以示尊重。餐台上菜一般只留下两道,当第三道菜上桌时,餐台上原有的两道菜就应撤下一道。上菜和撤菜前,要事先打招呼,征询客人的意见,待客人应允后方可操作,以免失礼。撤菜的位置与上菜的位置相同。掌握正确的上菜和撤菜方法,能为宾主之间创造良好而和谐的气氛,不至于中断或影响进餐的正常进行。

3. 派菜服务

派菜是由服务员使用派菜用的叉、匙，依次将热菜分派给宾客。顺序是先客人，后主人；先女宾，后男宾；先主要宾客，后一般宾客。如果是一个人服务，可先从主宾开始，按顺时针的顺序逐次派菜。派菜服务员用左手垫上布将热菜盘托起，右手拿派菜用的叉、匙进行分派。服务员要站在宾客左侧，站立要稳，身子不能倾斜在宾客身上，腰部稍微弯曲。派菜时呼吸要均匀，可以边派边向宾客讲明菜点的名称，但要注意说话时头部不要距离宾客太近。边讲边派菜时，一定要注意力集中，熟练地掌握叉、匙夹菜的技巧，在宾客面前操作自如。派菜时要掌握好数量，做到分让均匀，特别是主菜。派菜要做到一勺准，不允许把一勺菜分让给两位宾客，更不允许从宾客的盘中往外拨菜。

4. 撤盘服务

撤换餐具要等整桌的宾客把刀、叉并放在盘子里，汤匙放在汤盘里，表示已经用餐完毕。但目前也有一些外宾不是很注意这种表示方法，遇到这种情况时，服务员可上前有礼貌地询问一下，征得客人同意后撤下盘子，不要贸然行事。撤餐具时应按逆时针方向进行，从宾客的左侧用左手将盘子撤下（如果是西餐宴会服务撤餐具时，要从宾客的右侧撤，要用右手撤盘，左手接盘）。如果餐桌上有女宾，则从女宾开始撤盘。撤盘时不要一次过多，以免发生意外事故。撤下的餐具要放到就近的服务桌上的托盘里，不要当着客人的面刮盘子内的剩菜或把盘子在餐桌上堆得很高再撤掉。

（三）送客服务礼貌礼仪

送客服务礼貌礼仪是餐后服务的最后一个环节，其服务质量如何，将直接影响客人对餐厅的印象。

1. 询问服务

客人用餐结束后，服务人员要主动询问客人，征求客人意见和反映。如问"先生/小姐，您觉得满意吗？""欢迎您提出宝贵意见""欢迎您下次光临"等。

2. 结账服务

客人用餐将要结束时，服务员要准备好账单，请客人过目，请求付款。账单核实无误后，不要用手直接把账单递给宾客，应将其放在收款盘里或收款夹内，账单正面朝下，反面朝上，送至宾客面前，表示礼貌和敬意。客人起身离去时，服务员应及时为宾客拉开座椅，方便其行走。客人出门前，服务员应注意观察并提醒客人不要遗忘随身携带的物品，要以礼将宾客送至餐厅门口，可以说"再见""欢迎您再来"等类的欢送语，并可视情况躬身施礼，目送客人离去。

总之在当今时代，随着社会的不断发展与进步和人们生活水平的逐步提高，简单的粗线条的服务已满足不了人们的要求。优质的、细化的综合性服务是人们追求的目标。只有有了标准的规范，并按照其接待礼仪去规范自己，才能使服务有章可循，才能不断地提高自己的服务水准，使服务的境界在其基础上不断提升。

三、餐饮服务行业的沟通技巧

专业服务人员应具备的最重要的行为特征是与人打交道的能力,再美的外表、再多的知识都无法替代这一内在特征,而建立良好的人际关系是需要技巧的。

(一)基本沟通技巧

1. 语言技巧

语言表达的技巧,是指在接待服务中,充分发挥语言的作用和影响力,尽量使用不伤害客人的、有损于客人或使客人尴尬的语言,而是使用乐意接受的、有良好影响和效果的语言。与客人沟通时,要专注、殷勤有礼、可信任、诚实、敬业、自律,在形式上注意把握语态、语音、语调、语气、语速。在餐厅工作常会有这类情况发生,客人本来想好的菜品酒水没有,如果连续拒绝多半会让客人心里不舒服,会抱怨饭店什么都没有。此时对于服务员来说,在否定客人要求时要注意将说话不满的情绪转移到对新菜的兴趣上。提高语言技巧绝不是说几句简单礼貌用语、几句漂亮话就可以的。有的服务人员虽对客人说了"对不起""请",但客人还是不满,关键是语言表述的同时,流露出应付、不真诚所致。

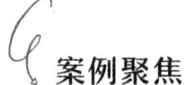
案例聚焦

引导点菜,植入先导印象

在美美大饭店菜牌前几页的位置有一道"红烧鱼",客人询问这道菜时,有的服务员就会生硬地说:"这菜做得不错,点一道尝尝吧。"而有的服务员就会主动建议道:"请您翻到菜牌后几页,有一道'来凤鱼'是我们的招牌菜品,味道麻辣鲜香。而红烧鱼比较常见,您不妨品尝一下这道'来凤鱼'。"此时客人会觉得服务员的推荐很受用,而且有了选择的空间,心想:"她说的也对,不妨尝尝这道招牌菜"。待"来凤鱼"端上餐桌后,客人会主动从味道中寻找服务员刚刚提到的"麻辣鲜香",从而达到对菜品的认同。这样,服务员就完成了对顾客点菜的引导,并向顾客头脑中植入了"菜品很美味"的印象。

2. 体态技巧

一个专业服务人员,给人最初的印象是来自外表。要给别人好的印象,良好的修饰对于在前场工作的人是非常必要的。衣服的整洁,良好的站姿、走姿,注意个人卫生,都能让客人心情愉快。而其中最重要的是微笑,微笑是快乐最直接的表现,可以拉近人与人之间的距离。一个快乐的人，会在他的四周形成快乐的气氛，会为他自己及他身边的人创造出一个快乐融洽的环境，他的快乐会感染所有人，客人看着他脸上的微笑，也会感觉到生活的美好。客人当然愿意去一个充满微笑的地方，特别是那些工作压力大的人，如果他在一家餐厅内受到冷漠的招待，他是再也不会去的。微笑可以使客人与餐厅的关系变得和谐，也是一种优质服务的体现。对服务人员来说，为使客人产生好感，最重要的便是微笑。紧张和生硬就不可能得到客人的亲近感。笑容是服务人员的一项基本功，只有对工作、对客人怀有诚挚的感情，发出真心实意的微笑才是最有魅力的。

微笑也要分场合

3. 服务技巧

服务业的目标是服务于每一个客人，对客服务中应该按照标准的服务程序接待客人。这就要求员工熟练掌握各项服务技巧，掌握中西餐服务的差异性，并灵活运用。工作中要有一定的观察推理能力。最常来的熟客，尽量记住他们的喜好或特殊要求，进餐中客人说些亲密乃至机密的话时，要适时避开。对提供服务的人员来说，增强自己把握客人需求的能力是至关重要的。养成能够琢磨出"客人现在想要什么"的习惯。这要在日积月累中增强观察力，从而形成成熟的服务能力。在餐厅里面对客人，"情"远比"理"能打动人心，因为就餐的客人在心理上需要的是美感、安全感，他们每个人都希望自己得到最好的服务、最热情的照顾，这些对客人来说和他们胃口的满足一样重要。

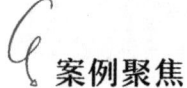
案例聚焦

细心的小方

101包房服务员小方发现有位客人皱着眉头直摇头，因为他不习惯用铁筷子，总是夹不住菜。于是她主动为客人更换了一双木筷，客人对她点头表示感谢，用餐结束后客人还拿出50元钱来给她作为小费。小方婉言谢绝，她笑着和客人说："您对我的服务满意就是最大的奖励，这些都是我应该做的。"客人连连称赞，表示下次来用餐还要小方来服务。

市场竞争激烈的今天，要留住客人，赢得宾客，单靠真诚和笑脸是不够的，更重要的是能给客人实实在在的帮助。服务工作中常有意外突发事件发生，此类事件会造成顾客不满，这是合乎情理的。而另一类是寻衅滋事，企图通过投诉获得某些回报。在面对这种情况时，服务人员需依据建立信任、有效沟通和灵活变通的原则。在处理投诉时，首先应向顾客道歉，专注、仔细地聆听客人反映的问题，及时做好投诉记录，对客人反映的问题不争辩、不责备，这是关键所在。其次，根据投诉的情节公正处事，妥善地解决，要形成投诉的落实反馈机制，及时了解投诉解决效果，顾客对解决投诉的满意度，切实把投诉作为促进服务质量提高的重要手段。

（二）不同顾客的沟通技巧

服务员对所服务的顾客要根据情况区别对待。有些顾客感到饥饿；有些顾客感到寂寞；有些顾客喜欢大惊小怪，小题大做；还有一些客人初来乍到，对周围环境比较陌生，他们比较需要服务人员的帮助。服务人员应尽快了解自己的顾客并提供相应的服务，无论遇到的场合多么复杂，将不难发现顾客中存在的一些通性。一个优秀的服务员应能通过观察分析，掌握顾客的心理及妥善处理各种场合的待人方法，使顾客满意。

1. 赶时间的顾客

对于匆忙的顾客，首先应在顾客愿意的情况下，介绍他们到附近的快餐馆用餐。如果没有快餐馆，要向顾客简明扼要地介绍他们所点的菜需要等候的时间，并介绍一些现成的食品。服务时要迅速提供饮料，并把甜点和主菜同时上。如有可能，应建议客人点可携带的食品，提供尽可能快的服务。

2. 犹豫不决的顾客

可以给这类顾客提出建议，但不要催促他们，如果顾客在点菜时花的时间太长并自责时，不要有生气的表情，不要使顾客感到因点菜耽误时间而内疚。

3. 节食的顾客

服务人员要了解每道菜的成分、用料和准备方法，并了解哪些菜是不适合节食的。应根据餐厅制度给这些顾客介绍合适的替代菜。

4. 生气的顾客

对生气的顾客应任其发泄，表现出重视所提的事，并试图给予帮助，待客人冷静后，再关心地询问一些问题。如果食品饮料洒了，不要去找顾客的原因，而应用服务毛巾擦净桌子，以干净餐巾遮住脏的地方，撤换脏的用具。如溅到地上，用椅子盖住脏的地方，并为客人换一个餐桌用餐，必要时通知领班或经理。

5. 抱怨的顾客

如果顾客所点的菜菜单上没有，先向顾客道歉并介绍与此类似的菜；如果客人对主菜的生熟有挑剔，应毫不犹豫地换掉，不要有烦躁、生气的表情，而应仔细听取顾客的抱怨，并把不能解决的问题向经理或有关人员汇报。

6. 无理取闹的顾客

服务员要礼貌并有尊严地对待这些无理取闹的顾客，要尽可能予以理解，尽量避免卷入，或尽量自然地对待这些顾客，除必要的服务外，避免离桌太近。如果有人行为不端，应向经理报告，而避免争吵。

7. 小孩顾客

孩子是可爱的小顾客,但也可能是大的难题。为使孩子高兴,服务人员要做很多工作:安排他在远离通道的座位上,提供高椅,移开孩子能触摸到的危险品;不要和孩子玩耍和嬉笑;在给孩子上菜以前,请示其父母是否需要小甜饼等以使孩子高兴。在没有父母要求的情况下,不要问孩子需要什么。给孩子上菜的份量应符合餐厅的要求。用餐中要多提供几张餐巾,餐后提供用来擦手的热湿毛巾。

8. 老年顾客

老年人适合在远离餐厅噪声区的位置就座,但不要把老年人和其他顾客隔开。帮助老年人选择适合他们营养要求的菜品。如果顾客对所点的菜的份量提出要求,服务员可与厨师商量好,以使老年顾客满意。记住老年人不宜食用太多的甜食。

9. 残障顾客

很多残障顾客需要一些特殊的帮助。如不方便行走的顾客,应帮他们移动椅子让轮椅靠近餐桌,然后把顾客的手杖放在椅子的背后。如果遇到盲人顾客,则让盲人顾客扶住你的左臂并引导入座,不要碰他的手杖;拿走餐桌上不必要的零乱物,并将调味品靠近客人;向客人解释菜单并说明其价格,询问顾客所喜欢的食品,说话时要用愉快的声音和正常的速度;服务时向客人说明放在桌上的菜肴名称;交递账单时,要大声报出每一道菜的价格和总的花费。

在服务标准趋同的背景下,很多餐饮企业纷纷要求服务员实施"亲民服务""增值服务""细节服务"。例如,客人中有糖尿病患者,心直口快的人会直接说:"点的菜中不要有甜的,我不能吃糖。"有的客人就会想:"大家一起吃饭甜就甜点儿吧,我不能挑三拣四的。"这时服务员就要在沟通中及时发现病患情况,对菜品做出相应调整。这样一来,客人对餐厅的期望值就不仅仅在菜品上,而是转嫁到服务上来,这就是古人所说的爱屋及乌。所以,现如今的餐饮服务不仅以技巧和标准论输赢,更是以人文关怀和有效沟通为重点。

任务二 城市公交运输服务行业沟通技巧

城市公共交通是指城市及其所辖区域范围内供公众出行乘用的、经济方便的多种客运交通方式的总称。城市公共交通包括公共汽车和电车、地铁和轻轨、出租汽车、轮渡以及索道缆车等客运交通方式。城市公共交通是为广大乘客提供服务的,服务工作的好坏、公交职工的职业道德水平的高低都会极大地影响着社会风气。公共交通是人们观察社会风貌的"窗口",是建立人与人之间新型关系的桥梁。司乘人员在服务过程中时刻代表着区域、城市的形象,乘客对服务礼仪的评价,直接影响到乘客对区域或城市的印象。因此,遵守职业道德,熟练应用沟通技巧,调节与乘客、同行、协作者以及整个社会的关系,避免相互之间产生矛盾,就会使我们的服务受到乘客的欢迎,达到经济效益和社会效益的统一。

自2018年1月起，天津市公交集团陆续在10条重点公交线路366部公交车上试点配备公交车乘务管理员732名。统一着制式服装、佩戴平安志愿者臂章上岗，为市民提供更加安全便捷的乘车服务。

由于工作原因，驾驶员无法在运营中照顾到车厢中的每一名乘客，而乘务管理员的上岗很好弥补了这方面不足，能够更好地服务全车厢乘客，也能够让驾驶员的精力更加专注于平稳驾驶车辆，保障车辆运营安全。公交车乘务管理员的年龄普遍在20~45周岁，结合身高、体重、形象等方面综合考虑，筛选出政治思想素质高、无犯罪记录、身体健康、个人素质好、业务能力强的员工，经过安全业务技能、灭火器使用、车辆简单维修处置、服务标准等专业培训后，方可上岗。

乘务管理员日常主要负责观察车内、车下动态，协助驾乘人员做好乘客疏导、乘务安全工作，礼貌文明维护车厢内乘车秩序。乘务管理员应熟练掌握：车上发生治安纠纷怎么办、乘客财物被盗怎么办、乘客突发疾病怎么办等"十六个怎么办"，遇突发事件妥善处置，疏散乘客，确保乘客安全；落实运营车出车前，行驶中和收车后的"三查"制度，防止车厢内遗留火种、可疑物品，配合驾驶员检查车载消防器材、安全设施；协助驾驶员做好车厢服务，做到主动热情、文明礼貌、耐心解答，对老弱病残人士做到"搀上扶下"。

一、司乘人员服务标准规范

（一）乘车服务规范

1. 首站发车前

（1）司乘人员必须按规定时间向调度员报到，按规定统一着装，做到仪容整洁。

（2）按规定佩挂上岗证，领取清洁工具，签路单。

（3）提前检查服务设施是否完好，做好车辆卫生，提前进站，做到车等乘客。

2. 司乘配合

（1）乘客开始上车后，面向乘客站立于车门旁，面带微笑致欢迎辞。

站立的姿势：双手交叉自然下垂于前腹，双脚称小八字形站立。

十字文明用语：您好、对不起、谢谢、请、再见。

（2）引导乘客有序上车，维护乘车秩序，对重点乘客要优先上车，重点照顾。重点乘客是指老、弱、病、残、孕、幼等特殊乘客。服务时面带微笑，主动热情，对乘客提问要耐心，回答要准确、简单易懂。

（3）主动帮助乘客提行李，协助安放行李。协助进行严禁携带危险品、禁运物品和超限量物品乘车的安全宣传。（常见危险品如鞭炮、小煤气桶、刀具）。发现危险品，就要立即制止，并报告驾驶员，同时要做好解释宣传工作。

> 当时857路公交车正在进站上客，我们的乘务管理员发现一位乘客随身携带了一个装满黄色液体的玻璃瓶。经询问得知，瓶内液体为汽油。"我朋友的车没有油了，我得去给他送汽油。"该乘客急忙解释道。虽然能够理解，但考虑到车上其他乘客的人身安全，乘务管理员及时通知驾驶员靠边停车，并对其进行劝说。在表示理解后，该乘客下车乘坐其他交通工具离开。

（4）协助驾驶员做好站场内发车前或到站后的指挥提醒工作。驾驶员在乘务员安放行李发现有困难时，要主动帮忙提放。乘务员在驾驶员开车前检查上客门、行李仓门是否关紧，驾驶员在场地内倒车时，乘务员要在车后挡风玻璃处协助指挥，注意观察车后方的情况，向驾驶员发出正确指挥。

3. 途中安全宣传

（1）行车途中要及时通报前方停靠站点，报站时使用普通话。

（2）行车途中适时对乘客进行安全宣传。车辆运行途中，遇修路、过山路、路面不平或转弯的时候，乘务员就要及时提醒乘客坐好扶稳，不要将头、手伸出窗外，注意安全，特别是带小孩的乘客，提醒他注意看管好自己的小孩不要在过道上随意走动，注意安全。车辆在途中停靠时，要严格遵守操作规程，车未停稳，乘务员不得随便开启车门，且乘务员要先下车组织乘客有序上下。

4. 途中遇险

（1）途中抛锚或发生故障：主动向乘客做好安抚解释工作。

（2）发生车辆刮擦：保持镇定，做好解释和安抚工作，同时及时向公司主管报告；配合驾驶员及相关人员妥善处理现场，如有伤员及时拨打120救护，保护现场。

5. 车到终点站

（1）提醒乘客带好物品。

（2）乘客全部下车后，检查车内有无遗失物，争取时间做好车辆卫生。

6. 交接班

（1）下班乘务员必须将票、款、账结清。中途交接班时，接班人员未到，当班乘务员应继续工作到终点站。

（2）驾驶员（乘务员）下班时，应将电脑报站器、清洁工具移交给接班人员；车辆停站或进场应将电脑报站器、清洁工具提前交指定人员保管。

（3）驾驶员（乘务员）应关好车窗玻璃，落下天窗。

（4）驾驶员应检查车辆设施是否有问题，如发现问题及时报修。

（二）乘车语言规范

1. 欢迎乘客乘车时怎么说

乘客们好！我是本车乘务员，欢迎您乘坐我们的客车。您有什么事情和要求，请和我联系，我愿意帮助您解决，以便更好地为您服务。

2. 宣传安全常识怎么说

乘客们，乘车时头和手不要伸出车外，更不要让小孩趴在窗口，以免超车、会车时发生危险。

3. 要求乘客往车厢里走怎么说

乘客们，先上车的同志请往里面走，不要堵在车门口。往里走好处多，互相照顾快上车。

4. 向乘客宣传卫生常识时怎么说

乘客们，讲究卫生是每个公民的美德，请不要随地吐痰，不要将碎纸、果皮、瓜子皮等扔在车厢内，要保持车厢整洁。良好的卫生环境需要大家来保持，我们的工作需要大家来支持。希望各位乘客协助我们做好卫生工作，谢谢。

5. 中途下车宣传注意事项怎么说

下车的乘客请您抓紧时间往门口走，不要拥挤，按先后顺序验票下车。车下等候上车的乘客，请您让一让，先下后上。下车的同志在行走交叉路口时，要注意来往车辆。

6. 禁止乘客吸烟时怎么说

乘客们，汽油是一种易燃品，因此请您在车厢内不要吸烟，以免发生火灾，给国家和人民的生命财产造成不应有的损失。吸烟既不安全又对身体有害，因为烟里含有有害物质尼古丁。奉劝烟瘾大的同志，暂时不能把烟戒，请您乘车不要吸。

7. 班车到达中途停车站怎么说

乘客们，前方到站是本次班车的中途经由站——××，要下车的乘客，请您把自己随身携带的物品整理好，不要落在车上，谢谢。

8. 转弯路不平时怎么说

乘客们，前面有条弯路，颠簸不平有坑包。抱小孩同志请注意，不要把小孩碰坏了。大爷、大娘坐稳要扶牢，以防转弯磕碰着。乘客们，请把怕碰的物品保管好，以防磕碰损坏了。大家千万要注意，一路保平安，顺利到达旅行终点。

9. 乘客之间发生矛盾怎么说

同志，咱们都是从五湖四海走到一起来的，不要因为一点小事争吵不休，都相互谦让些，好吗？

10. 受到乘客批评时怎么说

同志，您提的意见很好，我们一定要在今后的工作中引以为戒，改进我们的服务工作，让大家更加满意。

二、司乘人员的服务艺术

司乘人员的服务艺术指有关乘务工作的知识和技巧，讲究服务艺术的目的是最大限度地满足广大乘客在旅行中的各项要求。服务艺术包括的内容是广泛的，服务态度上的主动、热情、耐心、周到、有礼貌；服务技术上的高效率和服务程序的合理安排；业务知识熟练、丰富，各项客运规章的准确贯彻执行；因人、因事、因地根据具体情况恰到好处地做好服务工作，使每个乘客感到满意，这些都是服务艺术的具体内容和要求。服务艺术好的乘务员，能在无形中预防或消除与乘客间可能发生的误会和矛盾，使未能被满足要求的乘客达成谅解，并能排忧解难，使乘客满意。

（一）语言艺术

乘务员语言的基本特点表现在掌握的词汇多、句式多；在表达正确而熟练的基础上，善于运用词语，能够依据具体需要，得心应手地构成合适的语句；在向人宣传正确的道理，反驳错误论调时，不仅明白流畅，而且轻重得体，能感染人、说服人；对别人的语言有鉴别能力，应答敏捷。这些特点可以概括为：适合需要、富有情趣、以少胜多、含蓄委婉。在服务工作实践中十分注意根据不同对象、不同情况，采用不同的语言表达方式来提高服务工作的效果。例如，在售、验票时，遇到不配合的乘客不是一味催促、质问和指责，而是用自谦的话语取得乘客的谅解和自觉；在照顾特殊乘客并帮助找座位时，不是直截了当要求别的乘客让座，而多以感谢在先，用赞扬的口吻争取主动，使乘客主动乐意让座；在无意中与乘客发生矛盾时，不是咄咄逼人，而是以委婉的语言软化僵局避免纠纷；在宣传保护车内环境卫生和劝阻乘客一些不文明言行时，用语不是简单生硬，而是采用生动幽默的形式来增强效果，以达到预期目的。这都在客观上表现了适合需要、富有情趣、含蓄委婉的乘务员语言艺术特点，这些精彩的语言很少有长篇大论的，大多数干净利落，语句简短层次少。

1. 简洁

简洁是指乘务员用语既要少又要言之有物，同时，语言纯洁，不使用粗话、脏话。乘务工作是在短暂的时间内完成的工作，是讲时间、讲效率的工作。因此用语要力求精练，避免多余的语句和不必要的重复，同时要表达出完整、具体的内容。服务规范用语就是经过提炼，并经过实践检验的文明语言，熟练掌握和运用这些语言就基本上达到了简洁的要求。在解答乘客临时询问、处理矛盾时，要尽可能斟酌词句。如果没完没了的重复，虽然能体现热情，但会或多或少影响效果，特别是会引起其他乘客厌烦。同时，经常话不停口对乘务员自身健康不利，因此要尽可能科学地组织语言，做到少而精。不过需要特别指出的是，要求语言简洁并非追求形式上词句越少越好，而是要看具体情况灵活对待。

2. 准确

准确含有几方面的内容：一是指正确使用普通话，发音准确，用语贴切，语法规范；二是指运用语言形式与思维形式要互相对应。思维是语言表达的内容，语言是思维的表达形式，要"言为心声"，要准确地表达自己的用意，就要选择准确的语言形式，用语不杂乱无章、颠三倒四、自相矛盾，要符合逻辑规律；三是指准确地抓住矛盾，乘务员讲究语言艺术，要求用语准确，首先要解决针对性问题。只有准确地辨明乘客的年龄、性别、身份和性格等主要特点，才能针对不同情况，采取适当的用语、语气、方式等来表达。

3. 清楚

语言表达要做到内容明确、表达有序、发音清楚、节奏合理。这是因为人们的出行活动都是以一定的目的为前提而进行的。这种前提决定了乘客大量的问话是选择线路和车站。一般来说，要到某一目的地，乘哪路车，到哪站下，对经常在某一区段往返的乘客并无困难。但还有为数不少的乘客往往对所去地方的方位，所要乘坐的线路是不熟悉的，这就需要乘务员在服务工作中认真做好乘车指导工作。语言清楚对这类乘客有着重要的意义，要清楚就不能用含混不清、残缺不全的语言或行业术语来回答。特别应该指出的是语速要适中，过快听不清楚，过慢显得拖沓。正常的说话速度为每分钟150～180个字。

4. 生动

生动是指语言要诙谐、形象，表达方式灵活、自然。乘务员使用生动的语言，就可以在车内创造一个轻松、愉快的环境，使乘客容易接受自己的意愿。特别是在情绪对立的时刻，生动的语言往往能起到缓解僵局的作用。一些优秀乘务员都有着这方面的成功经验。乘务员生动、得体的语言往往在处理一些具体问题时起着决定性的作用。不过一定要注意生动不是要贫嘴；风趣而不失庄重；切忌生硬、刻板。

清楚、准确、简洁、生动是乘务员语言艺术的基本要求。它们之间是紧密相连的，共同起作用的。其中还有一个特别需要引起注意的问题，就是有声语言和无声语言一致的问题。如果两相矛盾也难达到好效果。假如乘务员耐心、准确、清楚地回答了乘客的询问，可却紧皱双眉，那么乘客感受到的是乘务员的"不耐烦"。对同样一句话，常常因为添几个字而在语气上、意义上给乘客以不同的感受。在一些情况下，说话前加上"请"或"劳驾",会使人感到礼貌合适;按照用语习惯,经常选用一些表示客气的短语,如"谢谢您""麻烦您""打扰您了""对不起"等,一般容易使听者接受。

(二)表情艺术

语言同表情紧密相连,相得益彰,表情是语言艺术的一个重要方面。合适的表情可增强语言的感染力,甚至可以代替一句话;但表情不当,可影响对语言原意的理解,甚至成了相反的意思。所以,关于表情的有关技巧也应注意。

1. 仪表和举止

仪表是人的外观,举止是人的动作。对乘务员仪表和举止的基本要求是:衣冠整洁,举止有礼。乘务员在面对乘客说话时应注意:站立的位置不要过远或过分靠近;说话时要面向乘客,目光平视,注意倾听;不要在乘客正说话时就急于打断;不要话未听完,就随意走开;也不要边工作边答话。

外观上表现出端重大方,即不要点头哈腰或勉强做作;也不要扭捏不安,手足无措。必要时,可适当做一些手势,使语言增加表达力,但不宜过多,动作幅度也不宜过大,注意不要用手指人。

2. 面部表情

面部表情传播着某种信息,表达着对于对方的或喜或烦、或恭或蔑、或诚或伪、或勤或懒的态度。人们之间进行了解也首先从面部表情开始。

面带笑容是乘务员服务艺术的基本要素。乘客一到,乘务员笑脸相迎,即使没有开口,也会使乘客好像听到乘务员在轻呼"欢迎";乘务员和乘客说话时面带笑容,表示乐意听乘客所说,并乐意为乘客服务。眼睛在面部表情中起着主导作用,和乘客说话时目光平视,一般表示尊重、坦率、诚恳、亲切。也可以根据乘客的年龄,表示出对老者的尊敬、对幼者的爱护,还可根据说话内容,表示出同情、惋惜、高兴、抱歉等复杂的感情。眼睛是心灵的窗户,一个眼色会表达出思想感情上的真实情况。所以,乘务员面对乘客说话时,不要上下打量、左顾右盼、或目光旁视、心不在焉,这都会使对方感到不愉快。在多数情况下,乘务员要目光平视,面带笑容。

(三)服务艺术

掌握服务技巧,按照不同的对象,根据具体情况,迅速、灵活、恰当地做好服务工作,是乘务员服务艺术的一个重要方面。服务技巧,是以"诚"和"实"为前提的,所以讲究服务技巧,就是先抓住"诚"和"实"这两个要点。诚诚恳恳、真心实意地为乘客服务;实事求是,踏踏实实地做好工作。

1. 熟练掌握乘客的心理

乘务员所服务的乘客来自四面八方,各有不同的心理和需求。为了给乘客提供恰当周到的服务,必须从乘客的角度出发,善于琢磨乘客的心理,处处为乘客着想,因人制宜,把工作做到乘客的心坎上。在有些问题上，乘务员把自己放在乘客的位置上，想一想"假如我是乘客，我希望乘务员怎样做？不希望乘务员怎样做？"就可以了解乘客的心理活动，有针对性地做好工作，避免做出乘客不喜欢的事。当乘务员的工作受到乘客批评、误解时，乘务员设身处地为乘客想一想，就会正确理解乘客的批评、误解，甚至不公平的指责，找到解决问题的正确态度和方法。

"百人百味，众口难调"，不同地区、年龄和性别的乘客，各有不同的习惯和要求。乘务员在那么短的服务时间内，怎样了解他们呢？根据一些优秀乘务员的经验可以总结为"一般特点经常总结，具体特点临场观察"。这就要求乘务员应当是一个有心人，在日常和乘客接触中，不断摸索，总结各类服务对象的规律和特点。掌握了各类服务对象的一般特点，服务工作就不会出大的纰漏；但要进一步做好服务工作，还得在一般了解的基础上，临场观察他们的具体特点。只要热爱乘务工作，而且是一位有心人，就一定能够很好地了解乘客，把工作做到他们心坎上。

2. 关心乘客，当好参谋

乘客乘车旅行，离开自己的家庭和熟悉的环境，总是有一些不方便和不适应。这就要求乘务员以客车为阵地，急乘客所急，想乘客所想，在车上开办多种服务项目，帮助乘客缓解内心的不安和焦虑。在为乘客服务工作中所遇到的问题大多数是一些小事、琐事，乘务员要从小处着手，在细微上下功夫。比如，山区农村路面较差，行车颠簸，乘客常有晕车呕吐，需要配置痰盂或方便袋让乘客取用；携带晕车药、红、紫药水等，随时提供给乘客；携带热水瓶、茶杯等提供给需要饮水的乘客；在距离较长的班车上，乘务员可备专用的服务厢，放置面包、糖果、连环画册、小孩玩具、杂志等，使饿了的有吃的，口渴的有饮料，小孩哭闹有玩具，感到无聊的有书看；有的老年人上下车不便时，扶一把，帮带小孩的乘客把随身携带的东西拿上车等。这些看似平常的事，如果都能得到细致处理，就会把客车办成"乘客之家"，给乘客留下良好的印象。

外来乘客对当地情况不熟悉，在旅行安排、上下站点、转车、乘车路线甚至如何办某件事等，可能还不了解或拿不定主意，乘务员应积极热情地给乘客当好参谋，在弄清乘客意图后，可以客观地介绍一些情况，或是提供一些意见和看法，供乘客选择考虑，较有把握时，也可提出具体建议，供乘客采纳。这就要求乘务员做到以下几点。

（1）诚心诚意，把乘客的事当成自己的事考虑。

（2）谦虚谨慎，尊重乘客。既要热情地、实事求是地向乘客介绍情况，又要尊重乘客本人的意愿。

（3）熟悉业务，提高服务水平。要做好乘客的参谋，必须对当地的名胜古迹、人文地理、交通情况等有充分的了解。

3. 区别服务对象，给予恰当服务

在我们社会主义国家，不论什么工作，在政治上和社会地位上都是平等的。因此，乘务员对待乘客，要一视同仁，不能厚此薄彼，但在具体的服务工作中，乘务员应该善于区别服务对象，根据乘客的具体情况和要求，做出适当的安排。尊重乘客，既是乘务员的一项重要业务修养，也是提高服务质量和服务效率的重要方法。

乘客由于职业不同以及经济条件的区别,会有不同的性格特征和不同的要求。如知识分子比较本分拘谨;工人比较随和爽朗;军人则纪律严明等。乘务员在为乘客服务过程中,要区别不同对象而使用不同的态度和方式。对待农民要干脆利落、亲切热情而不拘泥礼节;对一般职工、解放军战士要主动热情为他们服务,主动征询他们的需要。

乘客乘车的目的是不大相同的。有的乘车旅游,情绪高涨;有的有急事赶车,心如火焚;有的因公出差,任务在身;有的多日旅行,疲惫不堪;有的熟门熟路;有的人地两生。他们的心情和需要服务的内容大不相同。

除此之外,乘客年龄不同,性别不同,身体状况不同,随身携带物品多少不同,所需要的服务也不同。很显然,老、弱、病、残、孕需要较多的服务。总之,乘务员要善于观察、探询,了解乘客的心情和需要,分别给予相应的服务。

三、乘务矛盾处理沟通

公交乘务员应以公交企业的服务宗旨为出发点,正确处理乘务矛盾。因此当乘客与自己产生矛盾时,首先要严格要求自己,坚持以文明礼貌的态度来缓和矛盾。当乘客与其他乘务员发生纠纷时要积极调解双方,在任何情况下做到"打不还手,骂不还口",坚持"得理让人",不激化矛盾。一旦发生服务纠纷,要及时向领导汇报,主动协助处理。

(一)矛盾处理原则

1. 从严要求自己

出现乘务矛盾首先要从严要求自己,这是乘务员职业道德的要求,也是正确处理乘务矛盾、避免矛盾激化的基本方法之一。严格要求自己,以"谦让、善意、自制"的原则,从维护本企业的声誉出发,谦虚谨慎地对待,就事论事,态度谦和,力争合理解决,使乘客满意。谦让是指双方的实际利益和各自需求发生矛盾僵持不下时,利用谦让和折中的方法,避免矛盾的激化,从中协调解决;善意是指从正面积极理解对方的言行,了解对方的真正意图,解决双方产生的误解和偏见,力求缓解双方矛盾;自制指在矛盾激化时,首先表示沉默、采取冷静态度对待,尤其在对方处于心理不相容的情况下,努力控制自身过激行动,培养一种能控制自己感情的能力。

2. 坚持说好第一句礼貌用语

正确处理好乘务矛盾,很重要的一点是看乘务员礼貌语言的表达。因此要求乘务员首先要说好第一句礼貌用语,如不慎失误车门夹了乘客,乘客责难自己时,道声"对不起";不小心碰、踩着乘客时,首先应向乘客表示歉意,相信会得到大多数乘客的谅解,也体现了乘务员文明服务、礼貌待客的道德水平。因此,坚持说好第一句礼貌用语是缓解矛盾,处理好乘客关系,创造和谐的乘车气氛的有效方法。

3. 主动解释

主动解释是指发生乘务矛盾责任在我方时,要想到自己是车厢的主人,对客观情况有责任进行解释，平息矛盾。如前车发生故障或道路堵塞造成乘客候车时间较长，带来烦恼，上车后难免会有乘客感到不满，或用生硬语言发牢骚。面对这种情况，乘务员应主动承担解释的责任，对乘客一些过分的话不要去计较，一方面向乘客耐心解释间隔时间较长的原因，另一方面积极疏导，尽力解决特殊乘客的困难，以耐心和尊重的态度对待乘客，取得乘客谅解。

4. 以理服人，得理让人

乘务员与乘客的矛盾，部分是由于误解和乘务员工作失误，但有一些矛盾是由乘客的粗暴无礼或故意刁难。对于少数不讲理的乘客，我们赞同先跟他讲理，以理相劝，以理服人。如个别乘客上车不戴口罩，乘务员制止时不但不听，还伙同几人起哄。面对这种情况，乘务人员要义正严词告诫车厢内不戴口罩的危害性，向全车乘客宣传乘车规定，要求乘客协助遵守，号召做文明乘客，并动员不戴口罩者将口罩戴上。如果该乘客听从劝告，将口罩戴上，就不要再用无关的话去刺激乘客。若劝阻不听，确实无法工作，就通过车队管理人员、附近公安派出所或治安人员出面协助解决，切勿与他们争吵或拉扯，防止对方借机扩大事端。

说理一定要有利于矛盾的解决与消除，如果自恃有理，一味相争，其结果必然使矛盾激化，影响正常的运营服务。因此，乘务员在服务工作中，面对矛盾要进行说理，但说理要有节制，不能不顾大局，无休止地争吵。这就需要乘务员有"以理服人，得理让人"的胸怀和气度。

5. 遵纪守法，避免激化

严格遵守服务纪律，有较强的法制观念；积极调解，避免矛盾激化，是维护运营秩序、处理好车厢乘务矛盾的根本保证。因此，作为一名乘务员应该具有较高的遵纪守法自觉性，在实践工作中培养平息矛盾、排解纠纷的能力。

6. 打不还手，骂不还口

"打不还手，骂不还口"是乘务人员严守职业道德、模范遵守服务纪律的体现；是自觉抵制违法行为，努力避免事态扩大的高尚品质的具体表现。要做到守法观念强，首先要学法、懂法。如果不学法，不知道什么是法，就可能在处理具体问题中，不能有效地控制、约束自己，造成"以牙还牙"群殴致伤的局面。

服务纠纷的发生与发展，往往是瞬息万变的。乘务人员如何在对方失礼情况下，做到"有理、有利、有节"使纠纷的处理对我方有利，这与乘务人员在现场坚持原则、灵活处理有着直接的关系。例如，一个外国留学生乘坐公共汽车，行至繁华街道，驾驶员遇突发情况急刹车，由于乘客相互碰撞，他趔趄了一下，十分不满。下车后走到车前，叫下驾驶员，竟打了他一耳光。他强调说，他们国家驾驶员开车不稳就该打。他的野蛮行径引起全体乘客义愤，几个青年跳下车准备揍他一顿。乘务人员看到这种情况，为避免事态扩大，自动将他围在中间，保护他上车，及时向领导汇报，等待妥善解决。通过公安部门的交涉，责成该留学生当面向驾驶员赔礼道歉，并赔偿了全部经济损失。事后，外交部门表扬了全车组司乘人员，认为他们处理得好，维护了国家尊严。

(二)矛盾处理沟通范例

1. 乘客上车时发生乘务矛盾怎么办

车已满员,乘客仍坚持要上车,乘务员再三劝阻不听。这时,乘务员首先要积疏导车上乘客尽量往里挤一挤,然后劝门口扒车的乘客等下辆车。劝说时要从关心扒车乘客安全,不耽误全车乘客时间上着手。如果仍劝阻无效,前后门或前后车乘务员要相互配合,动员乘客由另一门上车,切勿赌气往下推、拉乘客或强行开车,拖带乘客。

例如,让乘客等下一辆车的正确劝导方法是:一边用手轻轻地拍乘客肩膀,一边耐心地说:"请您协助,再等一辆好吗?您看车走不了,大家都受影响。"这样乘客容易配合;反之,如果用力推乘客,并不耐烦地说"等一辆吧!"乘客会反感,反而抓车不放,甚至还会引起乘务纠纷。

2. 确属乘客无礼,发生乘务矛盾怎么办

遇有成群结伙有意妨碍乘务员正常工作的情况,要敢于同不良现象做斗争。首先要积极宣传,热情服务,提醒其他乘客注意自己的随身物品。对不法乘客的无礼行为,要义正词严地劝阻,劝告不听,确实无法工作,可以驾、乘配合,直接将车开到治安部门解决处理。切勿与他们发生争吵,防止对方借机制造事端,扩大事态。

例如,有青年三四人一伙,集体乘车,上车后骂骂咧咧,在车上吸烟,还不时地向乘务员挑衅,关于这样的乘客,乘务员一定要保持理智,不能与他们纠缠,争取得到车上乘客的支持,避免这伙人在车上闹事,维护好乘车秩序。反之,如果与这伙人针锋相对,必定引起重大的乘务纠纷。

3. 非乘客原因发生物损人伤怎么办

在行驶途中,遇车外有人突然用砖头将玻璃打碎,致使乘客受伤时,乘务人员在抓不到肇事者时,要记下旁证人,速将受伤乘客送往医院治疗,并及时向领导汇报。如果抓到肇事者,可带到车队或当地治安部门解决处理。记住伤者姓名、单位,并保管好伤者的随身物品,或暂送车队保存。关于这类问题,责任不属于乘客,当班乘务员一是要及时找两名或三名旁证人,并记下他们的姓名、工作单位和联系电话;二是切勿自行处理,否则责任不好区分,会给处理工作带来麻烦。

例如,有一位乘客乘车时突然发病,经送医院抢救无效死亡,由于当班乘务员没有记下旁证人,结果死者家属硬说是由于司乘人员未能及时送医院抢救而导致死亡,要司乘人员负一定责任,结果给处理上带来很大麻烦。

4. 乘客下车时发生乘务矛盾怎么办

当车启动后,乘客发现坐过站或坐错车,要求司机立即停车。此时,乘务员应耐心向乘客解释:"对不起,车已起步,到下一站前不能停车,让您多走路了,很抱歉。"并告诉乘客回返的下站路牌位置,耐心向乘客宣传,让乘客理解。如果不做耐心解释就是不停车或用指责的口气对乘客说:"谁让你到站不下车呢?"其结果极易发生乘务纠纷。

5. 属于乘客误解发生矛盾怎么办

属于乘客误解发生矛盾，大多是由于乘客不熟悉，不了解公交行业特点或有关规章制度引起的，误认为乘务员有意刁难，容易发生矛盾，例如，由于调度发快车、区间车，部分站点不停车；票价不统一，部分路段显示乘车无效，需重购车票；一些笨重易碎或危险品禁止携带上车等。在上述情况下，乘客与我们发生矛盾时，乘务员应首先向他们耐心解释，根据不同情况，讲明本车或本线路的特点和票务制度，切勿自认为有理，态度生硬，一味斥责。对于携带笨重物品或易碎易爆等危险品的乘客，要劝阻上车，讲明不能上车的理由，做好安全宣传解释工作，并建议他们到附近的出租或人力车站解决困难。

因交通堵塞造成大间隔，乘客在车站等车时间过长，车一到站，乘客刚上车就提意见说："你们是怎么搞的，这么长时间不来车，上班都迟到了。"乘务员应耐心解释："对不起，让您久等了，前面因其他车辆出了故障，交通堵塞了，所以车过不来。"这样解释乘客会理解的。切忌得理不让人，用责备的口气对乘客说："你怕迟到干吗不早出来？车慢点我愿意呀！"

虽然司乘人员在工作中同什么类型的乘客打交道是不能选择的，但处理好同乘客的关系，乘务员却比乘客有更大的主动权。这是因为无论什么类型的乘客，乘车的目的都是为了顺利、舒适地到达目的地，几乎没有为了闹别扭而乘车的。乘务员把握住这个前提条件，通过自己热情的服务，就不难处理好与乘客的关系，造成融洽、和谐、愉快的气氛。即使与乘客已发生某种误解或矛盾，也会被乘务员热情的态度、热情的解释和热情的服务所融化。而在容易引起矛盾的情况下，身体力行，优良服务可以影响乘客，避免发生矛盾；即使发生矛盾后，也可以感染乘客，取得乘客的理解或谅解，使矛盾得以满意地解决。

任务三　旅游服务行业沟通技巧

近几年国家对旅游行业的大力支持，使国内旅游业的发展如日中天。但是随着旅游业的不断发展，各地旅游景点间的竞争也在逐渐加剧，尤其体现在旅游服务态度和质量方面。而旅游礼仪是旅游服务的灵魂，优秀的礼仪服务可以反映出旅游景点对游客的重视程度，端正的服务态度可以有效提升游客满意度，而游客的满意度就是提升景区口碑的有效手段。所以，完善的礼仪服务和良好的沟通协调能力是提升旅游景区质量的重要因素。

一、旅游服务礼仪的重要性及基本原则

（一）学习旅游服务礼仪的重要性

1. 形象塑造

旅游业是对外的窗口行业，素有"国家名片"之称，因此从业人员在一定程度上代表了国民的素质。提高旅游服务质量必须具备鲜明的服务意识、认真的工作态度、熟练的业务技能和严谨的敬业精神。旅游行业的每一位工作人员，不管处于什么工作岗位，不管从事何种工种，都是广大游客的服务员，都应该全心全意为游客服务。旅游从业人员的形象，代表的不仅是某个旅游企业的形象，甚至代表着国家旅游的整体对外形象。要全面提高旅游业的整体水准，包括管理水平和服务质量，就必须加强对旅游从业人员的形象塑造。

2. 美的享受

旅游在本质上来说是一种欣赏美的活动，旅游者就是想通过旅游探寻各种事物的美感，从而达到精神上的愉悦。而旅游者不但将自然景观作为审美客体，也将旅游礼仪作为审美的一部分。相对于旅游景观来说，旅游礼仪可以在旅游工作者的行为举止中动态的体现。旅游服务人员具有礼仪的微笑、风度、打扮，以及语言的运用，这不仅仅能够带动游客对自然的赞叹，也可以唤醒游客内心深处的情感力量，进入更高层次的审美意境。由此可见，旅游礼仪能够强化旅游者的审美感受，是旅游活动的必要组成部分。

3. 纠纷解决

由于旅游涉及游客的衣食住行，让所有的游客都达到满意是不可能的，所以旅游服务的纠纷是不可避免的。如何处理好旅游服务的纠纷已经成为旅游业发展必须要解决的问题。不论旅游纠纷的原因如何，在处理纠纷的过程中始终保持礼仪大国的形象，有理有据，不与任何旅游者争吵是必须的。如果旅游纠纷责任在于我方，必须要求旅游服务人员进行认真的道歉，积极地处理问题，以防矛盾扩大，造成不良的影响。如果责任在于游客，应当保持应有的大方得体，做到耐心倾听游客的诉求，礼貌地做出必要的解释说明。真诚与风度永远会打动游客，无谓的争吵只能使旅游矛盾激化，违背了旅游服务至上的宗旨。所以，良好的礼仪服务在处理纠纷时可以进行一定的弥补。

（二）旅游服务礼仪的基本原则

1. 真诚原则

旅游服务的对象是广泛而多层次的，而礼仪是表达态度与情感的具体形式。施礼者必须真诚待人，外表与内心应当是一致的，待人接物和蔼可亲，应当来自内心真诚尊敬而友好的情感。任何虚情假意、矫饰做作，都会令人生厌。违背了礼仪的美学原则，也就丧失了礼仪的功能。

2. 一致原则

接待礼仪的一致性，体现在对宾客的一视同仁及礼宾全过程中优质服务水准的始终如一。不论接待对象是外宾还是内宾，也无论宾客身份地位或高或低，都要满腔热情地平等对待每一位客人，绝不能有任何看客施礼的意识，更不能有凭外貌取人的错误，应本着"来者都是客"的真诚友好态度，坚持服务质量的高标准和前后一致性原则，不可出现前紧后松或前优后劣的做法。应以周到的礼仪体现优质服务，使旅游者乘兴而来，满意而归。

3. 主动原则

主动原则是指在旅游接待与服务活动中，礼仪行为应该是积极主动的。每位服务员和接待工作人员要始终面带笑容，接待服务要和颜悦色，工作态度要主动热情。接待服务人员应做到"四勤"，即眼勤，要做到眼观六路，耳听八方，并根据客人的言谈表情、举止行动，准确判断客人的要求，及时主动地予以满足；嘴勤，要做到有问必答、有呼必应，主动介绍有关情况，及时应答客人询问；手勤和腿勤，即以实际行动及时帮助客人解决遇到的问题和困难。

4. 合宜原则

礼仪规范是社会习俗的一种约定俗成，是某些社会生活习惯的抽象和归纳。在实际的人际交往和丰富多样的旅游活动中，礼仪行为要坚持因时、因地、因人的合宜原则。合宜才能真正体现礼仪的本质，即尊敬、友好。

二、旅游服务人员形象塑造

旅游业作为具有高度开放性和对外性的行业，不可避免地要进行频繁的社会人际交往，也不可避免地要形成自己独具特色的礼仪规范。在旅游服务工作中，旅游从业人员应该注重自己的仪容仪表，更要懂得日常的交往礼仪——因为旅游也是一种交流，在旅游接待中的礼仪表现往往会有较大的影响。

（一）外在形象

虽然人的形象有内秀外美之说，但大多数的普通的人，都是通常注重第一感觉的。可见外在形象的重要性。

1. 自信的微笑

微笑是旅游者感情的需要，更是旅游从业者对自己职业价值的肯定。微笑服务是旅游业待客的基本要求，也是沟通消费者和经营者双方良好合作的重要媒介，我们不仅要在接待礼节上以微笑待客，更重要的是把微笑贴心的本质贯穿到我们为游客提供的具体服务之中。想游客之所想,急游客之所急,自觉从游客的角度出发,加强沟通,改善我们服务中不周到的地方。要让人人都成为旅游业的旅游形象,处处使游客感到贴心温暖。

2. 规范的语言

规范、动听的语言在旅游活动中的运用无疑是极为重要的,同时,也是旅游公关礼仪形成的重要基础及向高层次发展的前提。旅游活动在某种意义上说,是不同文化背景下的人群的交流活动,而语言则是交流活动的媒介,它是旅游产品和服务的直接体现。"良言一句三冬暖",规范、动听的语言会给人留下深刻的印象。而含蓄的话语也更容易让人接受,尤其是在旅游活动中使用显得更重要。

3. 合适的服饰

服饰的协调性、独特性、创新性及实用性是服饰合适的重要因素,正确的着装、协调的装饰物与干净的仪容可形成一个和谐的整体。俗话说:"三分长相,七分打扮。"在合理的着装上下些工夫,既可以扬长避短,又可体现个人风格,使人的整个外表形成和谐的美。其实旅游活动中服饰的要求并不是很高,也不很复杂,只要做到得体就行了。

4. 得体的妆容

旅游从业者的妆容要求化妆者必须根据自己的面容、服饰、性格等特征来确定化妆的风格,讲究和谐得体,给人以美的享受。例如,从肤色来讲,不能用化妆来改变自己的肤色,只能使妆容和自己的肤色恰当结合,才能显得自然、协调;又如画眉毛,选择眉型要适合自己的年龄、气质、性格和身份,同时眉毛还要和眼睛配合,以更好地衬托出眼睛的神采。总之,美容化妆要根据自己身体条件的实际情况来决定,应不失真实、突出自然,使自身的优点更好地展现出来,而非面目全非。一个人的外表形象是短期内可以改变的,而修养则需要终身修炼。只有内外兼修,才能散发出独特的气质,使个人形象趋于完善。个人组成群体,而群体的形象得到提升,必将使旅游从业者更加卓越。

(二) 接待礼仪

在旅游服务礼仪中,接待礼仪是在接待工作过程中形成的尊重宾客的礼节仪式。接待宾客是旅游职业人员日常工作中最基本的内容,表现在迎客、待客、送客的各个环节中。接待过程中应该体现宾客至上、礼貌服务的接待礼仪,目的是让宾客有受到尊重、宾至如归的感觉,从而更好地树立旅游职业人员和组织的良好形象,以便于增进友谊,加强合作。在接待过程中应注意以下几点。

(1) 服装要整洁、整齐、大方,不能过分华丽。因带团游玩的缘故,可选择休闲装或运动装。女性导游员不宜化浓妆,不宜穿过长或过短的裙子。

(2) 表情自然和谐,态度亲切热情,语言文雅而不失幽默。

(3) 接待游客后,先问候大家,然后向游客致欢迎词。

(4) 尊重每位游客,特别是不同国家、地区和少数民族游客的风俗习惯,尊重其宗教和民族信仰。

（5）提前到达接团地点或集合地点，并将导游旗或其他标志向游客展示。

（6）见到游客应主动、热情地打招呼，游客上车时，应站在门口协助游客，并在车门前迎候，等游客上完后，自己再上车。下车时，导游员先下车。

（7）清点游客人数时，应默数，切忌不礼貌地用手指点游客。

（8）在车上或景点做讲解时，使用语言讲解的同时可辅助以手势，正确的手势应该是手自然伸出，手心向上，五指自然并拢。与游客说话切忌使用命令口吻。

（9）旅游结束，欢送游客，应提醒游客带好自己的证件及行李物品，致欢送词时，应感谢游客对自己工作的支持与合作，表达惜别之情，希望下次再为大家服务。

（10）接待客人投诉时，应边倾听边记录，并及时安慰客人，能当面答复的尽量答复，不能当面答复的应告知客人会尽快向上司汇报，调查处理后向客人答复。

三、旅游服务沟通与危机公关

在旅游接待与服务中，要建立良好的人际关系，就必须注重与同事、游客、上司的沟通，乃至与相关行业的从业人员的沟通。要想在沟通中处于不败之地，需要一定的沟通技巧。

（一）旅游服务沟通技巧

1. 面部表情

与游客交流时，面部表情应该生动，并要配合说话内容。而笑容也是面部表情重要的一个环节，一个充满善意的笑容，表示友善、愿意与人交往，而别人接收了这个友善的信息后，也会较愿意与你交往。导游微笑面客，这是有效沟通的开始。

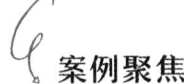
案例聚焦

微笑暖人心

深秋的一天，上海的导游员何小姐在机场接到了两位美国客人。由于飞机晚点，他们很不满意，表情十分冷淡。去饭店的途中，何小姐面带微笑，热情耐心地介绍着城市沿途的夜景，但他们仍是不言不语。何小姐并不灰心，在接下来的带团中继续用灿烂的微笑、热情的态度和耐心的讲解去为他们服务，最终两个人被感化了。他们开始询问何小姐一些问题，交谈的次数也越来越多了。总之，在旅游接待与服务中，微笑的魅力是永恒的。

2. 合适的语言

幽默是人们面对不同环境的乐观态度。在旅游接待与服务中，幽默可以使气氛变得轻松，可以扭转不好的状况。

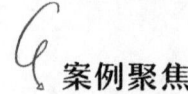
案例聚焦

导游接待医生旅行团

"各位团友，大家好！我是××旅行社的导游。我姓袁，单名一个"捡"字。大家一定奇怪我为什么叫这个名字，告诉大家一个秘密，我的命是捡来的。我出生的时候难产，多亏了医生，我才得以'死里逃生'，所以今天见到各位，我感到非常亲切。我从小就有一个心愿，长大后一定要为重新给我生命的医生做点什么。今天我终于有了这样一个机会。我一定会尽力而为，让大家玩得开心，游得尽兴！"

这种欢迎辞的形式比较轻松，旨在通过欢迎辞来增强与游客的情感，制造一种活泼、愉快的气氛，缓解游客旅途的疲劳。"爱美之心人皆有之"，人总是喜欢听到被别人称赞。在旅游接待与服务中，旅游从业人员应适当地给予游客赞美。如在见到游客时，称赞其漂亮，打扮得体等；在游客表演节目时，给予充分的肯定等。这样更易于游客与服务者心理距离的靠近。在旅游接待服务中，从业人员应注意柔性语言的运用，这样的语言能使人愉悦，并有较强地说服力，往往能达到以柔克刚的效果。

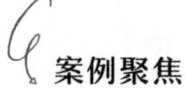
案例聚焦

柔性语言

一名导游员在带团过程中很积极、主动，游客和他的感情也很好。但是，有一天一位游客夜间外出访友，因多年未见加上贪杯，所以到了深更半夜回来后才打电话告诉导游员，说是报个平安。谁知导游员接到电话，就开始责问："怎么搞得？怎么这么晚才回宾馆？人家等你到现在，还没有睡觉，你好意思吗？"导游员的话使游客心里很不高兴，于是发生了争吵。如果导游员换一种方式，说："你回来我就放心了，洗个澡赶紧睡吧，明天还有很多景点要玩呢。"游客听了这番话，心理肯定充满感激。所以，说话时一定注意语言的柔性。

3. 倾听表述

学会"听"，不仅在于有耐心地倾听游客的各种意见、建议，包括牢骚、不满，还在于在"听"的过程中，要有洞察游客"不"的能力。因为有些游客尤其是国内游客，为避免使他人扫兴或有碍大家的情面，不习惯于当面或在公共场合表明他的"不"的态度，包括"不喜欢""不要""不对"等，通常是用一些含糊、不确定等言词来回避做正面回答。出现这样问答情形，导游就没有必要追根究底，或一定要将游客统一到自己的思想中，而是表示理解与赞同。

4. 手势及其他动作

在旅游接待服务过程中，说话时可以适当地配合手势的运用，加强内容表达和感染力，不过要注意手势运用要得宜和自然，不要太夸张。手势动作要清晰、简单，适当的动作能有助表达，加强说服力，过分则会令人觉得神经质。同时点头是聆听技巧的一种，表示正在聆听及明白对方的说话。旅游接待与服务人员语调要恰当，给人有亲切感；声量要适中，不要过大或过小，过大声令人有凶恶的感觉，过小声令人听起来很困难；说话尽量要清晰、流畅，不要过于简略或含糊。

人与人之间维持距离的远近，表示不同的意义。不同的场合及熟悉程度有不同的距离标准，可分为亲密距离、私人距离、社交距离。每个人都有无形的"私人领土"，不同的人所需要的"私人领土"可能不同，若自己的领土被人入侵就会有不舒服的感觉。旅游接待服务人员与游客要保持一定的距离说话，不能过于亲密。

5. 尊重与宽恕

尊重别人可以让别人产生一份自我肯定。尊重他人就是尊重自己。尊重绝非停留在言行这些表层上，尊重游客就是要尊重游客的人格与需求。如当要更改游程或计划时，地陪与全陪首要协商取得一致意见，然后向领队及旅游团中有影响的人物实事求是地进行说明，诚恳地道歉，以求他们的谅解，并提出可行的方案意见，与他们商量，争取他们的认可与支持，力争处理圆满。千万不能钱票到手，态度骤变。

在导游实践中，对那些迟到归队或说错话的游客，导游要与人为善，以心换心；要有宽容精神，善于原谅他人。以退让一步的心态来帮助他人认识自己的过失，这比大庭广众之下的责问更能服人，也更能得到他人的尊重。

6. 关怀与抚慰

在对客服务过程中，学会关怀每一个人，服务言行对所有游客都一视同仁、客观公正，就能取得较好的沟通效果。导游应该关怀旅行团中的每一个人，尤其要主动关怀游客中的弱势群体。例如，少数缺乏谦让友爱精神的游客总是最先抢占前排或靠窗座位，遇到这种情况，导游可以在第一次集合上车前，就做出制度性的安排，或规定老年游客坐前排窗口，或分别轮坐。这样做，既保护了弱者，又可以降低因此而可能引起的矛盾激化。

出门在外，遇到不尽如人意的事情是在所难免的，这时就需要得到他人的抚慰。导游在与游客沟通中，可根据不同情境，选择不同的抚慰方法。抚慰的关键在于恢复心理平衡，抚慰有予以同情或通过历史比较及横向比较找出比较优势的消极式安慰。例如，当旅游途中遭遇少有恶劣天气给游览带来不便，导游可以与自己职业生涯中经历的，或他人经历的更糟糕天气做一番对比。当然，导游更应该常采用积极式的安慰，以"塞翁失马法""展望美景法"等方式树立游客对未来行程的信心。

7. 超常服务

沟通互动是一种双向式的互动方式，双方在互动当中都可得到对方的一些夸奖，实现互相赏识。导游带团讲解，需要游客的鼓励喝彩，同样，游客也需要得到导游的逢迎与赞美。对于游客的言行给予一定程度的逢迎与赞美，迎合游客的口味，能取得良好的人际关系，因为常人都渴望得到他人的赞美、恭维之辞。导游提供超常服务，既是行动沟通，又是情感沟通，这是最好的沟通方式。当游客提出自行购物时，导游员可以有各种各样的服务表示，告诉其主要购物场所、营业时间、出行方法是一种；提醒游客购物时注意购物安全是另一种。以上两种都属于机械式的被动服务。假如导游放弃休息陪客人购物，就属于超常服务。超常服务项目很多，如在旅游途中遇上游客生日或结婚周年纪念日，导游就可根据旅行社事先掌握好的有关信息及时进行祝贺，代表旅行社为他们送上一束鲜花、一张贺卡、一个小礼品，甚至一个小型庆祝会，既是对当事人的祝贺，也可借机让全团人员分享他们的快乐。

（二）旅游危机沟通

在全世界范围内，通过人为因素和自然环境的原因造成了游客对于旅游目的地产生了负面影响，这种影响给相应的旅游企业带来了品牌负面影响，经济利益下滑，也是旅游企业的危机公关。旅游危机具有独特的生命周期特征，在生命周期的每个不同阶段，其表现形式和发展趋势都是不同的，因此对其危机管理的重点也是不同的。在旅游危机的不同阶段，旅游大众和旅游组织对危机信息的需求量和需求重点也是不同的，因此在旅游危机发展的不同阶段，应该制订不同的危机沟通战略和采取不同的沟通方式。

1. 日常工作中的危机沟通

日常工作中的危机沟通即旅游危机的宣传教育过程。目的地危机管理能力，取决于整个社会公民的危机意识和参与态度。对于旅游目的地的管理者来说，在平常的工作过程中，要运用各种渠道和机制，进行旅游危机防范和应急知识的宣传，以及应急能力的教育培训和演习。

> 日前，兴城市旅游局组织人员在古城内进行突发应急事件宣传活动，大力宣传和普及应急管理知识。宣传期间设立兴城市应急管理宣传活动咨询台、兴城市旅游局应急管理宣传板，并对突发旅游安全事件的处理程序和方案进行广泛宣传，并分发《中华人民共和国突发事件应对法》《葫芦岛市民防灾应急手册》等宣传资料300余份，向市民和游客宣传防灾、减灾知识，增强公众的危机防范意识，重点宣传旅游突发事件的应急预案，能够做到防患于未然，遇到突发事件时迅速开展自救、互救，最大限度地减少灾害带来的损害，创造一个和谐安全稳定的社会环境。

2. 旅游危机潜伏期的沟通策略

在危机全面爆发之前的特定潜伏期，危机已在孕育和正在形成，此时可能已经表现出一定的外部特征，这就需要危机管理体系中的预警和检测系统在收集相关信息资源的基础上多方面、多角度作出初步的反应。在这个过程中媒体的反应和报道就是公众和危机管理组织的一个很重要的信息来源渠道。在旅游危机的潜伏期，如果媒体能及时发现危机存在的前兆，并向社会传递潜在的危机信息，引起旅游管理部门的注意，就有可能把潜在的危机扼杀在萌芽状态之中，就能防范危机的爆发。

3. 旅游危机爆发期的沟通策略

旅游危机的爆发，造成了人员的伤亡、资源或设施的损失和旅游者对旅游地的信心丧失，严重影响了正常的旅游秩序和旅游地的良好旅游形象。因此，旅游危机管理组织要有针对性地通过和媒体对话，发挥新闻媒体传播、聚合的功能。通过对多渠道获得的信息加以分析、筛选和整理，在有利于目的地危机管理的前提下，通过媒体向大众阐明目的地对危机进行管理的意义、指导思想和现实条件下所采取的各种措施的必要性，以及危机管理已经取得了什么样的成果，获得大众对危机管理主体的支持。

建立合理的信息披露机制，包括信息上报途径与信息公布渠道，保证信息获得和发布的及时性、真实性、全面性和有效性。诚实客观的信息发布是建立诚实可靠形象的关键。向公众发布的信息包括：危机现存形式；危机进一步恶化或失去控制的概率有多大；危机的影响程度。向公众披露危机的真实情况更容易得到民众的支持和理解，不要试图掩盖危机真相，虚假消息或者掩盖真相所造成的危害可能比危机本身还严重。

危机事件的爆发，意味着正常的旅游秩序已经被打破，危机的破坏力正加大，这时要求旅游地的危机管理部门必须快速行动起来。迅速行动的方向有两个方面：一是针对危机的治理行动；另一个是对危机事件有目的地选择信息源和信息传播渠道，有效地控制新闻传播导向，防止媒体为博取眼球而发表刺激危机局势的新闻消息，激化危机事态。

对于危机信息的发布，为了增强信息的可信度和权威性，一定要由权威的部门和重要的有影响力的人物来发布，统一口径，避免信息的发布多元化。在危机状态下，旅游秩序失衡，公众的心理承受能力较低，对事态的臆想和猜测更容易降低他们对政府政策、行为的信任度和支持率。为尽快争取公众对旅游地的信心和恢复旅游地的形象，危机管理者必须言行一致，并用自己的行动证明管理主体对危机的治理是积极和有效的，所传播的信息是准确的。

> ××旅游业目前在对旅游危机处理时比较重视危机的事中处理，轻视事前预防和事后补偿、救助。旅游危机发生时，科学详细的危机处理预案是非常重要的，这也是××旅游业目前非常欠缺的。这就使得旅游主管部门处于救火队员的状况，哪里出问题去处理哪里，效果也未尽如人意。危机后的补偿和救助工作也未能得到有效执行，如×年×月××酒店发生的客人集体食物中毒事件，除了进行一些经济补偿，酒店或旅游主管部门均没有事后对客人进行回访。

综上所述，旅游业是具有服务性质的综合性产业，从业人员的礼仪水平在某种程度上也决定着旅游业的整体水平。因此，旅游从业人员应当加深对旅游礼仪礼节的认识，不断提高自身修养，掌握符合社会要求的各种行为规范。这是提高旅游服务水平的关键。旅游从业人员较全面地掌握旅游工作中的基本礼仪知识，使他们可以拥有更多成功的机会。在社会高度专业化发展的今天，良好的职业礼仪修养，有助于旅游从业人员更好地适应社会需求。总之，旅游礼仪礼节对于旅游从业人员重塑整体形象、提高个人素质、强化职业道德，为提高我国未来旅游业服务水平起着重要的作用。

任务四 物业服务行业沟通技巧

我们的日常生活离不开物业管理，物业服务为业主提供了 24 小时全天候的综合性服务。物业服务的对象是整个小区的全体业主，但是由于各个业主的年龄层次、文化程度、素质修养、生活习惯、社会地位等的不同，使得物业服务具有一定的特殊性和复杂性。我国的物业服务效率不高，运营过程不够透明，许多业主对物业服务公司的满意度较低，这也导致物业服务企业和小区业主之间的关系紧张。针对大量的物业服务矛盾和纠纷案例进

行分析可知，大部分的问题是由于物业和业主之间缺少有效的沟通，双方的信息沟通渠道不畅导致小矛盾演变成白热化的大纠纷。因此，物业管理的服务过程就是沟通的过程，有效的沟通是处理和化解物业服务过程中问题和矛盾的根本之法。

一、物业服务沟通的内容和形式

（一）物业服务沟通的内容

物业服务的客户包括内部客户和外部客户。内部客户是指企业内部的人员，外部客户是指与物业管理服务相关的单位和个人，包括业主（或物业使用人）、建设单位、专业公司和政府部门等。

客户管理是物业管理企业为了获取更大经济效益，通过客户沟通、投诉处理和满意度调查等手段，不断改进工作，提升管理服务水平的行为。在物业管理的客户管理中，业主（或物业使用人）是物业管理服务的直接消费者，与物业管理服务活动联系最为紧密，关系最为重要，是最主要的客户管理对象。在物业管理服务活动中，沟通是一种常见的管理服务行为，也是物业客户管理的一个重要组成部分。科学掌握沟通的方式方法对提高物业管理服务的品质，顺利完成物业管理服务活动，满足业主（或物业使用人）的需求有着积极和重要的作用。物业管理客户沟通的内容如下。

（1）与建设单位就早期介入、承接查验、物业移交等问题的沟通交流。

（2）与市政公用事业单位、专业服务公司等相关单位和个人的业务沟通交流。

（3）与业主大会和业主委员会物业管理事务的沟通交流。

（4）与业主（或物业使用人）的沟通交流，包括物业管理相关法规的宣传与沟通；物

业管理服务内容、标准和有关账目的公示与解释；物业管理相关事项、规定和要求的询问与答复；物业管理的投诉受理与处理反馈。

（二）物业服务沟通的形式

1. 文字沟通

文字沟通是通过文字的表达方式把对方需要了解与关心的事件、信息进行传递。小区物业事务纷繁芜杂，小区的物业应充分利用文字沟通这个有效的基础性沟通方式，及时、清楚无误地把重要的小区信息通知给业主与住户。

（1）重要的事项一定要以文字的形式对全体业主进行告知，如小区停水、停电通知，台风、暴雨等自然灾害通知，设备设施维修前的通知，安全防范宣传，生活小常识等。以文字通知、告示等有效沟通形式来进行物业事务及信息的传达。

（2）定期向业主反馈小区物业的服务与工作情况，把物业服务的显形和隐形工作都开诚布公地告知小区业主，这样可以加深业主对物业服务工作的理解，增加小区物业服务工作的透明度，增进小区业主与物业服务单位的信任感，消除误解并获得业主的理解与支持。信息不对称会导致小区业主与物业管理单位产生矛盾，因此直观、准确的文字沟通信息能有效地消除误解与矛盾，得到业主的肯定。

2. 情感沟通

情感沟通是物业管理沟通工作以人文关怀的形式，通过热情、周到和细致的服务与业主之间建立起一种融洽的关系。通过情感沟通，体现"以人为本"的理念，可帮助物业公司服务人员拉近与业主的距离，发挥与调动业主、住户们参与小区建设的积极性。物业管理单位也应不断提升物业公司自身形象，增强管理人员自身素质，提高办事效率，提供优质温馨的服务，增强业主对小区的认同感与归属感。

（1）组织小区业主委员会会议，主动向业主汇报小区物业服务工作的情况。认真听取业主们对小区物业服务管理工作的意见和建议，主动将小区服务工作需要业主们配合和支持的重大事项及时向业主委员会进行反馈和沟通，取得业主们的理解和支持，消除相互之间存在的理解上的误差。

（2）开展小区联谊活动，促进业主与物业管理人员的情感交流。物业服务单位应定期组织业主联谊活动，多开展全体业主、住户参与丰富多彩的社区文化体育活动，搭建好"共建文明小区，构建和谐社区"的舞台。安全的家园、优雅的环境、和谐的社区是物业人与业主们共同的目标，日常加强与业主情感上的沟通，建立深厚的情谊，打下良好的基础，有了感情基础，物业与业主之间就会产生共识点，沟通协调就会容易很多。

3. 语言沟通

语言沟通是物业小区服务常用的沟通方式，在与小区业主的服务沟通中，关心业主的日常生活，遇到业主、住户时，礼貌待人，文明用语。遇有业主、住户前来求助或其他事务时，应热情接待，注意说好"三声"，即招呼声、询问声、道别声。在与业主的沟通交流时注意换位思考，尊重对方的表达方式与语言习惯，能拉近与业主彼此之间的情感距离,有效地传递物业服务的有关信息、阐述物业服务企业的观点。在业主上下班出入小区大门时与业主打招呼就是一项重要且直观性的语言沟通形式。

4. 行为沟通

行为沟通是物业管理沟通工作的示范性形式,也是企业优质服务的质化体现。物业服务人员的优质服务行为能带来业主对物业服务企业的良好认知。让每位员工共同参与小区烦琐的事务,并将服务细节做好,把无形的服务变成有形的工作行为体现在业主面前。

(1) 急业主之所急,想业主之所想。当遇到有业主求助时,不推诿,马上处理;业主需要解决困难时,尽最大的努力及时解决。通过优质物业管理服务这种有形的行为沟通,来体现良好的企业形象,赢得广大业主的赞赏与认同。

(2) 小区的主管人员起到带头、示范作用。小区主管是小区物业管理服务工作的当家人,也是公司外部形象的代表。小区主管人员应每天进行小区的总体巡视,亲历小区管理现场,接访小区业主、住户,及时了解、发现服务过程中存在的问题。

(3) 征询、收集业主的意见和建议,虚心听取业主、住户对小区建设和管理的看法。业主们良好的建议和对物业服务工作的监督,将有利于促进物业管理单位服务与管理水平的提高。物业管理公司应不定期地对服务管理工作进行意见和建议的征询,对合理化的建议和中肯的批评及时进行采纳和改正,努力满足业主、住户的合理要求,创造更具人性化的居住环境。

物业管理工作中沟通的成功与否关系到企业的生存,没有沟通就没有客户的满意,没有沟通就没有公司的长足发展。物业小区的管理离不开小区业主、住户们的配合与支持,物业公司与业主沟通渠道的畅通是衡量物业管理服务水平的一项重要指标,充分用好有效沟通是优秀物业管理企业的标志之一。物业管理单位应建设好与业主相互沟通与理解的平台,充分认识有效沟通在做好小区物业服务工作方面的重要性,并将与辖区业主的有效沟通作为物业服务管理的一项重点工作来落实,通过多渠道、多层面的有效沟通,把小区的不和谐因素消除在萌芽状态;通过有效的沟通,达到优质服务的目标,促进物业服务管理工作的良性循环。

二、物业服务管理中的公关礼仪

礼仪是人们生活和社交中约定俗成的一种尊重和礼貌,人们可以根据各式各样的礼仪规范,正确把握与外界的人际交往尺度,合理地处理好人与人的关系。礼仪是塑造形象的重要手段,讲究礼仪,事情都会做得恰到好处。因此,良好的礼仪习惯,也是做好物业服务沟通的基础。

(一) 物业服务人员的办公室礼仪

1. 仪容仪表

(1) 上班时间应穿着公司统一制作的工作服(对因某些原因未做工作服的,应着职业装),切忌不能穿背心、牛仔裤、短裤、短裙、无领T恤、拖鞋等及其他不适合在办公场所穿着的服饰。服装的整体要求应干净、平整，无明显污迹、破损。

（2）上班时必须佩戴工作牌。将工作牌佩戴于外衣左上方，不得翻戴、遮挡。工作牌是工作人员的名片，要爱护工作牌，保持牌面清洁。

（3）男性员工不得蓄须、大鬓角，不得蓄长发，不得剃光头，做到发不盖耳遮领；女性员工头发应梳理整齐，不做怪异发型，不戴夸张头饰。在穿着深色服饰时须注意是否有头皮屑。

（4）鞋面保持干净光亮，不准钉金属掌，以免走路时有异响，并且男性员工须穿黑色皮鞋。

（5）面部、手部应保持干爽清洁，经常修剪指甲，不涂有色指甲油；女性员工须化淡妆，不得浓妆艳抹，避免使用有刺激性气味的化妆品。

（6）上班前不吃易散发刺激气味的食品，如大蒜、榴梿等，保持口气清新，无异味。

2．行为举止

（1）站姿端正。要求头正、颈直、肩平，两眼平视前方，挺胸收腹，两臂自然下垂，脚跟并拢。

（2）坐姿得体。入座要稳，挺胸立腰略收腹，手勿放在臀下、大腿间或抖腿、抱膝摇晃；女士双腿并拢，可叠放、平行放、前后放或交叉放。

（3）行姿稳重。要求双肩平稳，双臂自然摆动，步位步幅适度，不要抢行，也不要东张西望。

（4）与人见面握手时，力度要适中。不要握得太久、太大力，也不宜太软、太无力；不要大力地摇动对方的手；不要用湿手去握手。同时眼神要望着对方，面带笑容，可以说"幸会"或"很高兴认识你"。女士先伸手，男士才可以握。

（5）交换名片时要用双手，要使名片上的文字向着对方，并真诚地面带微笑说"我是×××，请多多指教！"

（6）手势适度，宜少不宜多，不用手指指点。与人谈话时双手不要插入衣裤兜，不要双臂抱胸。

（7）不得在办公室与小区内大声谈笑、喧哗、哼唱歌曲、吹口哨。

（8）与业主交谈时应保持目光接触，微笑自然，用心倾听，表现出尊重和理解。禁止在业主面前吸烟、吃东西、掏耳朵、伸懒腰、打哈欠、抠指甲、挠皮肤、整理个人衣物及做出其他一些不雅行为。避免在业主面前咳嗽、打喷嚏，不得已时，应以纸巾遮住口鼻，将头转向无人之侧处理，并及时道歉，说"对不起"。

（9）在上班时间不做与工作无关的事，如收听广播、炒股票、玩电脑游戏等。保持办公桌面干净整齐，只允许摆放文件篮、文具盒、日历、水杯等必备品，禁止乱堆放报纸、资料、文件及其他杂物。

3．礼貌用语

（1）对业主的称呼：称成年男性业主为"先生"；未婚女性业主为"小姐"，若无法断定对方婚否，可称呼为"女士"；老年人可称呼为"大爷""大娘"。

（2）在服务工作中禁止用"喂"招呼业主（若距离较远则应赶上前去打招呼），应保持面部自然微笑，主动问好："先生，您好！""您好，小姐！""早上好！""晚上好！"等。

（3）节日期间，与业主见面时应道声祝贺语，如"祝您节日快乐！""祝您圣诞快乐！""新年快乐！""新年好！""春节快乐！"等。

（4）当业主有事喊你时，应立即说："好的，马上来。"接着说："请问需要我做些什么？"如不能马上来，应面带笑容说："请稍候，我一会儿就来。"

（5）在管理服务过程中，由于某种原因不能满足业主的需要时，不要为自己辩护，也不应一面笑（显得漫不经心）一面向业主道歉，而应比较严肃认真，请求业主原谅。当打扰了业主，应及时说："很抱歉，打扰您啦""请原谅我打扰您了。"若让业主久等了，则应说："很抱歉，让您久等了。"需要业主出示某种证件时，应说："您好，请出示您的××证（××卡）"。

（6）与业主交谈时，不应把时间浪费在长时间的闲谈上，应有礼貌地中断谈话，此时应说："请原谅（很抱歉），我必须去做别的工作了"或说："和您谈话真愉快，但我还有些其他事情要处理。"当业主向你反映其他部门、其他人的问题，你不可一推了事，而是要认真听取，并说："请放心，我一定帮您转达。"

（7）因自身原因给对方造成不便（如挡别人的路了，认错人了，不小心弄脏、弄湿别人的衣服了）应及时致歉，说："对不起""失礼了""真抱歉"等。同时请求对方谅解，可说"请您原谅""请您多包涵""请您别介意"，并且要配合适当的补偿行为。

（8）业主讲"谢谢"时，要及时回答"不用谢""不客气""这是我应该做的"。获得业主的支持、帮助、配合或称赞时，必须及时致谢，如"谢谢！""非常感谢！""多谢您！""谢谢您的夸奖！"

（9）当业主赠给服务人员不能接受的礼物时，应婉言谢绝，说："十分感谢，不过我不能接受""您的情义我们领了，为您服务是我们的职责，谢谢！"等。

（10）业主在谈话中包含了某些对他不利的事（如属于私人生活中的麻烦事），应表示同情，此时可以说："您别着急，一切都会好起来的"。

（11）若遇到电梯关人或夹人的情况，应对被解救出来的人表示深切地慰问和关心，可以说："让您受惊了""请您放心，故障已经排除了""非常感谢您的积极配合""实在过意不去，给您添了这么大的麻烦，我们一定会彻底排除电梯故障的"。若遇到的业主是个病人，应表示安慰，说："您的身体好一些了吗？""祝您早日康复！"等。

（12）上门看望生病的业主，可以说"我们看望您来了，这几天好点儿了吗？""请多多保重""需要帮忙的地方，请随时和我们联系""祝您早日恢复健康"等。

（13）遇见抱小孩（带小孩）的业主，可以说"这孩子真可爱""这小孩真乖"等。业主因为自己动作慢、手脚不灵活或残疾而感到困窘时，应说："请慢慢来，不用着急""不必担心，让我来帮您，好吗？"等。

4. 待人接物

（1）礼貌、友善、热情、耐心、平等地对待所有客户和来访者。

（2）与人握手时用力适度，并保持目光接触；女士先伸手，男士才可以握。

(3) 交换名片时要用双手,名片上的文字要向着对方。

(4) 进出办公室、电梯时,应主动上前一步先拉开门或按住电梯按钮,请同行的业主、女士或来访人员先行。

(5) 一般办事人员来访,相关业务人员应立即接待,应说:"您好,请坐下来谈。"若相关业务人员不在,其他工作人员应就近接待,不可以事不关己而置之不理,应说:"请问您找哪位?"如果对方要找的人不在,应说"对不起,他(她)不在,您请坐,有事可以让我转告吗?"来客离开时,应道声"请走好,再见!"。对待不能立即接待的来客,应说:"对不起,请您稍候。"或说:"对不起,请您稍等一下。"对等候的客人要说:"对不起,让您久等了。"

(6) 对前来投诉的业主,应起身接待,并说:"您好!请坐""您请讲",先请业主入座,自己再坐下。(若有条件,应为业主斟水。) 尽量与其侧面就座或平行就座,避免正面相对而坐。面对投诉的业主,应耐心地听其把话讲完,不能急于为自己辩护,可以说:"我很理解您此时的心情""请您息怒,有话慢慢说""对您提出的问题,我们会尽快解决(处理)的",同时认真记录下投诉内容。业主离开时,应说:"谢谢您的宝贵意见!""请走好,再见!"等。

(7) 遇到上级领导或贵宾来访时,在场员工应立即起身相迎并问好,可说:"欢迎光临",先请来访人员入座后,自己方可坐下,交谈时做到不卑不亢;来客告辞时,应起身移步相送,并说:"请慢走,欢迎再来。"等。

(8) 对业主或来访人员提出的询问、疑难、要求和意见,要耐心倾听,有问必答并做到回答准确。对自己无把握回答的应婉转地表示歉意,联系有关人员给予解答,或留下文字记录,限时予以回复;当业主提出的要求难以满足,诸如涉及机密、制度不容许的问题,此时应有礼貌地推托,可以说:"很遗憾,不可以,请您谅解""这不符合我们公司的章程,实在抱歉"等。

(二) 物业服务人员的上门服务礼仪

1. 预约

上门服务应提前与业主约定具体时间;若业主失约,不应对其责怪,应重新约定时间;若业主因失约而向你道歉时,你应说:"没关系,请您再定一个时间吧。"

2. 敲门

有门铃轻按门铃,按铃时间不要过长,无人应答再次按铃,按铃时间加长;没有门铃则用弯曲的食指轻轻叩门,每次三下,力度适中,有节奏,无人应答再次叩门,叩门节奏加快,力度加强。若仍无人应答,应等候五分钟。禁止用其他工具叩门。

3. 介绍

有人开门后,应主动向业主讲:"对不起,打搅了,我是××管理处楼管员(维修员)××,前来为您服务!"经业主同意后方可入内。

4. 进门

进门后必须换上自备的鞋套。

5. 铺布

走到工作地点后,将干净的帆布或塑料布铺在业主选定的位置上,用于存放工具和需要拆卸的零件,不能将工具和零件直接放在装修过后的地板上。严禁向业主索要、借用任何物品(包括工具)。

6. 维修

维修工作中手脚要轻,尽可能不发出噪声。当为业主完成一项服务后,应主动询问对方:"请问是否还有其他事需要帮忙?"

7. 整理

修理完毕,用自备的毛巾将设备擦拭干净,收好维修工具,将地面上的脏物、杂物负责打扫干净。

8. 讲解

向业主讲解故障原因,介绍维修保养知识,并告诉业主正确使用设备的注意事项。

9. 填单

按规定收取费用,同时请业主对修理质量、服务态度与行为进行评价并签名。当受到业主的感谢时,应及时致谢:"不用谢!""谢谢您的夸奖""没关系""请不必客气,这是我们的工作!""为您服务很高兴!"等。

10. 辞别

工作结束后应感谢业主的配合,说:"谢谢您的配合!""谢谢您的支持!""请您多提宝贵意见!"走出房间,步子要轻,工具袋背在肩上,走到门口应回身面对业主说:"请您留步!""今后有问题,请随时联系,再见!"

礼貌是人与人之间在接触交往中相互表示敬重和友好的行为,体现了时代的风尚与人们的道德品质,体现了人们的文化层次和文明程度。礼貌的外在表现是通过仪表、仪容、仪态以及语言和动作来体现的。讲究礼貌、礼节不仅有助于维护整个社会的安定团结,而且有利于社会的健康发展。物业管理行业属于服务业、第三产业,为人服务是其生产活动的主要形式,因此在与人打交道、为客户搞好服务中,讲究礼貌、礼节,对于搞好物业管理工作具有重大意义。

三、物业服务沟通与投诉解决

(一) 物业服务沟通技巧

在物业管理服务中,物业管理人员会遇到各式各样的突发状况,面对性格素质各异的业主。因此,不同的情况就要采用不同的沟通技巧来进行处理。而掌握科学沟通的方式方法对提高物业服务品质,顺利完成物业管理活动,满足业主的需求有着积极和重要的作用。

1. 换位思考法

换位思考是设身处地地为他人着想,即想人所想,理解至上的一种处理人际关系的思考方式。人与人之间要互相理解、信任,并且要学会换位思考,这是人与人之间交往的基础。很多矛盾的产生就是因为很多人只站在自己的立场来衡量利弊得失,而忽略了对方的所需所想。因此在物业管理中,设身处地、推己及人是化解层出不穷的矛盾冲突时最常用的沟通技巧。物业管理人员和业主发生沟通障碍时,物业管理人员要易地而处,站在业主的角度去考虑问题,体会业主的心情,从而引导业主也进行易位思考,体谅物业管理人员的难处,理解有矛盾争议的做法和措施,从而真正解决问题。

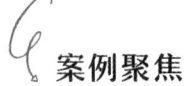
案例聚焦

你帮我　我赞你

青青小区三号楼八旬的马大爷、马大妈每天都要下楼遛弯。可前些天却不见他俩下楼,这个现象被细心的物业保安李军和刘强发现了。小哥俩一商量:得去马大爷家看看,这对老夫妻的儿女都不在家,是不是有难处了?结果这么一看发现还真是有事了——马大爷生病住院了。接下来的十几天里,小哥俩就利用换岗休息时间交替为马大爷送水送饭。房管员孔丽得知此事后,马上向小区项目负责人说明了情况。负责人立即召开了小会议,决定由客务部进一步照顾马大妈。就这样,时不时地,物业人员会到马大爷家打扫卫生,洗洗衣服。冷清的马大妈家常常会传出朗朗的笑声。这样的场景,在红星物业服务有限公司服务的小区项目里是常见的。

仅去年一年,红星物业就收到业主的感谢锦旗300多面。对于一个物业服务企业来说,这是一个很难想象得到的数字。业主眼中的红星物业是用心做出来的有作为的服务企业,他们会换位思考,围绕着业主之需去作为,也只有把物业人自己的心投入到服务的内涵之中,才能形成特色,形成文化,并提高服务效率。

2. 委曲求全法

委曲求全是指勉强迁就，以求保全，为了顾全大局而让步，也是我们经常所说的"退一步海阔天空"。物业管理属于服务行业，服务对象是形形色色的人，无时无刻都与人打交道，是一项非常复杂劳心的工作。物业管理人员与业主的接触时间较多，属于抬头不见低头见的状态，因此如果一点儿委屈都不能忍受，就和容易与业主发生口角甚至拳脚矛盾，有损于物业在业主心中的形象。在实际工作中，物业管理人员在为业主排忧解难时，会遇到质疑甚至误解的情况，为了良好的口碑和长期的发展，应该掌握委曲求全的沟通技巧，以有克制和策略的忍让来处理问题。

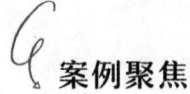
案例聚焦

从暴躁到客气

初冬的一个下午，锦年物业管理分公司维修电话响起。值班人员轻柔地应答和问询还没有落音，B座的一位业主就怒气冲冲地在电话里面说："现在天气冻死人了，我这暖气还不热，你们是想活活冻死我吗？"说完"啪"的一声就挂上了电话。

这时，维修人员都出去忙其他维修了，用对讲机联系得知，他们一时还脱不开身。大约过了五六分钟的时间，物业组长巡视回来了，值班人员立即将刚才的报修情况向其汇报。组长说："这个业主性子比较急，用电话解释恐怕不行，我替你一会，你先上楼看一下。"值班人员来到业主家，一位中年男子一开门便大声质问："怎么才来，你能修理吗？""先生，我是负责接待报修的，我们的维修员现在正在别的业主家处理问题，做完之后马上来您家，您可以告诉我现在是怎样的情况吗？"值班人员和颜悦色的回答，使业主的态度有些缓和。

征得业主同意后，值班人员戴上鞋套，查看了不热的暖气位置，马上用对讲告知维修人员，让其做完后直接到该住户家维修。周到的服务令业主转怒为喜，业主说："好吧，你先忙你的去吧，只要一会来给修修就可以了。"值班人员走后一个多小时，维修人员上门处理好了该问题。下午快下班的时候，值班人员又给业主家打了个电话，询问暖气维修情况，他客气地说："已经热了，谢谢你们。"

3. 察言观色法

人们在沟通时，除了语言表达外，肢体动作、面部表情等更能反映出人的真实心理状态。因此在解读业主心意时，不仅要留心他说了什么，更要观察他的面部表情及体态体式的表现。通过察言观色，了解业主是怎么想怎么做的，目的是什么。业主的所有言行都是围绕他自身的利益出发的，所以物业管理人员通过悉心观察，了解业主所思所想，揣摩出他能接受的言行和解决方案，最终达到有效沟通的目的。

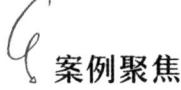
案例聚焦

不会出错的业主

维修工小胡接到报修空调的电话，立刻到业主家里，只拨动了几下空调开关，空调马上吹出冷气。于是小胡便告诉业主说："先生，这空调没有坏，可能是刚才您使用不当。""什么？没有坏，我使用不当？"业主听了小胡的话很不高兴，脸色变得很不好看。小胡一看业主皱着眉头，顿时发觉自己话说的不妥，马上冷静下来改口说："哦，我再仔细检查一下。"一边说，一边赶紧拿起工具，打开空调机盖，这里拧一拧，那里拨一拨，四五分钟后，盖上机盖说："先生，这空调刚才确实是有点毛病，但毛病不大，现在修好了。""这就对了，没坏我怎么可能找你们来修呢？谢谢您啦。"业主的态度马上转变，脸色和缓下来，非常客气地将小胡送出房间。

4. 迂回沟通法

通常有成就的人自信有余，处事自成一格，有自己独特的思维模式，对陌生人的言论不太相信，因此接受度较低。因为姿态较高、主观性强又不服输，只有让别人听他的份，所以不易沟通。面对这类业主，可以通过其家人、好友或是他能信任的人，采取渐进迂回的方式接近，方能成功地展开沟通。

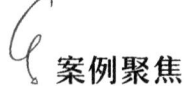
案例聚焦

外人也能变帮手

周三中午，护卫班班长匆忙来到辉煌物业管理分公司办公室，告诉主管人员："1栋408的业主不想按指定位置安装空调，要将北侧空调孔打在窗户上方。"主管便安排护卫班班长马上返回，先让空调公司的工作人员停止打孔。主管人员随后赶到，一进门还没说话，业主就开始不停地说着自己的理由。他认为物业公司规定的位置太不合理，强烈要求将空调孔打在窗户上方，并且明确表示："我今天就要在这里打孔，看你们会把我怎么样？"此时，空调公司的人员还不停地在一旁说着风凉话，更助长了业主的不满情绪。

尽管主管满肚子是火，但还是耐心解释。说明"物业公司要求在指定位置安装空调、管线不能外露,是为了保证小区的外观统一美观",强调"如果我们也像有些小区那样各行其是安空调,那咱们的小区的外立面就会不堪入目",提醒"这里毕竟是您的家园,您肯定也不希望举目就看到这样的景象。"听完主管这番入情入理的话,虽说业主还是没有决定按规定去做,但不再硬性坚持。主管见时机基本成熟,便悄悄将空调公司的人叫到一边,告诫说:"你们应当知道辉煌物业的管理规定,如果执意违规行事,贵公司可要考虑今后如何在我们的辖区内做生意。"这一说,空调公司人员马上声明要按照物业公司规定打孔,并表示一定配合物业公司说服业主。最终,业主同意按规定位置打空调孔。

(二)妥善处理业主投诉

业主投诉是指业主认为由于物业服务工作中的失职、失误、失控等因素造成自己的尊严或权益遭到损害,或其合理的要求未得到满足,因而通过口头或书面的形式来反映意见或建议。投诉处理是物业公司的日常管理和服务工作中的一项重要任务,处理是否得当将直接影响与业主的关系。因此,物业公司应站在业主的角度,尽最大可能解决客户的实际问题,提升客户的满意度。

1. 耐心倾听,稳定客户情绪

业主的投诉大都带着不满和怨怼,对物业公司某些方面的服务或管理带有强烈的批判和抵触情绪。此时如果一味地辩解或反驳客户的投诉,就会加剧客户对物业公司的对立抵触情绪,甚至产生口角或升级为拳脚冲突。投诉受理人员在接到投诉后,首先安抚业主的情绪,运用"先处理心情,后处理事情"的处理原则,在态度上给业主一种亲切感,以积极的态度对待业主的投诉。一定要以平静关切的心态,认真耐心地听取业户的投诉,让业主清楚地将投诉的问题表述完整。在倾听的同时,要用"是""对""确实如此"等语言,以及点头的方式表示自己的赞同,不要随便打断业主说话,因为中途打断会使业主认为其得不到应有的尊重。与此同时,物业管理员还可以通过委婉的方式不断地提问,及时弄清投诉的根源所在。对那些业主的失实、偏激或误解投诉,物业管理员千万不要流露出任何不满、嘲弄的情绪,要对业主的感受表示理解,争取最大限度地与业主产生感情上的交流,使业主感受到物业管理企业虚心诚恳的态度和帮忙处理问题的决心。

2. 做好记录,共情心理拉近距离

在仔细倾听业主的物业管理投诉的同时,还要认真做好投诉记录,尽可能写得详细点、具体点。因为做好记录,不仅可以使业主讲话的速度由快减慢,缓冲其激动而不平的心情,而且这还是一种让业主感到安慰的方式。当听完以及记录完业主的投诉之后,物业管理员对业主所投诉的内容以及所要求解决的问题复述一遍,看看是否搞清楚了业主投诉的问题所在,以便进一步进行处理解决。对业主的遭遇或不幸表示歉意、理解或同情,让业主心态得以平衡。如果客户投诉时情绪激动、态度粗暴,物业管理人员应冷静处理,必要时暂时离开回避,避免冲突。

3. 及时处理,满足客户的合理要求

首先判定物业投诉是否合理,如投诉不合理,应该迅速答复业主,婉转说明理由或情况,真诚的请求业户的谅解。同时要注意,对业主的不合理投诉只要解释清楚就可以了,不要过多纠缠。如是合理有效的物业管理投诉,一定要站在"平等、公正、合理、互谅"的立场上提出处理解决意见,满足业主的合理要求。在着手处理解决问题时,注意要紧扣所投诉的问题点,不随意引申。对投诉要求要尽快提出意见和解决问题的方案,立即行动,采取措施处理。拖延处理也是导致业主产生新的投诉的一个重要原因,同时还要特别注重投诉处理的质量。

被投诉怎么办-1

沟通贯穿物业服务管理的整个始终,需要持续不断地进行,沟通是方法、是手段,更是创新。端正思想观念,并且巧妙合理地利用沟通的技巧、方式和方法,用发展的办法解决问题、化解困难和矛盾,践行科学发展、构建和谐的理念,就一定能够做好物业服务工作,实现物业服务管理的可持续性发展。

被投诉怎么办-2

项目小结

本项目从典型的餐饮、公交、旅游、物业四个行业为切入点,深入解读了作为窗口服务行业必须具备的服务意识和掌握的沟通技巧。服务行业的职业道德不仅涉及个人修养,而且更表现为个人和行业在经营活动中对他人和社会乃至国家所承担的义务和责任。以强烈的责任感和拼搏精神参加职业劳动,就能自觉做到想顾客所想、急顾客所急、帮客户所需,从而使行业以良好的形象和信誉赢得顾客、赢得市场,促进行业经济效益和社会经济的发展。

课堂实训

一、思考讨论题

1. 司乘人员应具备怎样的服务艺术?
2. 物业服务沟通的内容是什么?妥善处理客户投诉的技巧是什么?

二、技能训练

1. 被淋湿的客人

　　某酒店气派豪华的宴会厅内,正在举办一次盛大的欢庆宴会,整个大厅充满了喜庆的气氛。由于参加宴会人数多,因此餐饮部临时抽调了几名新到服务员前来帮忙。席间,一切按计划进行,客人的欢声笑语不断。忽然,离主桌最远的一张桌前有位女宾客发出尖叫。宴会领班小孙和公关部杨经理闻声同时赶去,发现那位女宾客身上的套装湿淋淋的,一个实习的新服务生手里托着倾翻的汤碗,一脸的惊慌失措。

问题:
(1) 如果你是那个犯错的服务员此时该怎么做?
(2) 如果你是领班或经理该如何处理此次事件?

2. 惹祸的狗狗

　　如今饲养宠物已成为许多小区住户生活的重要内容,小区内牵狗散步成为人与动物、人与自然和谐相处的一景。但是,一部分人不文明的养犬方式,给很多住户带来了烦恼,更有个别住户受到了严重伤害。凡事有利也有弊,可养与禁养、骚扰与反骚扰的对抗愈演愈烈。

　　因为养狗问题而引起狗主人之间、邻里之间产生矛盾的不少,很多时候物管更成了"出气筒",有的人向媒体投诉物管不作为,也有业主被狗咬伤后找物管要求赔偿的。社会上大多数人认为是狗主人行为欠文明,也有相当一部分人把责任推到物业管理者身上。住宅小区养狗人士日益增多,作为物管从业人员视而不见、无所作为,肯定难以得到业主的认可。

　　今年暑假,有个业主带着拉布拉多犬在小区内散步,一小孩骑自行车从旁经过,拉布拉多犬突然扑过去,由于犬只身强力壮,狗主人一时没拉住犬绳,拉布拉多犬咬伤了小孩的大腿。被咬小孩家长对狗主人赔偿不满,遂要求物业管理公司赔偿损失,并向媒体诉说物业管理公司管理不到位。于是媒体记者前来小区采访了解事件和物业管理公司对宠物管理方面的情况,客服中心经理向媒体详细讲述事件,并介绍物业管理公司对宠物管理的情况。

问题:
(1) 如果你作为物管负责人该如何介绍物业对宠物的管理情况?
(2) 如何对事件双方当事人进行沟通调解?
(3) 如何进一步协调小区的宠物管理和加强安全宣传?

3. 我在列车上

请2~3名同学为一组,分别扮演乘务员和乘客,在规定的场景下选择其一,进行具体矛盾情节和合理的沟通协调策略、台词的设计。
(1) 有孕妇、老人或小孩生病。
(2) 当列车晚点,乘客的情绪非常急躁,车厢内的场面就要失控。

（3）乘客因座位问题而发生冲突。
（4）乘客抱怨卧铺的被褥不干净，并把被褥扔在了地上。
（5）所在车厢发生火灾。

4．导游很忙

请 4～5 名同学为一组，1 名同学扮演导游，剩下的同学扮演游客。

导游任务：

（1）1～2 分钟的景点介绍。

（2）游客突发事件处理。

游客任务：每名游客都要设计旅游中会遇到的矛盾和困难，考察导游处理是否得当。

项目八 人际沟通能力的提升

项目目标

【知识掌握】
1. 认识大学生情绪的特点和作用。
2. 学习了解跨文化背景下的沟通文化。

【技能要求】
1. 掌握提高情商的方法,能够合理调节情绪。
2. 掌握解决棘手问题的沟通技巧。
3. 掌握跨文化沟通技巧。

【素质提升】
1. 利用沟通技巧妥善处理沟通难题。
2. 提升跨文化沟通理解能力,树立文化自信。
3. 树立正确的价值取向,有效应对沟通冲突。

案例导读

坠毁的公交车

2018年10月28日10时8分,重庆市万州区一辆公交车与一辆小轿车在万州区长江二桥相撞后,公交车坠入江中,15名驾乘人员遇难。通过大量视频以及调查事实,公安机关还原了当时车内发生的情况。

10月28日9时35分,乘客刘某在龙都广场四季花城站上车,其目的地为壹号家居馆站。当车行至南滨公园站时,驾驶员冉某提醒到壹号家居馆的乘客在此站下车,刘某未下车。在继续行驶途中,刘某发现车辆已过自己的目的地站,便要求下车,但该处无公交车站,驾驶员冉某未停车。刘某从座位起身走到驾驶员后侧,靠在旁边的扶手立柱上指责冉某,冉某多次转头与刘某解释、争吵,双方争执逐步升级,并相互有攻击性语言。当车行驶至万州长江二桥距南桥头348米处时,刘某右手持手机击向冉某头部右侧。冉某右手放开方向盘还击,侧身挥拳击中刘某颈部。随后，刘某再次用手机击打冉某肩部，冉某用右手格挡并抓住刘某右上臂。冉某收回右手并用右手往左侧急打方向盘，导致车辆失控向左偏离越过道路中心实线，与对向正常行驶的红色小轿车相撞后，冲上路沿、撞断护栏坠入江中。

乘客刘某和驾驶员冉某之间的互殴行为，造成车辆失控，致使车辆与对向正常行驶的小轿车撞击后坠毁，造成了重大人员伤亡。

思考与讨论：

通过案例，请你谈谈对情绪管理能力的理解。

任务一　情商培养与情绪管理

一、情商与情绪概述

情绪健康与否与我们的人生息息相关。人生成功的路上，我们往往缺乏的不是机会或资历，而是缺乏对自己情绪的管理和控制。要保持和获得健康的情绪，我们必须学会控制情绪，学会管理情绪，做情绪的主人。

（一）情绪

1. 情绪的定义

情绪，是人对客观事物的体验，对外界刺激所产生的心理反应以及附带的生理反应，人的情绪常跟心情、气质、性格和性情相关联。情绪是有意识的体验，只有感知事件的时候，才会存在情绪体验。情绪也不是自发的，而是由刺激所引发的。引起情绪的刺激，可以是外在环境因素，也可以是内在因素；可以是具体可见的，也可以是隐而不显的。情绪涉及身体的变化，这些变化是情绪的表达形式。情绪是心理活动，同时还是生理活动，一定的情绪往往伴随着一定的生理变化，如情绪情感的剧烈变化、心境的持续恶劣，就会影响身心健康，出现情感性精神障碍，对接触到的事物作出过分的情绪反应。

2. 情绪的分类

"人非草木，孰能无情。"在日常生活中，尽管人的情绪多种多样，表现形式又各不相同，但一些基本的情绪和情绪表达是人类共有的。一般认为，快乐、愤怒、恐惧和悲哀是人类的四种基本情绪，也是人类的本能，不需要学习就会有的情绪。

（1）快乐。快乐是客观事物满足了人的需要后，或者说个体的目的经过努力后得以实现所产生的一种情绪体验。如饥饿时获得食物而填饱肚子，或者经过努力学习考试取得好成绩等，都会让人产生快乐的情绪体验。因为需要的满足程度不一样，因此快乐的程度也有区别：满意、愉快、特别愉快、狂喜。

情绪的分类

（2）愤怒。愤怒是指客观事物不能满足个人的需要或者说个体的目的不能实现甚至一再受到阻碍，而产生的一种情绪体验。如上课时有的同学一再讲小话进而忘乎所以大声喧哗，干扰了其他同学的学习和老师的教学，从而使其他同学产生一种不满情绪。一般把愤怒的程度分为：不满、生气、愠、怒、大怒、暴怒。

（3）恐惧。恐惧是个体企图摆脱、逃避某种情景或事件而又无能为力时所产生的一种情绪体验。如人们在遇到海啸、火山、空难时所产生的情绪体验。引起恐惧的根本原因是人们缺乏处理可怕事件的能力。

（4）悲哀。悲哀是个体在得不到期望的、追求的东西或结果时所产生的一种情绪体验，如失恋所带来的悲伤等。一般把悲哀的程度分为：遗憾、失望、难过、悲伤、悲痛。

（二）情商

1. 情商的定义

美国心理学家丹尼尔·戈尔曼在其《情感智商》一书中，第一次提出了"情商"（emotional quotient，EQ）这一概念。丹尼尔·戈尔曼指出："情感智商包括了热忱、坚持，以及自我鞭策的能力。"丹尼尔·戈尔曼将情商理解为：怎样激励自己愈挫愈勇；怎样控制冲动、延迟欲望满足；怎样调适情绪，避免因过度沮丧而影响理性思维；怎样设身处地地为他人着想；怎样对未来永远充满希望。丹尼尔·戈尔曼认为，情商是人类最重要的生存能力。

情商到底是什么呢？情商是指个人对自己情绪的把握和控制、对他人情绪的揣摩和驾驭，以及对人生的乐观程度和面临挫折的承受能力。它是人的一种涵养和社会智力，是一种心灵力量，是人的另一种形式的智慧。它表示了一个人认识、控制、调节自身和他人情感情绪的能力。情商的高低反映着一个人及时有效地处理情感情绪水平的高低。

2. 情商的分类

（1）认识情绪的能力。

第一，认识自身情绪的能力。从自己的生理状况、情感体验和思想中辨认自身情绪的能力；从各种媒体、他人的作品（音乐、艺术品、小说等）中辨认自身情绪的能力；准确表达情绪，以及表达与这些情绪有关的能力；能辨别情绪表达中真伪的能力。第二，认识他人情绪的能力。以开放的心态接受各种情绪信息的能力，以及根据这些信息判断他人情绪状况的能力；洞悉自己与他人有关的情绪能力。

（2）控制和调节情绪的能力。

当出现不良情绪时，具备正确处理这些情绪的能力（自我安慰、合理宣泄、心理求助等），以及控制自身情绪的能力（喜不狂、悲不燥等）和引导与影响他人情绪的能力。

（3）理解及分析情绪的能力。

识别和理解不同情绪的能力；认识情绪本身与语言表达之间关系的能力；认识和分析情绪产生原因的能力；理解复杂情绪的能力。

（4）处理人际关系的能力。

人际关系的管理是指管理他人情绪的艺术，一个人的人缘、人际关系和谐程度都和这项能力有关。深谙人际关系者容易认识人而且善解人意，善于从别人的表情来判读其内心感受，善于体察其动机想法。具备这种能力，易使其与任何人相处都愉悦自在，这种人能充任集体感情的代言人，引导群体走向共同目标。

情商测试

二、情绪的特点和作用

（一）大学生情绪的特点

1. 情绪的丰富性与狭隘性

情绪体验因大学学习生活环境改变而更加丰富，如可以体验到自我情感（自卑、自信、自尊等）和高级情感体验（理想、工作、友谊、爱情等）；狭隘性表现在对高级情感体验的浅薄和狭隘，如有的大学生对学习的热情仅为了个人荣誉或利益等。

2. 稳定性与波动性并存

稳定性源于大学生的情绪由于刺激消失，引起的情绪反应会保持一段时间。如一场球赛所引起的愉快的心理体验在大学生心中会持续一段时间，并扩散到其他事物上，仿佛一切都染上了快乐的颜色。波动性源于心理发展尚未成熟：一方面，大学生的生理变化和社会需求都处在高峰阶段，他们会不断产生各种欲望和社会需求；另一方面，由于生活阅历和知识经验的限制，大学生对社会的复杂性、对自己欲望和行为的合理性缺乏深刻的认识，因而很容易导致心理上的不平衡，反映在情绪上就表现出波动性的特点。

3. 强烈与细腻并存

强烈性，如大学生因为爱情冲动等；随着年龄的增长，大学生心智的稳定性、选择性和亲密性也在增长，其情绪体验表现出更为细腻、理智的一面，尤其是跟尊敬的师长交往，即使有令人不快的情绪，也会冷静对待。

4. 内隐与掩饰性

大学生的情绪表现虽然有时也会喜形于色，但已经不像青少年时期那样坦率直露。不少大学生常会将自己的情绪隐藏和掩饰，体现为外在表现与内在体验并不一致。这也无形中给同学之间的相互交流带来障碍，使一些学生出现孤独和苦闷的情感困惑。

5. 情绪的冲动性与复杂性

大学生有着丰富、强烈而又复杂的感情世界，情绪体验来得快而强烈，喜怒哀乐常常一触即发，表现出热情奔放的冲动性特点。心理学家常用"急风暴雨"来比喻这种激情性的情绪特征，这种冲动性的情绪尤其在群体中往往会变得更激烈。大学生有较强的群体认同感，喜欢模仿，易受暗示，容易受当时情境气氛的感染、鼓动，容易表现出比单个人时更大胆的举止。因为群体可以增强一个人的力量感，同时在群体中个人可以减少其相应的责任。

6. 冲动性与爆发性

大学生的情绪特点还表现在情绪体验上特别强烈和富有激情，对任何事都比较敏感。有时一旦情绪爆发，自己则难以控制，甚至表现为一定的盲目狂热和冲动。在处理同学关系、师生关系矛盾时，在对待学业生活中的挫折时，常常易走极端，给自己及他人带来伤害。

（二）情绪的作用

情绪有积极和消极之分。积极的情绪包括喜爱、崇敬、高兴及幸福等，消极的情绪包括忧愁、悲伤、愤怒、紧张、焦虑、痛苦、恐惧及憎恨等。拥有好情绪就是胜利的保证，挑剔和抱怨不是我们面对生活的态度，每个人今天的命运状况或许都是自己昨天的情绪造成的结果。

1. 情绪与健康

人对社会的适应是通过调节情绪来进行的，情绪调控的好坏直接影响身心健康。作为心理因素的一个重要方面，情绪同身体健康的关系早已受到人们的关注。积极的情绪有助于身心健康，消极的情绪会引起人的各种疾病。我国古代医书《内经》中就有"怒伤肝，悲伤心，思伤脾，忧伤肺，恐伤肾"的记载。有许多心因性疾病与人的情绪失调有关，例如溃疡、偏头痛、高血压、哮喘等。有些人患癌症也与长期心情压抑有关。一项长达30年的关于情绪与健康关系的追踪研究发现，年轻时性情压抑、焦虑和愤怒的人患结核病、心脏病和癌症的比例是性情沉稳的人的4倍。因此，对不良情绪进行控制、引导，代之以积极乐观的情绪，不但能提高生活质量，也能有效地防治身体疾病。所以，积极而正常的情绪体验是保持心理平衡与身体健康的条件。

情绪与健康

2. 情绪与人际关系

在其他条件都一样的情形下，你愿意和一个愁眉苦脸的人交往还是和一个面带微笑的人交往？是愿意和一个消极失落的人交往还是和一个积极向上的人交往？是愿意和一个郁郁寡欢的人交往还是和一个乐观开朗的人交往？为什么？

愿意与情绪好的人交往是因为有一种受重视、受认可的感觉，而且会感到十分高兴和愉快、积极。每个人都有自我发展和自我提高的需要，而在与这些情绪好的人交往时就会得到满足。由此可见，良好的情绪可以优化人际关系，不良的情绪会恶化人际关系。有时候本来是一件好事，如果我们不注意控制自己的情绪状态，往往就办成一件坏事了。比如父母本来是想帮助我们改正缺点，希望我们更优秀，可是由于急切的心情或者带着不良情绪，往往就会越说越激动，越说越气愤，结果无缘无故我们做了出气筒，教育的结果适得其反，好心办坏事。不光父母如此，同学之间也有这样的例子。本来是很要好的朋友，其中一个是特活泼的人，最爱讲话，很有号召力，另一个人比较爱学习，正为考试焦头烂额，结果很多同学把对这个爱讲话同学的意见反映给了他，因为他们是朋友，可能会劝告一下，要考试了别讲话了。这个同学因为考试焦虑，一听同学这样说心里就憋着火了，放学时同学还没走完，她就很情绪化地大声斥责朋友不该讲话，结果两个人吵了起来，一对好朋友分道扬镳了。

3. 情绪与活动效率

一个人的情绪状态与一个人的活动效率有何关系呢？你的心情好与坏对学习有何影响？大家都有体会，情绪好时做事总是又快又好，情绪不好时就刚好相反了。良好的情绪可以提高活动效率，不良的情绪状态会降低活动效率。心理学家曾拿两组学习成绩相同的同学做实验，在两种不同的情绪下做习题，结果速度和准确率相差40％之多。

4. 情绪与事业

人在良好的情绪状态下，有正常的理智，容易发挥出自己的正常水平，促使事业成功。在消极情绪状态下，会使人的判断和分析能力下降，容易失去理智和自制力，做出许多不理智的举动，导致事业失败。2008年北京奥运会上，在国家体育场即将进行男子百米"飞人大战"，当八位选手走出休息室时，身穿黄色队服背上背着黑色包的博尔特显得格外轻松，他边走边做出嘻哈舞步，同时不停地鼓掌。似乎在他看来，享受比赛更重要，这只是一场"游戏"。当现场主持人介绍选手时，博尔特冲着镜头笑了笑，将手指向自己的脸，似乎在告诉大家这是他最真实的心态，随后还做出一个弯弓射箭的姿势，那份毋庸置疑的自信被表露无遗。事实证明，在随后强手如云的比赛中博尔特轻松超越了他的前辈们，一举拿下了这块奥运金牌。博尔特的成功与他绝佳的情绪和心境是分不开的，可谓好情绪迎来好成绩。博尔特的成功告诉我们良好的情绪是取得好成绩的关键，大学生在面对学业、人际和择业等问题时也应该保持一个好的心态。人的一生可能有很多次机会，人人都想抓住机遇创造属于自己的成功，但过度的紧张和焦虑等不良情绪很可能会使得机会与你失之交臂。

三、提高情商与自我情绪调节

（一）提高情商

丹尼尔·戈尔曼等人研究出提高情商"五步法"：一是搞清自己想当什么样的人；二

是听取反馈，了解自己现在是什么样的人；三是设计一个明确填补差距的打算；四是反复不断地练习，直到成为自觉行为；五是从他人那儿寻求反馈和评估。

1. 学会划定恰当的心理界限

你也许自认为与他人界限不明是一件好事，这样一来大家能随心所欲地相处，而且相互之间也不用激烈地讨价还价。这听起来似乎有点道理，但它的不利之处在于别人经常伤害了你的感情而你却不自知。仔细观察周遭不难发现，界限能力差的人易于患上病态恐惧症，他们不会与侵犯者对抗，而更愿意向第三者倾诉。如果我们是那个侵犯了别人心理界限的人，发现事实真相后，我们会感觉自己是个冷血的大笨蛋，同时我们也会感到受伤害，我们既为自己的过错而自责，又对第三者卷进来对我们评头论足而感到愤慨。界限清晰对大家都有好处，你必须明白什么是别人可以和不可以对你做的，当别人侵犯了你的心理界限时，要及时告诉他，以求得改正。如果总是划不清心理界限，那么你就需要提高自己的认知水平。

2. 找一个适合自己平复情绪的方法

在感觉快要失去理智时使自己平静下来，做出理智的行动。美国人曾开玩笑说：当遇到事情时，理智的孩子让血液进入大脑，能聪明地思考问题；野蛮的孩子让血液进入四肢，大脑空虚，疯狂冲动。

事实证明，当血液充满大脑时，你头脑清醒，举止得当。反之，当血液都流向四肢和舌头的时候，你就会做蠢事，冲动暴躁，口不择言。科学实验证明，当我们在压力之下变得过度紧张时，血液的确会离开大脑皮层，于是我们就会举止失常。此时，大脑中动物的本性起主导作用，使我们像最原始的动物那样行事。

平复情绪的方法

控制情绪爆发有很多策略，其中一个方法就是注意你的心律，它是衡量情绪的精确尺子。当你的心跳快至每分钟 100 次以上时，整顿一下情绪至关重要，在这种速率下，身体分泌出比平时多得多的肾上腺素，我们会失去理智变成好斗的蟋蟀。当血液又开始涌向四肢时，你可以选用以下的方法来平静心情。

3. 想抱怨时停三秒先自问

对于没完没了的抱怨，我们称之为唠叨。抱怨会消耗精力而又不会有任何结果，对问题解决毫无用处，又很少会使我们感到好受一点。几乎所有的人都发现，如果对有同情心的第三方倾诉委屈，而他会跟着一起生气的话，我们会感觉好受一些。你的压力似乎减轻了，于是你又能重新面对原有的局面了，尽管事情没有任何改变。

但是如果你不抱怨呢？你会感受到巨大的心理压力，压力有时并不是个坏东西。它也许会让你感觉不舒服，但同时也是促使你进行改变的力量。一旦压力减轻，人就容易维持现状。因此，当你准备向一个同情你的朋友抱怨时，先停三秒自问一下："我是想减轻压力保持现状呢，还是想让压力持续下去促使我改变这一切呢？"如果是前者，那就通过抱怨把压力赶走吧，它会让我们暂时好受一些，但如果情况确实需要改变的话，就要下定决心切实行动起来！

4. 扫除一切浪费精力的事物

什么是不利于我们提高情商的力量呢？答案就是一切浪费精力的事物。许多人的神经系统就像父亲的手一样长了厚厚的老茧，我们已经意识不到精力的消耗。精力是微妙的，但也可体会到明显的变化，比如听到好消息时，肾上腺素会激增；而听到坏消息时，会感到精疲力竭。你的生活中有哪些缓慢消耗精力的事情？比如我家的墙角堆着一小块地毯，每次看到它，我都会想可能有人会被它绊倒，这本不是什么大不了的问题，但它分散我的精力，这就是我们如何界定分散精力的事物。有时和朋友所处也是如此，相互吸取和给予精力，但有些是精力的吸血鬼，他们只会吸取你的精力，这时有两个选择：一是正视这个问题，建立心理界限继续与他们谨慎交往；另一个是减少与这种人交往。

5. 找一个生活中鲜活的榜样

我们都曾经历过学榜样的年代，那些榜样对于我们来说高尚而又疏远，于是我们学榜样的热忱在和榜样的距离中渐渐熄灭了，因为我们知道自己也许一生都成不了大英雄。虽然不能成为大英雄，但你可以成为一个快乐的常人，比如有些人精力充沛、年轻、大方、聪明、有趣，把他作为你的榜样。你可以想：他所能做的我也可以，但我们的风格迥异，我不可能以他的方式完成他所做的事，但我会模仿他做的一些事，以我的方式来完成，从他身上你总能看到从来没察觉到的自身潜能。

在周围的人中找出你学习的榜样，他们虽比你聪明，所受教育更好，层次更高，比你更有毅力，但你会在追赶他们的过程中自然地提高情商。

（二）情绪自我调节

很多人之所以感觉无路可走了，其实并不是那条路原本就是不通的，而是自己用仇恨、懊恼等坏情绪将自己的路给堵住了。就像那个"仇恨袋"，当你满心仇恨的时候，心里哪会有位置放给宽容和爱呢？所以很多时候，要学会调整自己的心态，带着一颗宽容的心去走自己的路。

> 一个力大无比的人，一天在路上被一个口袋差点绊倒，于是就狠劲地踢那个袋子，结果随着他踢的力度的加大，那个袋子也越发膨胀增大起来，最后把他的路也给堵住了。这时候一个智者告诉他，如果开始的时候就不去搭理那个袋子，继续走自己的路，那么他自己的路就不会被堵上。

1. 大学生情绪健康的标准

情绪是心理健康的窗，它在很大程度上反映了心理健康的状况。情绪健康的基本标准：情绪的目的性明确、表达方式恰当。

情绪反应适度。情绪反应的强度与引起它的事件或原因相适应。反应过度或反应不足都是不健康的情绪反应，如遇到生活中的小麻烦、小摩擦就暴跳如雷或者遇到重大事件的发生而无动于衷等。

情绪反应情景化。情绪反应能够随着客观情景的变化而转移。在日常生活中，虽然健康的情绪反应都是由一定的原因或对象引起的,但同时又是随着原因的变化而变化的,当然情绪反应的持续时间是不同的。一般来说,当引起情绪的因素消失后,情绪反应会在较短的时间内恢复平静,但有的情绪(重大灾难引起的恐惧、失恋产生的痛苦)则需要较长时间才能恢复到正常状态。

2. 大学生情绪健康的具体表现

(1) 开朗、豁达、遇事不斤斤计较。

(2) 及时、准确、适当地表达自己的主观感受。

(3) 情绪正常、稳定,能承受欢乐与痛苦的考验。

(4) 充满爱心和同情心,乐于助人,准确认识自己和他人,人际关系良好。

(5) 对前途充满信心,富有朝气,勇于进取,坚忍不拔。

(6) 善于寻找快乐,创造快乐。

(7) 能面对现实、承认现实和接受现实,善于把个人需要与社会需要协调起来。

3. 情绪调节的方法

(1) 转移调节法。

转移调节法就是把注意力从引起不良情绪的事情转移到其他事情上,这样就可以使人从消极情绪中解脱出来,从而激发积极、愉快的情绪反应。当自己情绪不好时,可以做一些自己平时感兴趣的事,比如打球、下棋、听音乐、看电影和读报纸等,使自己从消极情绪中解脱出来。转移话题或回忆自己高兴、幸福的事,使消极情绪转移到积极情绪上去,在快要起冲突的情况下巧妙地将话题转移开。当自己情绪不理想时,到室外走一走,到风景优美的环境中玩一玩,会使人精神振奋,忘却烦恼。把自己困在屋里,不仅不利于消除不良情绪,而且可能加重不良情绪对你的危害。即便不走出去,如果能够改变一下自己所处的环境,也可以使心理情绪得到转机,如收拾一下房间、改变一下格局、种植一些花草,都不失为一种好办法。

(2) 合理宣泄法。

合理宣泄情绪是指在适当的场合、用适当的方式,来排解心中的不良情绪。宣泄是一种情绪表现的方式,它可以防止不良情绪对人体的危害。但宣泄应该是合理的,要表现得有理有度,既不损害自己,也不损害他人。

情绪调节的方法

4. 改变认知法

从事件发生到产生情绪结果之间还有个体对事件的认知和评价的过程,因此,不同人对同一事件的不同认知都可能导致截然相反的结果。通过摒弃片面、消极和非理性的认知,我们才能获得积极、健康的理性认知,从而改变情绪甚至是事情的结果。正如人们常说的,你有什么样的感觉,你就有什么样的生活。

5. 建立社会支持系统

当大学生陷入较严重的情绪障碍时,有必要向社会支持系统寻求帮助。每个大学生都应建立自己的社会支持系统,有能够在心理方面给予支持、帮助的社会网络,如亲人、朋友或者专业的社会工作者、心理医生。社会支持系统的存在有多方面的意义：一是可以获得倾诉的对象，将苦恼向他人倾诉之后，会有轻松解脱之感；二是别人可以提供新的视角和思路，帮助当事人走出个人习惯的思维模式，重新评价困境，寻找新的出路；三是社会工作者和心理医生可以提供专业性的意见和建议，运用心理学手段和方法帮助大学生有效地解除情绪障碍。

6. 语言暗示、自我激励法

当不良情绪要爆发或感到心中十分压抑的时候，可以通过语言的暗示作用来调整和放松心理上的紧张，使不良情绪得到缓解。当你将要发怒的时候，可以用语言来暗示自己："别做蠢事，发怒是无能的表现。发怒既伤自己，又伤别人，还于事无补。"这样的自我提醒，会使心情放松一些。在遇到困难、挫折、打击、逆境和不幸时，善于用坚定的信念、伟人的言行、生活中的榜样、生活哲理来安慰激励自己，使自己产生同痛苦斗争的勇气和力量。

7. 情绪音乐疗法

音乐疗法的实施环境，应清雅宁静，舒适美观，光线柔和，空气新鲜，以使人精神愉快，情绪安定，从而渐入"乐境"。音乐疗法所选的乐曲，应因人、因情而异。每个人的性格、音乐修养和乐曲爱好不同，所以应有针对性地选择不同的乐曲，注重整体调节。一般地讲，性格抑郁的人，宜听旋律流畅优美、节奏明快、情感欢乐的一类乐曲，如《流水》《黄莺吟》《百鸟朝凤》《步步高》和《喜洋洋》等；易焦虑的年轻人，宜听旋律清丽高雅、节奏缓慢、情调悠然、风格典雅一类的乐曲，如《平湖秋月》《雨打芭蕉》《姑苏行》等；易激怒的人，宜听旋律优美、恬静悦耳、节奏婉转一类的乐曲，如《春江花月夜》《平沙落雁》等；而有失眠现象的患者，则应多听节奏少变、旋律缓慢、清幽典雅的乐曲，如优雅宁静的《摇篮曲》《仲夏夜之梦》等；忧郁烦恼时，可以听《蓝色多瑙河》《卡门》《渔舟唱晚》等意境广阔、充满活力、轻松愉快的音乐；情绪浮躁时，可以听《小夜曲》等宁静、清爽的乐曲。

音乐疗法，除了采用人工谱写的乐曲，还可以利用自然界中益于身心健康，具有康复作用的声响，如雨声可以催眠，鸟鸣可以解愁等。

任务二　沟通能力的提升

一、与难以沟通之人的沟通策略

（一）对待小人，沟通中不伤和气但也无须情意

生活中的小人无处不在，但是我们往往又不能忽视他们的存在，因为可能一着不慎，

全盘就输在小人的身上。如果我们能够掌握好对策，就能在沟通中不伤和气地将小人"制服"，比如夸赞对方还没形成的优点，暗示对方去培养。

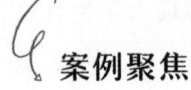
案例聚焦

王强的暗示法

王强和刘明是一家公司销售部的两名员工，王强为人正直，心胸开阔，说话直率，刘明比较有心计，喜欢将同事之间私下说的事情向领导打小报告。一天下班后，有个经常和他们公司有业务往来的熟人郑凌，由于朋友关系，想请王强吃饭，但是刘明也在，于是便把他们两个一起请了，但是王强担心刘明打小报告，因为公司有规定，不准员工私自让客户请客。于是，在饭桌上，王强对刘明说道："刘兄，咱俩一起敬郑凌一杯如何？"

刘明说道："好啊，一起来吧！"

当喝酒喝到一定程度的时候，王强假装醉意朦胧地说："刘兄，我发现我们俩就是公司里的两个好伙伴，是不是？"

刘明敷衍了事地说道："嗯，是的。"

王强继续说道："我知道你很恨私下里给领导打小报告的人，其实我也恨，你放心，这次绝对没有其他人知道我们俩和老郑来喝酒，只有我们三人知道，哈哈！"

刘明也跟着笑。

王强继续说道："我告诉你一个小秘密，我已经盯上了一个喜欢打小报告的人，一旦我逮到机会，我会将他一军。"

听完王强的话，刘明紧张得满脸都是大汗。

王强见状，心中大喜，但是假装困惑地说："你怕什么呀，我又不是说你，你最恨打小报告的人了，你怎么可能会打小报告呢？"

刘明连忙唯唯诺诺地点头。从此在公司里，再也没发生过有人给领导打小报告的事情了。

1. 夸赞对方还没形成的优点，暗示对方去培养

夸奖对方还没有形成的优点，是一种不满情绪的表达，是一种赞扬性的批评。如果你在某一方面没有优点，甚至有严重的失误或不可弥补的缺点，本应该受到批评，但是却受到了表扬，而且缺点成了优点，乍一听是在赞扬，实际上传递的却是不满。在强调这些方面时希望能引起对方的注意。

2. 夸赞对方表现过度的优点，暗示对方收敛锋芒

表现自己的优点可以让别人更容易了解自己，但是如果不把握好度，表现得过多，就

会变成骄傲，惹人讨厌。这时候，我们不妨采用赞扬对方的优点的方式，来提醒和暗示对方，传递你表达过头了，引起别人讨厌了的信息。这样既不会伤害到彼此之间的和气，还可以很好地表达自己的不满情绪。

3. 自言自语不经意说出对对方的不满

人们都不太容易接受直接的指责，但是只要你在表达自己不满情绪时，以一种无意的心态说出，就会更容易让对方接受。比如，你自己觉得这件事对方做得不对，但又不好直接说出来，这时候你就要学会对自己讲，让对方听。因为没有针对性，所以没有攻击性，自然就不会有反击，但是却有暗指对象。面对这种情况，对方更容易从心理上意识到你对他的不满情绪。

4. 表现对其关注淡漠，暗示其自我反省

在人际交往中，如果自己对对方有不满情绪，那就在相处过程中表现出对对方的冷漠，不要过度地关注对方，一改自己往日热情好客的生活态度，给对方表现出淡漠，使得对方意识到问题的存在，从而更好地在自己的身上找缺点。表现对其关注的淡漠，很好地传达了自己的不满情绪，暗示对方进行自我反省，改正自己的缺点和毛病。

（二）热衷"杀熟"的人，妙语拉远与其的距离

在生活中，往往会发现有很多人热衷于"杀熟"，即喜欢拿熟人说事。面对这种人，如果直接跟他正面交锋的话，往往伤害彼此之间的情感，但是委曲求全、自认倒霉，又觉得于心不甘。这时候，如果能够委婉用出妙语和他拉远距离，暗示自己并不是和他很熟，这样对方便不好意思再拿你"开刀"了。

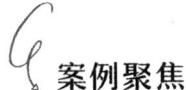
案例聚焦

王华和李杰

王华和李杰是公司里的同事，平常关系非常好，但是李杰发现王华有一个毛病：王华喜欢当着外人的面揭露自己的一些丑事。这让李杰有些尴尬，但是又不好当面反驳，因为王华是带着笑脸说的，而且说的都是事实。

有一次，王华和李杰一同去客户家里维修产品，维修完后，正好到了晚上吃饭的时间，客户留两人吃晚饭。在饭桌上，王华说道："李杰，你平时不是说客户都是铁公鸡吗？你看现在这家客户还像铁公鸡吗？"李杰哑口无言，客户也尴尬地笑了，顿时气氛一下就紧张了很多。

客户这时便连忙倒酒，说道："来，来，来，喝酒！喝酒！"

李杰有些不高兴，但是王华并没有觉察到。他继续说道："你啊，就一毛病，嗜酒如命，有一次，咱俩到客户家去走访，不巧看到他们在喝酒，没有请你喝，

你就生气地说：'下次再让我上门服务的时候，一定做些手脚'。"

李杰的脸色非常的难看。但是碍于客户在场，又不好意思直接发作。他笑了笑，对王华说："谢谢您的指导和教诲，现在我向您敬一杯酒，请王总务必不要推辞。您要是再客气了，我可真是无地自容了啊。"

李杰突然将"你"改成了"您"，王华感觉到他和李杰的关系突然远了很多。看着李杰一本正经的样子，他只好站起来把酒喝了。喝完酒后，李杰深深鞠了一个躬，然后说了声"谢谢"。

从此，在外人面前，王强再也不敢"杀熟"了。

1. 不妨说一些客气话

生活中，由于彼此之间关系比较熟，所以对方总是肆无忌惮地向你提要求，也正是因为关系比较熟，所以很多人不好意思拒绝，结果让自己很难受。这时候，在和对方的谈话中，多说一些客气话，比如多说"您"或者"谢谢"等词，以此来告诉对方，两人之间并非那么亲密无间，这样对方便不好意思，自然会有所收敛，从而可以有效地避免被"杀熟"。

2. 把对方的话当玩笑

当你听到熟人向你提不合理的要求时，要机灵一些，把对方的话当成是玩笑。让对方明白你的意思，熟人之间开玩笑是很正常的，这样他自然不好意思再说下去了。当然这时候，需要你表情和语言的配合，装傻充愣，比如，拍拍对方的肩膀，哈哈大笑说："你真是太幽默了。"或者是"你真会开玩笑。"

3. 要及时地转移话题

你身边的熟人想要"杀熟"时，在对方刚一开口的时候你就要迅速转移话题。当话不投机的时候，你和对方的心就有了距离，别人自然不好意思继续和你聊下去。因为是熟人，可以聊的话题很多，千万不要等对方把自己的念头表达出来。

4. 要不断地恭维对方

一般情况下，关系熟的人之间不需要恭维。那么当你明白对方想要"杀熟"的时候，不妨恭维对方，拉远和对方之间的心理距离。当对方明白自己和你并不是想象中那么熟的时候，"杀熟"的话便不好意思再说出口来了，这时候你也完全可以和他讨价还价了。

（三）对于"死缠烂打"之人，不如放点狠话

生活中，有一些人在请求被别人拒绝之后并没有就此放弃，而是采用死缠烂打的方式，消磨你的意志，最终被他所征服。这些人之所以死缠烂打，是因为他们从你的言谈和神情中看出，你并不是非常反感，因此，你若不想委曲求全，那么就要适当放点狠话，让他们明确感觉到你强烈拒绝的态度。

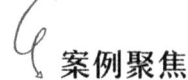
案例聚焦

嘉莎的进步

嘉莎已做到了主管位置，还有不错的家庭背景，因此嘉莎在公司里可谓是"金枝玉叶"。有很多人都梦想着能够娶像嘉莎这样女子。

有一天，嘉莎和老板一起外出应酬客户。在酒桌上，嘉莎认识了一位名叫赵行的年轻小伙子，对方的父亲刚好是自己公司的合作伙伴。由于业务关系，嘉莎和赵行经常在一起工作。慢慢地，赵行对嘉莎有了好感。之后，赵行就对嘉莎展开了追求。他经常约嘉莎吃饭，也会送小礼物给嘉莎，下班的时候总是在公司门口等嘉莎，面对赵行的穷追不舍，嘉莎总是选择逃避。赵行约嘉莎吃饭，嘉莎总说没空，送东西给嘉莎，嘉莎总是拒绝，可是这样，赵行的追求不但没有减退，反而越来越强烈，这给嘉莎的工作和生活带来了相当大的压力。

这天下午下班后，嘉莎刚走出公司，就看到赵行双手捧着玫瑰花，站在不远处向她招手。嘉莎很无奈，但是今天她没有像之前那样不予搭理，径直走开，而是主动微笑着迎了上去。

他们一起去吃了饭，一起去看了场电影之后，赵行满心欢喜地将嘉莎送回了家。在家门口，嘉莎说："今晚玩得很开心，谢谢你送我回家。不过你的花还是要还给你，我们之间真的不合适。真的很抱歉。"

赵行紧追着问："为什么啊？难道我配不上你吗？"

嘉莎说："这跟配得上配不上没有关系，我对你没感觉。"

赵行说："感情可以慢慢培养啊，你知道我喜欢你。"

嘉莎说："培养出来的是习惯，不是感情，再说了我也没有兴趣和你培养下去。"

赵行走上前去，拉住了嘉莎的手说："给我个机会吧！"

嘉莎狠狠地甩开，说："放手，你想干什么啊？我不是告诉你了吗？我们之间不合适，你还要我说多少遍，你再这样，我们之间连朋友都没得做！"

这时，赵行尴尬地笑了笑，道了声"拜拜"，钻进车里离开了。从那之后，赵行再也没有为难过嘉莎。

1. 不要担心得罪人

如果你总是担心话说狠了，会给别人造成伤害，会得罪人，那么你永远也说不出狠话，也拒绝不了别人的死缠烂打。别人既然敢死缠烂打，那么必定做好了相应的心理准备，你的言语肯定是伤害不了他的。这时候你的话说得越狠，对方才会越有所顾忌。因此，要想不委曲求全，那么不妨把话说得再狠一些，千万不要担心会得罪人。

2. 口气一定要强硬

通常，人与人之间的博弈不是通过言语的对错，而是通过气势。要想表达你强烈的拒绝情感，说话时的口气一定要强硬，让别人在你的气势中感觉到没有任何后退和考虑的余地。当别人明白了这个事实之后，自然也就放弃了。对于没有任何希望的事情，如果再坚持就是在虐待自己。你明白，别人一样也明白。

3. 表情要极端严肃

很多时候，有的人嘴上说着绝对不行，可是脸上却堆着笑容。别人不会因为你的一句"绝对不行"而就此放手，相反他们从你脸上的笑容，感觉到你说的话是违心的，是可以打折的。这样无形之中，又给了别人希望，既然有希望，别人自然不肯随便放弃。因此，在表达你的拒绝时，表情一定要严肃，用你的神态来拒绝他人。

（四）宽容对待贪便宜之人

无论走到哪儿，都难免遇见几个贪小便宜的人，这种人只做对自己有利的事，心中只有自己，并且喜欢斤斤计较，再小的事也想从别人那里占点便宜，那我们应该如何应对呢？

1. 按捺住自己的厌恶之情，提高其理想层次

如果与喜欢贪小便宜的人交往时，要按捺住自己的厌恶之情，尽量宽容些。当他发现自己所强调的利益被肯定了，自然就会表示满意。一些人贪小便宜的毛病是受社会环境（尤其家庭环境）的影响而形成的一种生活习惯。这种人一般心眼不坏，而且性格外向，毫无忌讳，容易深入了解。同贪小便宜者打交道，引导他们在学习和工作上下功夫，以提高其理想层次。理想层次提高了，自尊的要求就会随之增长，贪小便宜的毛病便会相应得到克服。对这类人贪小便宜的毛病，切不可姑息，对他们的姑息，只会加重这种不良生活习惯。另外，也不可对他们进行讽刺挖苦，因为讽刺挖苦会伤害自尊。

2. 用自己的博大胸怀、真诚去感化

还有一种贪小便宜的人，他们的行为受一定意识形态支配，其贪小便宜的行为反映着其生活观念。这种人，往往具有比较特殊的生活阅历，在生活中受过磨难，人生观常常表现为以"自我"为中心。同这类贪小便宜者打交道，采取一般化的说教方法，是无法解决其观念形态问题的，应真诚地与之相处，用自己的博大胸怀去感化。在工作、学习、生活中，我们应真诚地、无微不至地去帮助他们，使他们在行动中得到感化。比如，外出时，热情地拉着他，坐车、吃饭、看电影、逛公园都争着付钱，而对他从不表现出一点儿不满和鄙视；平时，讲一些他所钦佩人的宽宏大度、不计个人得失的事例，使他逐渐意识到自己的不足。

（五）热情对待性格孤僻的人

性格孤僻的人大多性格内向，而且整日郁郁寡欢、焦躁烦恼，缺乏生活乐趣。就算你

很客气地和他打招呼、寒暄，他也不会做出你所预期的反应。他通常不会注意你在说些什么，甚至他很可能并没有听进去。和这种人进行交往，刚开始多多少少会感觉不安。

1. 找到对方感兴趣的话题

譬如，当你遇到李先生时，直觉马上告诉你："这是一个死板的人。"此人体格健壮，说话带有家乡口音，至于他是怎样的一个人，你却不太清楚。除了从他的表情中可以察觉些许紧张，其他的一点也看不出来。遇到这种情况，你就要花些工夫注意他的一举一动，从他的言行中，找出他所真正关心的事来。你可以随便和他闲聊一些中性话题，只要能够使他回答或产生一些反应，那么事情也就好办了。接下来你要好好利用此类话题，让他充分表达自己的意见。当你们聊到有关保龄球时，李先生的话就多了起来，这表示他对这种运动很感兴趣。他很起劲地谈到打球的姿势、球场的情况和自己最近的成绩等，原来死板的表情被眉飞色舞所取代。每一个人都有他感兴趣、关心的事，只要你稍一触及，他就会开始滔滔不绝地说，此乃人之常情，因此你必须好好掌握话题内容并利用这种心理。

2. 用友情温暖对方

性格孤僻的人，往往缺乏亲情、友情、爱情，才会导致这种性格。不管性情孤僻者的孤僻源于什么，我们与之相处都应给予温暖和体贴，让他们通过友谊体验人间的温暖和生活的乐趣。因此，在学习、工作和生活的细节上，我们要为他们多做一些实实在在的事，尤其是当他们遇到自身难以克服的困难时，更应主动站出来帮忙解决。实践证明，只有友谊的温暖才能消融他们心中的冰霜。性格孤僻的人一般不爱说话，有时候尽管他们对某一事情特别关心，也不愿主动开口。不谈话，是难以交流思想感情的，因此我们与之相处交谈时，既要主动，还要善于选择话题。一般来说，只要谈话的内容能够触及他们的兴奋点，他们是乐意开口的。

3. 交谈中注意细节

性格孤僻的人，往往喜欢抓住谈话中的细节进行联想，胡乱猜疑。一句非常普通的话，有时也会使他们不高兴，并久久铭记于心，以致产生很深的心理隔阂，而这种隔阂，他们又不直接表露，而是以一种微妙的形式加以反映，使当事人难以察觉。因此，我们与之交谈，要特别留神，措辞、选句都要细加斟酌。

4. 引导对方多参加群体活动

多引导他们参加一些活动，使他们从自己的小圈子里解脱出来，这样他们的性格也会随之开朗起来。在活动时，最好让他们选择一些轻松愉快的主题，如听听轻音乐、唱唱歌、看看喜剧和体育比赛、游一游名胜古迹等。性格一旦形成是很难改变的，与性格孤僻的人打交道要有耐心，这样才能打开他的心锁。

有时候，当我们乐意与某些人沟通时，却发生了困难以至于失败。对方仿佛处于一个作茧自缚的桎梏里，与任何人都格格不入，他的思想显得怪癖，情绪非常不好，拒绝与外界的交流，暂时处于"绝缘"状态，任何信息的输入都被阻挡。他呆若木鸡、视而不见、充耳不闻，任何人都无法访问他的心灵世界，不知他在想些什么。这种沟通障碍的现象其实并不少见。根据布朗定律：找到心锁就是沟通的良好开端，知道别人最在意什么，别人的意愿就会在你的把握之中。

（六）"灭火"脾气暴躁的人

跟脾气暴躁的人相处就如同面对着一个火药桶，随时都有爆炸的可能，如何解决这个问题呢？不妨参考消防灭火的办法。

1. 管好火源

就算是一个炸药桶，如果没有引火的东西，炸药桶也不会爆炸，所以管好火源是防火灭火的首要条件，对待脾气暴躁的人也可以参考这种办法。脾气暴躁的人性情急躁、处事果断，与这样的人相处的关键是不要惹他发火。你要了解对方的性格特点，不要惹他着急生气，做事时尽量达到他的要求。当他没有火气的时候，自然相处融洽，一团和气了。

2. 做好应对工作

不怕一万，就怕万一，再好的警戒也难保有疏漏的地方，所以除了要远离火源，还要做好应对工作，以备不时之需。对方一旦开始发脾气，你所要做的就是控制"火势"，不要让大火烧得更加猛烈，更不能和他对着干，以免火上浇油。一般来说，如果在办事的过程中对方发火，肯定跟自己有关系，搞清楚对方发火的原因再对症下药，就算不能药到病除，至少也可以阻止"火势"变大。

3. 正确对待

如果是自己没有把事情做好或者把事情做错了，应该承担责任、承认错误，如果不是自己的错误，也不要据理力争，先表面顺从，等到对方心平气和的时候再澄清事实。不要和对方争辩，也不要说一些刺激对方的话，更不可摆出一副满不在乎的样子激怒对方。

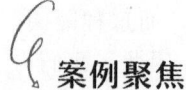

案例聚焦

"暴躁"的负责人

阿伟的公司拟扩大规模，需要向银行申请一笔贷款，这个事情比较重要，所以公司领导嘱咐阿伟一定要办好。要想申请到这笔贷款，找银行负责人是最好的办法。到了那位负责人办公室门口之后，阿伟才想起一件事情，那就是对方一向以脾气暴躁著称，动不动就发火，所以很多找他办过事的人都不说他好话。

阿伟想到这里，先在外边转了一圈，考虑了一会儿，随后才敲门进去。对方看起来很忙，看见阿伟进来，显得有些不耐烦："有什么事情？"

阿伟道明来意，并顺手把申请贷款需要的相关材料递了过去。对方看见阿伟办事利索、干脆的样子，脸上的不耐烦逐渐消失了。接下来的时间里，那位负责人又问了阿伟几个问题,阿伟的回答明确而简洁,一点都不拖泥带水,对方显得很满意。随后,那位负责人表示,因为有些事情还要准备一下,让他第二天再来,并约定了时间。

第二天,阿伟在约定时间前两分钟到达了对方办公室,随后对方准时到达。很快,这件事情就办妥了。后来因为工作的关系,阿伟多次和那位负责人打交道。但是让阿伟惊讶的是,他自己感觉对方并没有像传说中的那么不近人情、性情古怪,只是脾气显得急躁一些而已。在与对方打交道的这段时间,那位负责人就发过两次火,而且很快就好了,一次是对方有误会,一次是阿伟把事情弄混了,其他时候两个人相处得都比较融洽。

在两个人熟悉之后,阿伟和那位负责人探讨了这个话题。对方看起来也很无奈,说道:"我个性比较冲动,爱跟人急,再加上工作比较忙,所以做什么事情都想尽快把它做好,以便进行下一个事情。因此看到一些人做事不认真,敷衍了事,我就控制不住自己的脾气,这也是我爱发火的原因。其实,如果每个人做事情都像你那样干脆、简洁、有条理,我哪还会发什么脾气。"

(七)笑对尖酸刻薄的人

在生活中,总是难免遇上说话尖酸刻薄的人,莫名其妙让你不高兴。与这种人打交道,他的那种挑剔、刻薄、负面、悲观、将恶俗语言泼到他人身上、世界末日般的心理和态度,让我们觉得很累。这不仅仅是指我们受到"明枪暗箭"攻击的不愉快,还在于如果我们自己处理不好,我们的心态也会被影响,让我们的耐心达到极限,也变得挑剔、负面、刻薄。与刻薄的人交往,有以下几种技巧可供参考。

1. 用微笑化解"刻薄"

遇到尖酸刻薄的人,最好别把他的话当真,一笑了之是最好的办法。比如,有人嘲笑一位农民说:"你这条裤子好像是在旧货市场买来的。"这位农民笑着说:"你的眼光可真准,我是走了好几家旧货市场才挑了这么一件上等品。"把机智派上用场,持开玩笑的态度的确是

应对刻薄者的有力武器。同时,还应尽量和他保持距离,不要惹他。万一吃亏,听到一两句刺激的话或闲言碎语,就装作没有听见,千万不能动怒,否则可能惹祸上身。

2. 勇敢面对

尖酸刻薄的人,天生一副伶牙俐齿,得理不饶人。对于你来说,能够勇敢地对抗别人的侮辱而又不至于引来反唇相讥,实在不是一件容易的事。一个有效的办法是不要回避,而采取直截了当的反问;另一个办法是要求对方解释他的话,一旦嘲弄你的人知道你看穿了他,也就自觉无趣,不会再骚扰你了。

3. 顺着说下去

对待尖酸刻薄的人，有一个办法是他说什么你不必动怒，反而顺着他的意思说下去，这也是一种抗拒之法。如他说："你怎么今天穿得花里胡哨的。"你可以这样笑着回答："我想做个时尚小青年，你看好吧？"像这样的应对，既显出你的修养和素质，对方也不能得寸进尺地伤人了。

4. 存宽恕之心

当你听到尖酸刻薄的话时，虽然你知道那话是冲着你来的，如果你告诉自己，那句话实际上与你无关，你也就自然能平心静气地对待了。记住，有颗宽恕之心是重要的生存之道。

5. 做个"厚脸皮"

谁都无法也不可能避免尖酸刻薄话的侵犯，就是最好的朋友，有时也可能因各种原因说一些伤人的话，在这种情况下，最好学着脸皮厚一点。既然人人都有这种缺点，又何必去计较呢？

（八）远离搬弄是非之人

搬弄是非之人每天总是挖空心思打探别人隐私，东家长西家短地在背后说别人的坏话，通常表现就是无事生非，故意找借口与人争执。搬弄是非的人和自私自利者一样，喜欢把自己的利益放在第一位，但其思想非常狭隘，有幸灾乐祸的病态心理。他们常以挑起事端为己任，在别人的分歧之间谋取个人利益；他们往往主观臆断、妄加猜测；他们叽叽喳喳，不负责任传播小道消息；他们幸灾乐祸，干涉别人的隐私；他们在搬弄是非的同时似乎对什么都不满意，无论大事小事，都是牢骚满腹。那么应怎样应对这种人呢？

1. 大方问明白

遇到挑拨是非的人不要背后生气，可以选择直接到他面前，大大方方地问他事情的原因。不管他是在挑拨你还是在你面前挑拨别人，都要面对面谈清楚，因为这种人一般都会察言观色，你越是紧张，他就越会添油加醋，最好的处理方法就是直接去面对他。

2. 不搭理他

遇到挑拨是非的人，也可以不用搭理他，直接走开，或是客气地告诉他你需要做其他的事情，没有时间陪他说话，然后转身走开，或是忙自己的工作。因为这种人像一块狗皮膏药，贴在哪儿就不愿意离开，除非你别让他贴上自己。因此遇到挑拨是非的人一定要远离他们。

3. 平日少与他交往

遇到这种挑拨是非的人，在任何时候，一定要少跟他去交往，话都不要多说，因为一旦你跟他多说一句话，他就会利用你这句话来胡说八道，在别人眼里你本来就和他交谈过，所以即使你怎样解释，别人也不会去听。为了避免这样的事情发生，可以选择不与这样的人去交谈。

4. 以毒攻毒

遇到这种挑拨是非之人，一定要学会以毒攻毒。而以毒攻毒的方式并不是说需要你去传播一些他的事情，不是要你对他进行是非挑拨，而是我们需要适当地远离这种人，让他自己有一种众人避之的感觉。但是前提是需要你跟其他的人相处得非常好，如果平时你也没有好人缘的话，这一点是很难去实现的。因此，我们可以根据自己的实际情况，去选择适当的方法来对这种挑拨是非的人进行远离。

谁人背后不被人说，谁人背后不说人。人生在世难免被人议论，我们要努力做一个为了自己的理想而活着的强者，而不要做一个被议论所左右的弱者。

二、处理棘手问题的沟通技巧

（一）怎么面对左右为难的选择

遇到两难问题就是不论你回答"是"或"否"，都可能给你带来麻烦。很多时候，问这种问题的人总是别有用心，如果问题来自你不能得罪的人或者在公众场合被问到，更会让你的回答难上加难。所以在回答此类问题时必须用心且使用适当的方法。

1. 回避正题

在不宜完全根据对方问题来答话的场合，可采取回避正题的模糊回答，它能让你巧妙避开对方问题中的确指性内容，让对方感觉到你没有拒绝他的问题，但又不是他期望的答案。

2. 假装糊涂

两难问题中有一种复杂问语，隐含着某种错误假定的意思。对这种问语，无论采取肯定还是否定的答复，结果都得承认问语中的错误假定，从而落入提问者的圈套。比如北宋时期，宋太宗在北园饮酒，大臣孔守正和王荣待在一旁陪伴，君臣无忌，说笑之间，觥筹交错，二人就尽情喝了起来，不一会儿就喝得酩酊大醉，说起话来就有点口无遮拦了。孔守正和王荣二人平时就有过节，谁也看不上谁，只是碍于太宗的面子，面和心不和。这下倒好，借着酒劲儿，两人当着皇帝的面互相揭对方的短，甚至大打出手，尽失作为大臣的礼仪，一旁的内侍都有点儿看不惯了，请求太宗将两人抓起来送吏部治罪，太宗不允。最后，还是太宗让人把两人送回了家。第二天，酒醒了的两人想起昨晚酒后在皇上面前的失礼行为，十分害怕，一起向皇帝请罪，没想到的是，太宗摆摆手说："昨晚，朕也喝醉了，记不得有这些事了，不予深究。""水至清则无鱼"，人生难得糊涂，太宗托词说自己也醉了，不但没有丢失皇帝的体面，实际上也是对两人的一种敲打，让这两人自己警醒自己，不要恣意妄为。假装糊涂，既表现了皇帝的宽容大度，又收买了人心，体现了太宗高超的御人智慧。

3. 自嘲圆场

有时一些两难问题被问及,无论怎样回答都会让人觉得颜面无光。此时不妨自嘲一下,给自己圆圆场。某先生酷爱下棋,但又死爱面子。一次与一高手对弈,连输三局。别人问他胜败如何,他回答道:"第一局,他没有输;第二局,我没有赢;第三局,本是和局,可他又不肯。"乍一听来,似乎他一局也没有输:第一局他没输,不等于我输,因下棋还有个和局;第二局我没赢,也不等于我输,还有和局嘛;第三局也不等于我输,本是和局,可他争强好胜,我让他了。

4. 迂回出击

在现实生活中,对于一些不能得罪的人提出的难题或者无理的要求,不要急于做出正面反击,可以采取迂回的方法,避免与对方发生正面冲突,在抓住对方漏洞的前提下,不动声色地反击,从而反败为胜。

(二)怎么拒绝

在日常沟通中,拒绝也是个大家会普遍觉得有点艰难的沟通。好多人都觉得自己有讨好型人格,不好意思张口拒绝人。这个事也挺奇怪,求助我们要面子,张不开口,但拒绝这件事,主动权明明在我们手上,为什么也还是张不开口呢?因为我们总觉得,我拒绝了,我就会得罪这个人。这其实是把人和事给混淆了。本质上你拒绝的是这件事,是对方提出的提议或者方案,而不代表你否定了这个人。拒绝要拒绝的事,团结该团结的人,这两条是完全可以和谐统一的。拒绝=开门见山+移花接木。开门见山就是直接表明立场。移花接木就是重新发牌,提出替代方案。

1. 表达立场

在你拒绝别人的时候,第一句话就应该先表明立场,直接拒绝。怎么直接拒绝?有两个标准:第一时间和第一人称。

第一时间,就是对方一给你提出要求,你判断了一下不行,你就要在第一时间告诉对方,千万不要拖延。有的时候,一拖延容易忘了,还耽误了更大的事。

第一人称,就是不要胡乱甩锅。你说不行就不行,你别说是你领导不同意;你自己没时间就是没时间,你不要说是你父母不让你加班。

第一时间第一人称直接拒绝。所以,开口第一句,立场一定清清楚楚地摆在台面上:"我完全明白,也理解你的诉求,我怕耽误你的事,所以我抓紧先告诉你,这事我配合不了。"假如你是发微信跟对方回复,这句话也要单发一条,不要跟后面的文字混在一起。这就是要让对方非常清楚地看见,"你不同意,你拒绝了"这个信号,一定得是一个非常确切的信号,不能引发任何的误会。

2. 带个理由

表达完立场之后,第二句话你必须要带上一个理由。不能直接说不行、不同意,一定要在后面解释下为什么"不行、不同意",一定要给个理由,哪怕是"我忙不过来""时间有点紧张"这种没有信息量的理由，都能让对方觉得这拒绝可接受。这在心理学上，叫因果偏好。就是对于任何一件事，人都偏向于要一个解释。哪怕这个解释完全没有道理，但有解释都比没解释好。心理学家做过这么一个实验：让一些实验员在一个咖啡厅插队，咖啡厅人很多，但这时候哪怕你只是说一句："不好意思，能让我往前一下吗？我很着急。"排队的人让你插队的可能性就要大得多。这就是人的因果偏好，只要有一个简单的因果关系，人在脑子里面，把它合理化的可能性就大大提高。

所以，在拒绝的时候，哪怕像"真抱歉，我这配合不了，我忙不过来"这类没有任何信息量的理由，你都要给他一个。这也相当于，你给了对方一个台阶。这个台阶会让对方觉得，你的态度还是很客气的。比如你拒绝了班长的邀请，但这个邀请可能是辅导员交代给他的任务，那班长跟辅导员汇报，就有两种说法：一种是"某某说不行"；另一种是"某某说他来不了，忙不过来"。你看，两种说法实质上是一样的，但是一传话这个感受就不一样了。还是那句话，"做人留一线，日后好相见"，你要学会给对方"修台阶"。

（三）怎么积极回应

领导要求我加班，我家里有事，那我就会觉得很被动了，我不能满足对方的要求。一部分人就会采取拖延的办法，回避问题，想把这个问题拖到没有。但是，拖延就等于消极回应，这不是一个好的方案。

还有一种人就会采取一种比较激烈的方式，他要的我不能给，我只能跟他做斗争了。我们没有办法积极地、心平气和地讨论问题。所以有一个词在职场上越来越常用，叫作"撕"。明明我是开会去了，我是去跟谁沟通去了，但因为我们的观点不一致，所以我会把这个事形容成跟谁刚"撕"完。为什么要用一个动作性这么强的词？是因为大家觉得艰难的回应很难完成。艰难的沟通和回应，可以展现出积极的一面，可尝试掌握这三个方法，这三招的核心就是"换"：换时间、换场合、换角色。

1. 换时间

领导突然问："给你调一个岗位，怎么样？"你或许只能回答"好"或者"不好"。怎么办？此时此刻，你可以采取换时间的方式来解决这个问题，你可以对领导说："这件事对我很重要，你容我想一想。请问我需要在什么时间之前答复您？"领导可能说："没关系，你可以慢慢考虑。"你看，这样你就化被动为主动了。下次沟通就是你主动发起的，你可以谈条件、加前提、收集信息，或者寻找替代方案，给自己一个空间。

在极端情况下，你甚至可以用紧急喊停的方式来强迫换时间，为自己争取反应的时间，这叫一分钟暂停法，跟在篮球比赛里面是一样的。关键时刻，篮球教练经常会喊一个暂停，很多时候并不是因为教练有个什么必杀技，而是想从战术上重新调整节奏。比如说，对方突然说了一段很激烈的话，你可以这样说："不好意思，有点急事儿我必须回个电话，一分钟就回来。"或者"抱歉，我能先去一下洗手间吗？"

2. 换场合

我们来看一个特别典型的场合。领导在业务动员大会上要求大家："我们要大干一百天，所有周末都要加班，一天都不能休。"这时候，小杨面露难色，领导就问他："小杨，怎么了？你有困难吗？"如果你是小杨，你怎么回应？一种是耿直地争取休假，你直接在动员大会上说："妈妈从老家来了。这周末无论如何，我都得去接一下。"领导就会很生气。聪明的办法就是换场合，你可以这样说："领导，没事，我这是小事，会后给您说。"等散会之后你私下去他办公室，说："真抱歉，我最近很快要结婚了，妈妈从老家赶来，我得去火车站接一下，后面我都没问题。"你这么一说，90%的情况下，领导都会答应。准假的原因是什么呢？是领导和你的关系好，还是领导大人有大量、不计较？核心是因为领导在不同场合，他的身份是不一样的。在大会上，他是领导，得维护公司的规则，你不加班，这就是当众不给领导面子。在私下一对一的场合，领导也是一个人，也要讲人情世故，能够理解你的想法。

3. 换角色

有的问题自己不好回答、不方便回答或者不愿意回答，你就可以采取换角色的方式。

第一种方式是把"球"踢回去，把你的角色从回应者变成提问者。比如领导问："你觉得这个季度的目标合理吗？"这个问题是很难回答的，领导既然这么制定目标，肯定是觉得合理的。但领导这么问你，大概率是觉得不合理。你要是回答"合理"，就否定了领导的判断；你要是回答"不合理"，就暴露自己对自己都不满意，也太松懈了。怎么办呢？可以把"球"踢过去。你可以说："领导，这机会太难得了。您既然问到这了，我特别想跟您请教一下，您看我们的目标怎么制订能更合理，更能符合公司的大局呢？"一个问题扔回去，相当于把"球"传回去，这个角色就换了，你也算是做了一个很好的回应。

第二种方式是传"球"，把你的角色从回应者变成主持人，让别人回答这个问题。比如领导问："小杨，你觉得你们团队干得咋样，给自己打几分？"这个问题也是比较常见的，领导对一个部门特别满意或者特别不满意时都会问这个问题。但对回答者来说其实不太友好，你打高打低都不行。打低，就是否定自己的工作业绩；打高，未免显得太狂了，尤其作为年轻人。怎么办呢？你就可以传"球"，找一个人回答，比如："露西，你刚来我们公司，你的观察比较客观。你说说，你给我们团队打多少分？"如果现场没有一个新员工怎么办呢？还有办法，你可以说："王老师，你在公司工作这么多年，你给我打打分。当着领导的面，你说咱们团队能打几分？"你看，这样一下子变成了话题的主持人。更大的好处是你可以让其他人都参与到对话中来。

（四）怎么进行道歉

好多男同学和女朋友吵架，不道歉，女朋友生气；道歉了，女朋友更生气。这个情况一定是你道歉的方式错了。你想想，你在道歉的时候是不是经常说"你千万别生气"或者"希望你别介意"？这类话在道歉的场景里太常见了，"你千万别生气""希望你别介意"这类话，恰恰是道歉里的大忌。为什么？因为道歉的终极奥义，不是跟对方承认你错了，而是要告诉对方你是对的。

那正确的道歉方式是什么呢？道歉＝关闭过去＋开启未来。这是道歉的两个重要的组成部分。关闭过去，就是修复我们之前的关系，刚才这个问题我们翻篇了。要做到这个效果，就是我们刚才说的，要肯定对方是对的，完全接受对方的情绪。开启未来，就是我们因为这件事，关系还能再往前走一步。怎么做到呢？一个关键词叫作"学到了"。就是你要告诉对方，经过这件事，我不仅认识到了错误，我还从你这学到了，可能是一个教训、一个方法，还可能是一个观念。只要你传递出"学到了"这个信号，对方肯定会舒服，才能从内心真正原谅你。

道歉方式

（五）怎么应对别人的指责

在社交场合，难免会和别人发生不愉快。遭遇别人指责、抱怨，是件极不愉快的事，我们该如何去应对？这是个无法避免的社交难题，因为很少有人能够真正了解自己，也很少有人能够坦然地面对错误。所以在面对指责时，我们通常都会下意识地为自己辩解，这样就容易造成冲突。有的人总是忍受不了别人的指责，别人的指责稍不中听就会恼羞成怒，和别人闹得不愉快。其实，对别人的指责应该理性地分析，要明白别人的这些指责也并非全都是出于恶意；即使对方的指责是错误的，你也应该给别人说话的机会，而自己则需要理清思路再说话，展现自己的社交风度。更何况，别人善意的指责对你来说是一笔宝贵的财富。所以，面对别人指责时首先要做到的一点就是"保持冷静"。

> 威廉·麦金莱任美国总统时，曾因一项人事调动而遭遇许多议员、政客的强烈指责。在接受代表质询时，一位脾气暴躁的国会议员粗声粗气并且讽讥骂他。但麦金莱这个时候充分地显示了他的社交风度，在整个过程中他都非常冷静，听凭这位议员大放厥词，而他却一声不吭，直到议员说完后，他才用极其委婉的口气说："你现在怒气该消了吧？照理你是无权力责问我的，但现在我仍愿意详细解释给你听……"听到此话，那位气势汹汹的议员羞愧地低下了头。

面对别人的指责时，我们应该做到如下几点。

1. 学会倾听

不管别人的指责是否正确，你都要耐心地倾听。尤其是当别人在情绪很差的情况下，千万不要抢着和他说话，那样很容易激起更大的争端。如上例的麦金莱总统，在别人对他极为无理地指责的时候，他很耐心地等待别人把不满都发泄出来。当然，倾听并非只是让人把话说完，在倾听的过程中，你还应该将重点问题记在心里，这样你才能在事后整理好语言对他进行解释。一定要倾听别人的不满所在，否则，你不知道别人的真正意图，自然也不能做出合理的解释，这样反而会加深彼此的矛盾，影响双方的交往。

2. 注意自己的行为举止

在受到别人指责的时候，要注意自己的行为举止，让自己保持一个清醒的状态，不要表现出困倦或像是醉酒未醒的样子。在交谈中保持和讲话人目光接触，不要做过多的小动作,因为这时候可能你的一点不敬都会让对方更加恼火,降低他对你的评价。因此,在面对他人指责的时候,要态度谦虚,且在自己的举止方面要更加注意。

3. 消除对方的怒气

受到指责,特别是在你确实有责任时,不要计较对方的态度好坏,最好要听完对方的话并表示你也赞同他的指责。这样你能从中受益,而对方也能消除自己的怒气。即使当你确信对方的指责并非正确,在你对其表示赞同时也能使对方消除怒气,之后,待对方冷静下来,你有更多的机会和时间进行解释,消除隔阂、猜疑和埋怨。

4. 平静地给恶意中伤者以回击

当然,并不是说所有的指责我们都一笑置之、一味地忍让,必要时也要予以回击。如果我们确认对方是出于不可告人的目的而对自己进行恶意中伤、寻衅挑战时,我们就应该坚定地表示自己的态度,不能迁就忍让,而应该果断地予以回击,摆事实、讲道理,站出来澄清。这样,会使你显得更有气魄、更有力量。总的来说,我们在社交中难免会遇到别人的指责,这种时候我们一定要保持冷静,沉着应对,解决这个社交难题。

(六)怎么安慰失意者

人生的道路不平坦,我们常常都会遇上这样或那样的困难。当我们看见自己的朋友痛苦无助时,该如何安抚他的苦痛与焦虑?如何让他们重新振作?这不仅是个沟通难题,也是做人的一大难题。给予不幸者以安慰,是为人处世的一种美德。对许多人而言,目击别人的伤痛与不安,我们经常会想采取某些行动快速解决它,或设法提供立即解脱的方法。当亲朋好友遭受不幸时,及时送上真诚的安慰,更是你应尽的责任。但是有些人则为了避免说错话,宁愿选择什么都不说,而错失表达关心的时机。在人失意的时候给他以安慰,不仅能获得对方的感激和好感,更重要的是可以巩固双方的情感,使大家的情谊更进一步,也更加有利于双方的交往。可是,在朋友失意的时候,要如何安慰呢?

怎么安慰失意者

任务三　跨文化人际沟通交流

一、跨文化沟通的概念与特点

(一)跨文化沟通的概念

所谓跨文化沟通,是指跨文化组织中拥有不同文化背景的人们之间的信息、知识和情感的相互传递、交流和理解的过程。文化在很大程度上影响和决定了人们如何将信息编码、如何赋予信息意义，以及是否可以发出、接受、解释各种信息。在跨文化沟通中，由于信息的发送者和信息的接受者为不同文化的成员，在一种文化中的编码，要在另一种文化中解码，因此整个沟通过程都受到文化的影响。

在跨文化沟通过程中，一种文化单元中经过编码的信息，包括语言、手势和表情等，在另一种特定文化单元中，需要经过解码和破译，方可被对方接受、感知和理解。对跨国交流而言，文化单元的异质性会对沟通造成障碍。在跨文化沟通的解码过程中，原文化信息的含义会被异文化所修改、曲解、删减或增加，导致编码者和解码者所指的含义和行为上有差异。

（二）跨文化沟通的特点

1. 文化对接难度大

文化的对接是指沟通者和被沟通者在一个文化符号中获得一致的意义。只有实现文化对接，才有双方对一致意义的认同，从而达成理解和沟通。跨文化沟通是在两种或两种以上的文化之间进行的。由于生产方式、生活方式、地理环境、历史传统等不同，各种文化体系均具有个性和特殊性，其文化中的精神体系、思维体系、智慧体系、规范体系、组织体系、符号体系、编码体系和解码体系等都有很大的不同，它们在进行跨文化沟通时，共享性差，认同性差，对接能力差，因而沟通中会发生种种障碍。不同的文化有不同的符号系统，在同一文化背景下，沟通的主客体使用的符号系统是统一的，他们的沟通障碍相对较小；在不同的文化背景下，要实现有效的沟通，就必须拥有共同的符号编码、解码系统，懂得信息意义才能实现沟通。在跨文化沟通中，编码的规则和解码的规则常常不是一个规则，这就使得跨文化沟通在文化意义上难以实现对接，往往是沟而不通。

2. 文化对接不同使得跨文化沟通难度不同

文化距离是指文化间共性与个性的差异程度。文化间的共性较多，则文化距离较小；文化间的个性突出，则文化距离较大。同一文化中的地域文化之间、群体文化之间、不同职业文化之间、男女性别文化之间、年龄文化之间、企业文化之间的文化距离较小，它们的跨文化沟通的难度较小。在同一文化中，共性更多，个性差异较少，所以它们之间的文化距离小，跨文化沟通的难度也较小。在不同文化中，文化的距离不同。例如，中国文化与日本文化比较，它们的文化距离较小，与新加坡文化的距离更小，它们同属儒家文化圈的文化，跨文化沟通的难度要相对小些。而中国文化和美国文化比较，则是文化距离很大的两种文化，前者属于集体主义文化，后者属于个人主义文化，它们之间的跨文化沟通难度很大。美国文化与英国文化的文化距离较小，与加拿大文化的距离更小，它们同为个人主义的文化，因而跨文化沟通的难度较小。一般说来，文化距离的大小与跨文化沟通的难度成正比。

3. 习惯与传统的冲突大于理解的冲突

人们自幼生活在自己的文化的环境中，受到本文化的长期熏陶和教化，形成了根深蒂固的价值体系和行为模式。这些价值体系和行为模式，在没有外来文化的干扰下会形成习惯，习惯久而久之会形成传统。传统作为一种集体无意识，会蕴藏在每个人的无意识层中，时时地发生作用。习惯的东西和传统的东西是文化的固化形式和深层积淀，很难改变。在跨文化沟通中，人们即使认识了对方的文化特征，也知道适应对方的文化特征是进行沟通和文化对接的要求，但是理性的认识并不妨碍沟通者依然按本文化的习惯和传统办事，从而造成沟通中的文化矛盾和冲突。

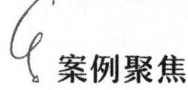
案例聚焦

荷兰妻子的疑惑

有一位荷兰妇女十四年前结识了一位在荷兰做生意的中国人，于是这个中国人和远在中国的妻子离了婚，与那位荷兰妇女很快结婚。这位中国男子在荷兰居住久了，对荷兰的风土人情、生活习惯、人际关系、政治法律已相当地了解。但是他的许多行为依然是中国式的，这使他的妻子非常恼火。例如他明知荷兰人不喜欢亲戚住在家里，或者特别关照他们，但他总是千方百计甚至偷偷地把老家的孩子、亲戚接到荷兰，使家里摩擦不断。最为麻烦的是，这位男子得了癌症，并且很快去世。去世后当公开遗嘱时，他的妻子大为震惊：这位中国先生把他的全部财产都留给了前妻，这位荷兰妇女痛哭流涕，她怎么也想不到这位和她一起生活了十四年的中国男子，竟是如此忘恩负义！其实中国男子在理性上认识到自己的这种做法有失妥当，但多年的中国文化熏陶使他在深层意识中依然是"落叶归根，故土难离""糟糠妻，不可弃""衣锦还乡，无限荣光"等传统观念。因此理性上的认识，并不妨碍他依然按传统和习惯办事，文化冲突也就在所难免了。

习惯和传统是文化的产物，又是维护文化个性的力量。保持习惯和传统，是文化存续的要求。传统一旦根植于人的头脑，就很难改变。这就是在跨文化沟通中，理解的力量小于习惯和传统的力量。理解并不等于接受，在理解的层面上文化可以相容，而在习惯和传统的层面上文化仍然会发生矛盾和冲突。

4. 跨文化沟通的成本高于一般沟通的成本

跨文化沟通比一般沟通的成本要高得多。在商业交流中，沟通的目的之一就是达成共识，降低交易成本。跨文化沟通是在两种不同的文化间进行沟通，克服文化的障碍将会耗去更多的物资、使用更多的手段和方法、耗费更多的时间、进行更频繁的双向沟通，在沟通中要花费更多的精力去理解文化差异，处理文化矛盾和冲突，沟通的失败会导致投入变成泡影，因此跨文化沟通的成本比一般沟通的成本要高得多。

荷兰首相夫人的不愉快

5. 跨文化沟通会造成"文化休克"现象

有一个出身于富裕家庭的孩子，他的大学学习成绩优异，后被美国一所名牌大学录取为研究生。来到美国的最初一段时间，他感到一切都很新鲜，很能适应那里的环境。但过了一段时间，他开始对自己的功课感到失望，并且不喜欢在美国的生活。他曾与一位美国女士交往，但因个性不同而关系破裂。虽然他各科成绩考试及格，但他并不是成绩好的学生。他不愿意让他的朋友知道他的窘况。他去学校健康中心向医生诉说他肠胃不好，头痛得厉害，还有腰痛等，医生给他开了许多药，他吃了不但不见效，反而感到身心更加压抑，于是萌生了回家的念头。这个例子表面上看来是此位学生在美国患了病，其实并不如此，他是遭遇了"文化休克"。所谓文化休克是指在跨文化沟通中，由一种文化进入另一种文化，主体失去了自己熟悉的文化意义符号系统，面对陌生的各种文化意义符号系统，由于缺乏足够的适应性而产生的深度焦虑症。他们在新的文化意义符号系统包围下，感到处处不适应、不理解、不熟悉、不如人意。不仅心里茫然、精神空虚和疲劳，而且对当下文化情境产生反感；对自己的价值体系、生活方式的遭遇冷落和不起作用、不受重视感到失望；对自己的角色身份的混乱状态感到不知所措。心理的焦虑导致身体不适，出现种种生病的症状，这就是文化休克的表现。

6. 跨文化沟通会造成双方文化的变异性

从个人层面来说，在跨文化沟通中双方都需要改变自己的文化。例如"你吃了吗？"是中国人日常语言中最流行的一句话，在任何地点、任何时间，甚至半夜在街上碰到熟人时都可以这么说。你不必回答什么时候吃的或吃了什么，一句简单的"吃了"或"没呢"就够了。回答"吃了"说明你不饿，生活不错，这也意味着没什么要聊的或你现在很忙；如果你回答"没呢"或"你呢？"说明你想引起对方的注意，或者你想告诉他一些吃以外的事，他可以继续问"为什么？"。但是如果中国人碰上了美国人，也问一句"你吃了吗？"美国人可能会莫名其妙，如果他听懂了会很不高兴。中国文化的理念之一就是"民以食为天"，问候"吃了没有？"是对别人最大、最真切的关心，因此在任何时候都可以问。西方文化具有注重隐私性的特点，吃了没有是个人的隐私，见了面第一句话就问别人"吃了没有？"大有刺探别人隐私之嫌，西方人自然会很不高兴。为了实现沟通，西方人可以学习中国人的问候方式，也问一声"吃了没有？"这会使中国人感到很亲切。而中国人见了西方人也用一句"Hi，how are you？"一般性地打个招呼，对方也会感到很高兴。可见，跨文化沟通在个人层面上，都在改变着对方的文化特性。在群体层面上，跨文化沟通也在改变着双方的文化，形成一种第三方文化。中国自改革开放以来，大量引进外资，走向世界。在向世界学习的过程中，来自世界各国的文化，大大地改变了中国文化的面貌，使中国文化增加了许多新的因子，与外来文化达成了许多共识。

7. 跨文化沟通全面提升人的本质力量

跨文化的沟通，有助于全面提高主体的能力和素质，增进对其他文化的认识和理解。它帮助我们学会除了从自己的视角看问题外，还要从其他文化的视角看问题。我们会发现同一个事物或现象会有如此多的解释和意义。它大大地拓展了我们的视野，提高了我们的思维能力和适应外部环境的能力。如果我们处在文化沟通之流中，我们自己就会流动起来、开放起来。文化世界的丰富多彩，使我们的精神世界也变得丰富多彩。如果我们把自己关进一个封闭的空间中，空间的空虚会造成我们头脑的空虚；空间的贫乏也会造成我们精神世界的贫乏。我们会发现一个新世界，获得一个新视角，创新的思路就会如泉水般的汹涌。跨文化的沟通有助于建立最广泛的人际关系，提升人的本质力量。具备跨文化沟通的能力，可以帮助各类人员不仅在本文化中，而且可以在异文化中，建立起广泛的人际关系。

二、跨文化沟通的障碍

（一）认知

荷兰人类学家霍夫斯泰德认为文化是在一个环境中的人们共同的心理程序，不是一种个体特征，而是具有相同的教育和生活经验的许多人所共有的心理程序。不同的群体、区域或国家的这种程序互有差异。因此，不同文化背景的人们沟通时，常建立在自己的认知层面上，正是这些看似合理的认知常常导致跨文化沟通的障碍。

（二）语言使用

不同的语言源于不同的文化，每种语言都有独特的文化内涵。在跨文化沟通中，语言的多样性与复杂性常常是造成沟通障碍的主要原因。沟通中语言的障碍常常表现在语义和语用两个方面。一是语义方面，我国一家生产"白象"牌电池的企业在进军国际市场时，把其品牌直接翻译为"white elephant"，致使该产品在国际市场上无人问津，因为"white elephant"在英语中是"无用"的意思。这一例子告诉我们，即使是相同的语言，在不同的文化中可能就有不同的语义。二是语用方面，不同的语言有不同的语用规则的差异性，在企业中同样引起沟通的障碍，产生不必要的误会和矛盾。

（三）非语言使用

在跨文化沟通中，人们更多地根据非语言沟通形式。不同文化背景的国家对非语言的使用偏好不同。美国是典型的低语境文化国家。在低语境文化中，大部分信息都是用明确而具体的语言或文字传递，并推崇以明确、坦率、直接的方式交谈。

而亚洲有些国家（如中国）则属于高语境文化国家。在高语境文化中，非语言交流是传递和理解信息的重要方式，如用体态、眼神、音调、位置、距离、环境等非语言方式进行沟通。因此要理解话语的含义，领会字里行间的言外之意十分必要。当某个美国人说"是的（yes）"的时候，其通常的含义是"我接受这种看法"。但一些亚洲国家的人说"是的（yes）"的时候，却有四种不同的意思：一表示一方已经知道另一方正在同他说话，但他并不一定理解了谈话的内容；二是表示对方所说的是可以理解的和清楚的；三是表示他已经理解了对方的建议；四是表示完全同意。

由于文化之间存在差异，身体语言的表达方式及其含义也有所不同。中国人常用沉默表示认可,或表示对某个问题有异议,或不同意某个条款,以此表示礼貌和尊重。这对沉默持有消极看法的美国人来说,自然很难接受。美国人把沉默看作拒绝,把"笑"看作高兴,而中国人有时会用"笑"表示无奈、不认可,这是美国人很难理解的。美国人在答"I'm sorry"的同时摊开双手,耸耸肩膀,表示"我无能为力""这种状况毫无希望"等含义,而中国人表示此含义的习惯动作则是摇头或摆手。中国人说"对不起"的同时会微微一笑表示歉意,而美国人则可能对此感到迷惑不解。在大多数国家和地区,人们都以点头表示赞同或接受,以摇头表示不同意或反对,但在南亚一些国家,点头或摇头的含义则与此完全相反。

在高语境文化的国家,沟通双方非常重视非语言沟通,而在低语境文化的国家,人们更多的是使用直接性的沟通方式,运用大量明确清晰的语言传递信息。不同文化背景的个人对相同的非语言表达形式的理解也存在差异。如果双方缺乏对对方文化背景的了解,就会造成沟通障碍。

(四)沟通风格的差异

虽然全世界人们的沟通过程基本是相同的,但不同文化的人们的沟通风格却具有很大的差异。所谓沟通风格,就是人们在沟通过程中将自己展现给对方的方式,它包括自己喜欢谈论的话题,最喜欢的交往方式,如礼仪、应答方式、辩论、自我表白及沟通过程中双方希望达到的深度等。它还包括双方对同一沟通渠道的依赖程度——表达信息主要是靠声音的、词汇的,还是身体语言因素,以及对相同意思的理解主要是靠信息的实际内容还是靠情感的内容等。跨文化沟通是一个互动的过程,如果相互之间的沟通风格不同,就可能带来沟通问题。

(五)民族优越感

当人们相信本国的各项条件最优时,这时就出现了民族优越感的倾向。在每一种文化中的大多数人都会无意识地形成自己的民族优越感。民族优越感之所以对跨文化人际沟通造成障碍,主要是因为:第一,对自己文化的民族优越感信念会形成一种狭隘和防御性的社会认同感;第二,民族优越感会以一种定型观念来感知其他文化;第三,民族优越感会使沟通者将自己的文化与别的文化对比时,

总认为自己的文化是正常的、自然的,而别的文化是不正常的,其结果总是吹捧自己的文化而贬低别的文化。

(六)文化成见

文化成见是一种描述,表现的是一个群体的思维特征,它作为一种区分文化差异的手段,为人们了解不同的文化提供了一种便捷的方法。但文化成见最大的害处就是过分的简化和类化,往往造成刻板的、以点概面、以偏概全的错误。文化成见之所以会阻碍跨文化

沟通，是因为：第一，它假设一个群体中的所有成员都具有相同的特征，忽视了个体的特点和差异性；第二，由于过度地简化、类化和人为地夸大或缩小，使沟通者之间不能进行成功的交流；第三，由于不断地重复和强调，会使某种定型观念变为"真理"，从而阻碍跨文化沟通。

三、与东南亚的跨文化沟通技巧

（一）菲律宾

菲律宾人天性和蔼大方，善于交际，会面礼节是握手。对长辈是极其尊重，晚辈对长辈要恭恭敬敬地欠身鞠躬，有的则会上前轻吻对方的手背，以示敬重之意。年轻姑娘见到长辈时，往往会上前轻吻对方的两颊为礼。由于天气炎热，菲律宾的穆斯林有时在室外不戴帽子，相互见面往往会行"摸手礼"。但不戴帽子的穆斯林致意时，必须先用左手捂住自己的头部，以示敬重。受西方文化的影响，在菲律宾的上流社会中，"女士优先"十分流行，但在乡村妇女的地位依旧很低。菲律宾人非常好客，欢迎嘉宾通常会敬献茉莉花编成的花环。由于在历史上有相当长的一段时期菲律宾曾是西班牙的殖民地，故菲律宾人的姓名大都是西班牙式的。在宴请活动中邀请方务必要多次进行邀请，以示诚意；在主人第一次敬酒或为客人上菜时，客人务必表示谦让，客人不要在主人落座前就座。

（二）韩国

在正式交际场合，韩国人一般都采用握手作为见面礼节。韩国妇女一般不与男子握手，而往往代之以鞠躬或者点头致意。韩国人在不少场合有时也同时采用先鞠躬、后握手的方式；同他人告别时，若对方是有地位、身份的人，韩国人往往要多次行礼。个别的韩国人甚至讲一句话道别，行一次礼。在一般情况下，韩国人在称呼他人时爱用尊称和敬语，称呼对方头衔。韩国人非常讲究预先约定，遵守时间，并且十分重视名片的使用，对社交场合的穿着打扮也十分在意，在交际应酬之中通常都穿着西式服装。邋里邋遢、衣冠不整的人和着装暴露的人一样，都是让人看不起的。在逢年过节或某些特定场合，韩国人往往会穿自己本民族的传统服装：男子上身穿袄，下身穿宽大的长裆裤或加上一件坎肩，甚至再披上一件长袍。韩国妇女则大都上穿短袄，下着齐胸长裙。光脚参加社交活动是一种失礼的行为。进屋之前需脱鞋，摆放鞋子不准将鞋尖直对屋内。

（三）马来西亚

马来西亚不同民族采用不同的见面礼节。马来西亚人的常规做法是向对方轻轻点头，以示尊重。马来西亚人传统的见面礼节是"摸手礼"，它的具体做法为：与他人相见时，一方将双手首先伸向对方，另一方则伸出自己的双手，轻轻摸一下对方伸过来的双手，随后将自己的双手收回胸前，稍举一下，同时身体前弯呈鞠躬状。马来西亚的华人与印度人同外人见面时，则大多以握手作为见面礼节。马来西亚人通常只有自己的名字，而没有固定的姓氏，儿子以父名为姓，父亲则又姓祖父的名字。马来西亚的国花为扶桑花，在马来西亚叫作"班加拉亚"。长袖衬衣"巴迪"被称为马来西亚"国服"，多以蜡染的花布做成，多在正式交际场合穿着。在社交场合，马来西亚人可以穿着西装或套裙。去马来西亚人家里做客，进门前必须首先脱下鞋子，并且摘下墨镜。马来西亚以伊斯兰教为国教，饮食习俗禁酒，喜欢饮用椰子水、红茶、咖啡，等等。马来西亚人一般十分好客，他们认为：客人在主人家里若不吃不喝，等于不尊敬主人。平常用餐时只用右手抓食食物，左手被视为"不洁之手"，禁用其取食食物或饮料。只有在十分正规的宴请中，马来西亚人才以刀叉进餐。

（四）日本

日本人无论在正式场合还是非正式场合，都很注重自己的衣着。在正式场合，男子和大多数中青年妇女都着西服。男子穿西服通常都系领带。和服是日本的传统服装，现在男子除一些特殊职业者外，在公共场所很少穿和服。日本人常常是满脸笑容，然而不仅高兴时微笑，在处于窘迫发怒时，也会发笑，以掩饰自己的真实情感。妇女在地板上就座时，总是坐在蜷曲的腿上。不同的手势有不同的含义，如大拇指和食指合成一个圆，其余三个指头向上伸开，表示钱等。日本人的名字一般由四个字组成，前两个字是家族的名字，后两个字是自己的名字。一般情况下，日本人不喜欢做自我介绍。作为介绍人时，通常要说出被介绍人与自己的关系，以及他的称谓和所在单位名称等。

（五）泰国

泰国习惯以先生、小姐称呼，常为表友善和亲近，不习惯称呼其姓，讲话轻声细语，举止温文尔雅。泰国平民遇见王室成员或高僧，须行下跪礼，而王室成员和高僧则不须还礼；行人从坐着的人身边经过时，要略微躬身，以表示礼貌；长者在座，晚辈应坐地或蹲跪，头的高度不可超过长者。商务场合着深色套装或套裙；无论去哪都不要让鞋底露出，尤其不要把鞋底朝向对方。旅行最好自带拖鞋。民间饮食习惯围绕低矮的圆桌跪膝而坐，右手抓食。

（六）新加坡

在社交场合，新加坡人与他人所行的见面礼节多为握手礼。在一般情况下，西式的拥抱或亲吻是不太习惯的。在政务活动和商务交往中，新加坡人的着装讲究郑重其事。男子一般要穿白色长袖衬衫和深色西裤，并且打上领带；女子则穿套装或深色长裙。在对外交往中，新加坡人则大多按照国际惯例要穿深色的西装或套裙，并穿皮鞋。在设宴款待新加坡人时，务必在安排菜单方面要注意因民族而异。

雨菲逐步被接纳

四、与欧美的跨文化沟通技巧

（一）美国

美国人的见面礼节，一般情况下，以点头、微笑为礼。不是特别正式的场合，美国人甚至连国际上最为通行的握手礼也略去不用了。若非亲朋好友，美国人一般不会主动与对方亲吻、拥抱。在商务往来中，他们尤其不会这么做。美国人在穿着上大都喜深色西装配着黑色皮鞋，深色袜子，切忌白袜配黑鞋。正式场合或上班时，女性以裙装为宜，男性应打领带，穿深色西服。着晚礼服裙摆应长及脚踝，并着高跟鞋。行路一般以右为尊，女士同行，男士应走左边，出入应为女士推门。搭车时，车主驾车，前座为尊，反之则以后座右侧为尊。自己开车时须先为客人开车门，等坐定后才上车启动。在美国社会中，人们的一切行为都以个人为中心，个人利益是神圣不可侵犯的。这种准则渗透在社会生活的各方面。人们日常交谈，不喜欢涉及个人私事。有些问题甚至是他们所忌谈的，如询问年龄、婚姻状况、收入多少、宗教信仰、竞选中投谁的票等都是非常冒昧和失礼的。

（二）加拿大

在加拿大，人们相遇时，都会主动向对方打招呼、问好。即便彼此双方不相识，通常也会这么做。要是见过一次面的人再度相逢时，则双方通常都会表现出更大的热情。他们除了要互致问候之外，彼此一定还要热烈地握手。加拿大人跟外人打交道时，只有在非常正式的情况之下，才会对对方连姓带名一同加以称呼，并冠以尊称。在一般场合里，加拿大人在称呼别人时，往往喜欢直呼其名，而略去其姓。

（三）德国

德国人在人际交往中对礼节非常重视。在社交场合，德国人通常都采用握手作为见面礼节。与德国人握手时，务必要坦然地注视对方，并且握手的时间宜稍长一些，晃动的次数宜稍多一些，握手时所用的力量宜稍大一些。对于初次见面的成年人以及老年人，务必要称之为"您"。对于熟人、朋友、同龄者，方可以"你"相称。在德国，称"您"表示尊重，称"你"则表示地位平等、关系密切。德国人极度厌恶"13"与"星期五"。他们对于四个人交叉握手，或在交际场合进行交叉谈话，也比较反感，因为这两种做法，都被他们看作是不礼貌的。德国人认定，在路上碰到了烟囱清扫工，便预示着一天要交好运。在德国，星期天商店一律停业休息，在这一天逛街，自然难有收获。向德国人赠送礼品时，不宜选择刀、剑、剪刀、餐刀和餐叉，以褐色、白色、黑色的包装纸和彩带包装、捆扎礼品也是不允许的。与德国人交谈时，不宜涉及纳粹、宗教与党派之争。在公共场合窃窃私语，德国人认为是十分无礼的。

（四）意大利

意大利人的时间观念极为奇特。在外人眼里，他们似乎来去匆匆，却又不很守时，至少在社交活动中是这样的。一般来说,与别人约会时,许多意大利人都会晚到几分钟。据说,意大利人认为,这既是一种礼节,也是一种风度。意大利人在正式社交场合一般是着西式服装,尤其是参加一些重大的活动,十分注意着装整齐,喜欢穿三件式西装。意大利人说话时喜欢靠得近些,有时几乎靠在一起。他们不喜欢在交谈时别人盯视他们,认为这种目光是不礼貌的。他们喜欢用手势来表达个人的意愿。意大利人在社交场合与宾客见面时常施握手礼,亲朋好友久后重逢会热情拥抱,平时熟人在路上遇见则招手致意。意大利人请客吃饭,通常是到饭馆里去,有时也会在家中宴请亲朋好友。他们请客时往往茶少酒多,在正式宴会上,每上一道菜便有一种不同的酒。

(五)英国

英国人不善于夸夸其谈,感情不大外露,也不喜欢在公共场合引人注目。在交际应酬中,他们轻易不会与别人一见如故,更不会立即称兄道弟,推心置腹。与外人进行交往时,英国人一般都非常善解人意,懂得体谅人、关心人、尊重人。在一般情况下,他们都不爱跟别人进行毫无意义的争论,而且极少当着外人的面使性子、发脾气。英国人待人十分客气,"请""谢谢""对不起""你好""再见"一类的礼貌用语,他们是天天不离口的。在进行交谈时,英国人,特别是那些上年纪的英国人,喜欢别人称呼其世袭爵位或荣誉的头衔。至少,也要郑重其事地称之为"阁下"或是"先生""小姐""夫人"。在交际活动中,握手礼是英国人使用最多的见面礼节。在一般情况下,与他人见面时,英国人既不会像美国人那样随随便便地"嗨"上一声作罢,也不会像法国人那样非要跟对方热烈地拥抱、亲吻不可。英国人认为,那些做法都有失风度。

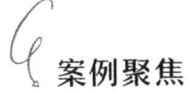
案例聚焦

到底谁有问题?

有一个美国人,自东向西横穿人行横道,这时候是绿灯,是许可行人穿行的状况。当这个美国人走到十字路口中的时候,一辆汽车从东往北拐弯。这时候这辆车是减速了的,但并没有停车的意思,人和车差点相撞,所幸的是人和车没有接触到。但却就此发生了冲突,这个美国人一巴掌把汽车的反光镜打到车窗上,把车窗玻璃都砸碎了。司机不干了,拉住美国人理论,围观的人很多,最后警察也来了。美国人一副无所谓的样子,认为自己没有错:第一,是绿灯,人行横道过马路没问题;第二,在美国,一向是车让人。他说在美国有一次一队人过马路,队伍排了1000米长,司机都只能干等着,没有一个强行开过去或者按喇叭的。司机也窝火,他认为他没有碰到这个美国人,自己也减速了,也不是野蛮驾驶,他凭什么上来就砸车窗呀!

五、与其他国家的跨文化沟通技巧

（一）埃及

在人际交往中，埃及人所采用的见面礼节主要是握手礼。与其他伊斯兰国家人士打交道的禁忌相同，同埃及人握手时，最重要的是忌用左手。在社交活动中，跟交往对象行过见面礼后，双方往往要互致问候。为了表示亲密，埃及人只要当时有时间，问候起交往对象来往往会不厌其烦。除了个人隐私问题，当时所能想到的人与事，他们几乎都会问候一遍。他们的这种客套，有时会长达几分钟，甚至十几分钟。跟埃及人打交道时，除了可以采用国际上通行的称呼，倘若能够酌情使用一些阿拉伯语的尊称，通常会令埃及人更加开心。

（二）澳大利亚

澳大利亚人在第一次见面或谈话时，通常互相要称呼为"先生""夫人"或"小姐"，熟悉之后就直呼其名。人们相见时喜欢热情握手，并喜欢和陌生人交谈。澳大利亚人谈话间极为重视礼貌，文明用语不绝于耳。他们很注重礼貌修养，谈话总习惯轻声细语，很少大声喧哗。在他们的眼里，高声喊叫是一种不文明的粗野行为。在澳大利亚，要注意使自己的穿着打扮得体。在一般场合，不必西装革履或浓妆艳抹，只要穿一些便服即可；但在诸如典礼、仪式、宴会、婚礼、剧院等正式场合，却非着西装不可。初次见面不要直接询问个人问题，如年龄、婚姻、收入等，特别不要问原国籍的问题。澳大利亚人还有个特殊的礼貌习俗，他们乘出租车时，总习惯与司机并排而坐，即使他们是夫妇同时乘车，通常也要由丈夫在前面，妻子独自居后排，他们认为这样才是对司机的尊重，否则会被认为失礼。他们的时间观念非常强，对约会是非常讲究信义的，有准时赴约的良好习惯。

（三）南非

南非曾一度为英属殖民地，当地种族观念根深蒂固，礼仪也因此而不同。白种人的社交礼仪基本是英国社交礼仪的延承，见面握手，尊称"先生""夫人""小姐"，这些已被世人所熟知。而在黑人部族中，则保留着当地特殊的礼仪，比如以鸵鸟毛或孔雀毛赠予贵宾，贵宾要立即把这些珍贵的羽毛插入头发或帽子，以示回礼。官方或商务交往时，须着样式保守、颜色偏深的套装或正装，以表尊重。做客于南非人家，当地人会盛情地拿出家中自制的啤酒招待客人，客人需多喝，最好能一饮而尽，以表谢意。

（四）新西兰

在新西兰，欧洲移民的后裔，特别是英国移民的后裔，不仅占了人口的绝大多数，而且其待人接物的具体做法也居于主导地位。握手礼是新西兰人所用最多的见面礼节。不过与新西兰妇女握手时，必须由其首先伸出手来。新西兰人在向尊长行礼时，有时会采用鞠躬礼。他们行鞠躬礼的做法与日本人鞠躬时低头弯腰有所不同的是，新西兰人鞠躬时是抬着头，挺着胸。新西兰人路遇他人，包括不相识者时，往往会向对方行注目礼，即面含微笑目视对方，同时问候对方。在普通的交际场合，新西兰人非常反对讲身份、摆架子。在新西兰，各行各业的人都会对自己的职业引以为荣，并且在彼此之间绝对不分三六九等。称呼新西兰人时，直呼其名常受欢迎，称呼头衔却往往令人侧目。

这里简要介绍了几个国家的沟通礼仪，但实际你的沟通对象是一个人或几个人，他们身上会有自己国家、民族、信仰的印迹，但更会有自己独特的个性。所以本文的介绍是使读者对主要国家的沟通礼仪有简单了解，但绝不是说你遇到的德国人一定是保守、刻板、严谨的，遇到的美国人一定是热情坦率、性格外向的。

项目小结

本项目主要讲述了情商培养与情绪管理、沟通能力提升、跨文化人际沟通交流三部分内容。情绪包括快乐、愤怒、恐惧、悲哀四种基本情绪。情商包括认识情绪的能力、控制和调节情绪的能力、理解及分析情绪的能力、处理人际关系的能力。可通过学会划定恰当的心理界限、找一个适合自己平复情绪的方法、想抱怨时停三秒先自问、扫除一切浪费精力的事物、找一个生活中鲜活的榜样、从难以相处的人身上学东西等方法提高情商。并进一步讲述了与难以沟通之人的沟通、处理棘手问题的沟通技巧。最后在跨文化沟通中，还简单介绍了不同国家的沟通礼仪，应重点了解菲律宾、韩国、马来西亚、日本、泰国、新加坡等东南亚国家沟通礼仪；美国、加拿大、德国、意大利、英国等欧美国家的沟通礼仪；埃及、澳大利亚、南非、新西兰等其他国家沟通礼仪。

课堂实训

一、思考讨论题
1. 什么是跨文化障碍？造成跨文化障碍的原因有哪些？
2. 举例生活中有哪些难以沟通的人和事，你是怎样想办法去沟通解决的？

二、技能训练
1. 从礼仪的角度分析意大利游客为什么会有这样的反应？

国内某家专门接待外国游客的旅行社有一次准备在接待来华的意大利游客时给每位游客送一件小礼品。于是，该旅行社订购了一批纯丝手帕。手帕是杭州制作的，还是名厂名牌，每个手帕上都绣着花草图案，十分美观、大方。手帕装在特制的纸盒内,盒上印有旅行社徽,非常精美。中国丝织品闻名于世界,旅行社料想手帕肯定会受到客人们的喜欢。

  接待当天,旅游接待人员带着盒装的纯丝手帕到机场迎接来自意大利的游客。旅游接待人员致欢迎词热情、得体。当他在车上代表旅行社赠送给每位游客两盒包装甚好的手帕作为礼品时,车上一片哗然,议论纷纷,游客露出很不高兴的样子。特别是一位夫人大声叫喊,表现得极为气愤,还有些伤感。旅游接待人员心慌了,不知道为什么好心好意送礼物,不但得不到感谢,还出现这般景象?中国人总以为送礼人不怪,这些外国人为什么反而生气呢?

2. 请替何宇想一个两全其美的办法。

  何宇从小就学画画,他的画在学校、市里多次获奖。一次他偶然在同学张露的T恤上画了一幅山水画,同学们反响热烈。又恰逢张露在学校里做创新思维的演讲,还拿身上的T恤举例,这样何宇的画更是受到大家的关注和好评。接下来就有很多同学找他要画,他既高兴又有些为难,因为马上要考试了,时间很紧,而且画料很贵,问大家要钱不行,不要钱自己承受又有困难。

  父母劝他别多管闲事,以免因此影响学习。可何宇很为难,他希望既能拒绝同学的要求,又不伤友情。这件事怎么办才好呢?

3. 说说"我"应该如何圆满地解决这一问题。

  我睡觉很轻,有一点光和声音就睡不着。有一位同学每天晚上玩手机到凌晨一两点钟,玩完后就接着"乒乒乓乓"地洗漱。为此,我跟她谈过很多次,她也只是口头上答应不再这样了,但该怎么样还是怎么样,没有一点改变。提的次数多了,她就开始对我有抱怨,觉得我干扰了她的生活,从此对我一直很冷淡。我真不知应该如何妥善处理这件事情。

4. 请你为本案例提出沟通建议。

  说话声、脚步声、孩子的打闹声,楼上传来的各种噪声,让吴女士都快神经衰弱了。

  她几次找到楼上的董先生一家提意见,对方都是满口答应。可毕竟屋子里人多,难免会发出一些噪声。16日下午,吴女士又上楼去找董先生,两人吵了起来。最后,吴女士气愤地走了。

  随后,怪事就发生了……

  16日傍晚,就在董先生一家吃饭时,开始感觉到地板有微微的震动,继而传来了强烈的"哒哒哒"的噪声。"楼下在装修房子?"这种奇怪的响动,董先生一家从来没听到过。

  到了晚上8点多,噪声和震动还没停,董先生终于忍不住了,他选择了报警。报警前,他还下楼去敲了门,而吴女士似乎已经离开。

"下面不知道打开了一种什么电器,噪声很大!"面对民警,董先生说,家里几岁的小孩被弄得直哭闹。民警进入董先生的房间实际感受了一下,发现地板确实持续传来强烈的噪声和明显的震动。董先生表示,可能是楼下吴女士故意开启了某种产生噪声的电器,以此来"对抗",因为当天下午两家为了噪声的问题吵了架。民警通过电话联系到吴女士,她也向民警解释了这么做的原因。因为对楼上董先生一家产生的噪声很无奈,当天下午,吴女士和董先生发生争执后,就安装了某种电器故意制造噪声。

参 考 文 献

[1] 戴尔·卡耐基.卡耐基说话技巧与人际交往[M].北京：北京时代华文书局，2014.

[2] 张心悦.学会说话 社交沟通中的刻意练习[M].北京：人民邮电出版社，2020.

[3] 罗纳德·B·阿德勒，拉塞尔·F·普罗科特.沟通的艺术[M].北京：北京联合出版公司，2017.

[4] 林思诚.非暴力沟通 最受欢迎的沟通方式与技巧[M].成都：成都地图出版社，2018.

[5] 高山.高效沟通[M].长春：吉林文史出版社，2019.

[6] 曾仕强，刘君政.人际关系与沟通[M].北京：清华大学出版社，2016.

[7] 福田物业项目组.物业服务沟通与投诉解决指南[M].北京：化学工业出版社，2018.

[8] 张敏杰，蓝山.把餐饮做大做强的经典礼仪读本[M].广州：广东旅游出版社，2014.

[9] 天野畅子.书面沟通的艺术[M].南昌：江西人民出版社，2017.

[10] 吕宏程.职场沟通实务[M].3版.北京：北京大学出版社，2020.

[11] 雷晶，江艳刚.旅游礼仪[M].2版.武汉：武汉理工大学出版社，2017.

[12] 若沐.演讲与口才[M].天津：天津科学技术出版社，2019.

[13] 曾利娟.文化差异与跨文化交际[M].北京：中国铁道出版社，2019.